本项研究得到国家社会科学基金重点项目"中华民国新闻史研究"

南京师范大学民国新闻史研究所丛书（第二辑）
新闻史人物研究系列 | 倪延年 主编

办报与爱国：
新闻人英敛之研究

张勇丽 著

南京师范大学出版社

图书在版编目(CIP)数据

办报与爱国：新闻人英敛之研究 / 张勇丽著. —南京：南京师范大学出版社，2025.4
（南京师范大学民国新闻史研究所丛书 / 倪延年主编. 第二辑）
ISBN 978-7-5651-5485-0

Ⅰ.①办… Ⅱ.①张… Ⅲ.①英敛之(1867—1926)—人物研究 Ⅳ.①K825.42

中国版本图书馆 CIP 数据核字(2022)第 202219 号

丛 书 名	南京师范大学民国新闻史研究所丛书(第二辑)
丛书主编	倪延年
书　　名	办报与爱国：新闻人英敛之研究
作　　者	张勇丽
策划编辑	晏　娟
责任编辑	刘双双
出版发行	南京师范大学出版社
地　　址	江苏省南京市玄武区后宰门西村9号(邮编:210016)
电　　话	(025)83598919(总编办)　83598412(营销部)　83373872(邮购部)
网　　址	http://press.njnu.edu.cn
电子信箱	nspzbb@njnu.edu.cn
照　　排	南京开卷文化传媒有限公司
印　　刷	镇江文苑制版印刷有限责任公司
开　　本	787毫米×960毫米　1/16
印　　张	16
字　　数	287千
版　　次	2025年4月第1版
印　　次	2025年4月第1次印刷
书　　号	ISBN 978-7-5651-5485-0
定　　价	72.00元

出版人　张　鹏

南京师大版图书若有印装问题请与销售商调换
版权所有　侵犯必究

关于民国时期新闻史人物研究的再思考

——序《南京师范大学民国新闻史研究所丛书》（第二辑）

新闻史是新闻事业发生、发展和变化的历史。在构成新闻事业的诸要素中，新闻人是最具主动和能动性的要素。新闻活动是新闻人借助新闻媒介传播新闻内容至目标受众的社会活动，而新闻媒介只是新闻人为传播新闻创造且只有在新闻活动中才能发挥"新闻媒介"独特价值的"专业工具"，至于新闻内容更是新闻人发现、选择和传播的社会生活景象。因此，新闻史人物研究理应是新闻史研究的基本内容，中国新闻史研究如此，外国新闻史研究似乎也应是如此。

一

呈现在读者诸君面前的是一套由年轻新闻史学者完成的以民国时期新闻史人物为研究对象的学术丛书。他们有一个共同的身份或生活经历——都曾经是南京师范大学新闻与传播学院的博士研究生，都是在南京师范大学新闻与传播学院完成了博士研究生学业，博士阶段都是从事新闻史论方面选题的研究，论文主题也都是对民国时期新闻史人物的研究。

南京师范大学的前身是在新中国第一次高等院校专业调整中以原南京大学和公立金陵大学的中国语言文学和教育学专业为主体成立的南京师范学院。至于师范教育的历史则可溯源至公元1902年由清末名臣张之洞奏请清廷创办的"三江师范学堂"（而后历经两江优级师范学堂、国立南京高等师范学校、中央大学师范学院及南京大学师范学院等不同发展阶段，直到新中国成立后全国高等学校专业调整成立南京师范学院）。1964年6月，教育部批复江苏省委宣传部同意在南京师范学院（政教系）设立的新闻专业，成为新中国成立后南京师范学院设立的第一个非师范专业。全国恢复高考,学校在中文系77级招收40名新闻专业学生,培养方式为江苏省委宣传部《新华日报》和南京师范学院联办共管——这一模式被后人称为"省部共建高校新闻院系"的最早探索之一。1995年,学校在新闻专业和电化教育系基础上合并成立新闻与传播学院。2006年,南京师范大学的新闻学科获准设立由新闻学理论、新闻史论和新闻法学为主要研究方向的二级学科博士学位授权点,据说是当时全国省属师范院校中获准设立的唯一的新闻学二级学科博士学位授权点,因而被学界同行专家誉为"进入全国新闻教育第一方阵"。2008年开始招收新闻史论方向的博士研究生。2012年5月在学院乔迁进新办公大楼之际,南京师范大学新闻与传播学院民国新闻史研究所正式成立。2013年5月获准立项国家社会科学基金重点项目"中华民国新闻史研究",同年11年竞标成功新闻史学领域第一个国家社会科学基金重大项目"中华民国新闻史"。2014年5月成立国内高等学校第一个"南京师范大学民国新闻史研究所",学校聘请了所长,研究所聘请了第一批兼职研究员。自2014年起,南京师范大学和中国新闻史学会于2014、2015、2016及2018年先后举办了四届"民国新闻史研究高层学术论坛",先后出版了《民国新闻史研究2014》《民国新闻史研究2015》《民国新闻史研究2016》3本专题性研究集刊。

2018年11月南京师范大学出版社出版的"南京师范大学民国新闻史研究所丛书"(第一辑,收录了研究民国时期新闻人胡道静、林语堂、黄天鹏、马星野的4种专题研究著作),即是在这种浓郁的学术氛围中产生的第一套"民国新闻史人物研究丛书"。现在呈现给各位读者的则是《南京师范大学民国新闻史研究所丛书》(第二辑),分别收录了关于民国时期新闻史人物英敛之、任白涛和范长江等的3种专题研究著作(按原定计划,《南京师范大学民国新闻史研究所丛书》第二辑也是由4种子目著作组成。研究"新闻人陈独秀"一书因工作程序方面影响而未能列入该辑丛书,将另行出版)。这既是国家社会科学基金相关项目的后续研究成果,也是南京师范大学民国新闻史研究群体向学术界同仁呈交的又一份答卷。

二

《南京师范大学民国新闻史研究所丛书》(第一辑)序言中,我曾就民国时期新闻史人物研究的社会环境和评价维度等谈过一些看法。认为民国时期的社会环境具有"两半"(半殖民地半封建)社会性质依旧、国民党(在较长时间内)处于强势地位、共产党(在较长时间内)处于弱势地位、外国势力(主要是美、苏、日等国)影响中国政治及舆论影响政治走向等主要特点;评价民国时期新闻史人物可以从国家观念、民族利益、社会道德、阶段表现等不同维度进行,这些观念至今仍未改变。鉴于本辑丛书所收录3种著作的具体研究对象(历史人物)同样生活在民国时期,这里我想进一步就研究民国时期新闻史人物的基本要求问题谈一些个人看法。

首先,研究民国时期新闻史人物必须坚持尊重历史的原则。"尊重历史"是指研究民国时期的新闻史人物应当尊重历史文献和原始史料,尊重历史文献所记载的客观历史事实,尊重历史文献呈现的完整人物形象。与研究对象直接相关的文献史料,应该尽可能完整、系统、全面。应该依据有关文献的历史记载来描绘、叙述研究人物的人生轨迹、思想变化、社会贡献和历史评价。一切从客观存在的事实出发,一切从记载历史事实的历史文献出发,一切从完整全面地记载历史事实的历史文献出发,而不是从零碎的、片面的、有选择的历史文献中寻找符合研究者"人设"的文献进行阐释性"描绘"。特别应强调的是,对那些与研究者预设的研究结论不很一致的史料甚至是相反的史料,尤其应予以充分的尊重,而不应"有意识"地忽略。只有立足于站得住脚的史料,从史料呈现的历史本身来阐释研究人物的人生经历、思想变化,才能使我们的研究成果站得住脚,得出的结论经得住时人的辩驳,对历史人物的评价经得住历史的检验。

其次,研究民国时期新闻史人物必须坚持实事求是的原则。"实事求是"是指研究民国时期的新闻史人物必须把他们放在当时特定的历史社会环境中去认识和评价。因为在不同历史语境和多种因素作用下,同一历史人物很可能会有与他在其他历史阶段截然不同的社会表现。由于民国时期特定的社会环境(执掌政权的国民党竭力打压摧残共产党及其领导的工农民主革命)与当今社会意识形态的差异,除国共合作抗日和国共和谈时期外,生活在国统区的历史人物要在国民党执政的社会环境中生存,一般不会公开与执政者"叫板",而更多是"曲言语是非"或"借古讽今""含沙射影"地表达自己的政治倾向或情感倾向。一些新闻人在国统区出版发行的新闻报刊上"奉命"刊载国民党中央社的"通稿电讯",那既是"奉命行事",实际上也是他被"逼上梁山"的"保命之举"。当今研究者应具有基本的辨别历史是非的常识,而不能"认死理"地坚持"唯史料主义",被"这些"史料带进了认识的"沟里"(误区),得出不符合历史唯物主义的结论。

再则是研究民国时期新闻史人物必须坚持一分为二的原则。"一分为二"是指我们对于民国新闻史人物的研究,不但应看特定历史人物顺应历史发展的主流部分,即一生中主体的社会活动、主要的社会经历、所处的社会阵营及重大社会事件中的思想倾向,同时也不能或不应该采取平面的、单一的角度去认识复杂的历史人物。马克思说过,人是各种社会关系的总和(大意)。正常情况下,人的一生从事社会活动的时间大约有四五十年,在这四五十年间,中国的社会力量发生了巨大的变化,中国的政治态势发生了巨大的变化,中国的社会环境发生了巨大的变化。而作为社会存在的新闻史人物在这些变化当中当然也在发生变化。认识历史人物既要从他的人生大局、思想整体、政治主流等方面认识和评价,同时也不应忽略历史人物的其他方面,尤其不应忽视人物变化的客观环境条件,只有这样,才有可能把我们的研究对象(民国时期新闻史人物)完整地呈现在我们的研究成果中。

最后,研究民国新闻史人物必须坚持有所超越的原则。"有所超越"是指,现在的研究者对于民国时期新闻史人物的研究,应有超越前人的目标追求。这里"超越前人"的追求主要是指对前人研究成果的超越,包括研究对象范围的超越,获得原始史料水平的超越,思想认识深度的超越,对历史人物评价完整客观性的超越等。因为只有这样,才能使我们的研究、研究工作及研究成果,对已有的社会知识体系有所贡献、有所增补,对后人的研究有所补益。"学术研究无禁区",只要坚持正确的政治立场和科学的方法,民国时期的新闻史人物应该都可以研究。与此同时,那些民国时期比较著名的新闻史人物已有很多研究成果,没有被研究过的民国时期著名新闻史人物已经不多。因此,民国时期新闻史人物研究就必须有所超越,或者是研究角度的超越,或者是研究路径的超越(另辟蹊径),或者是研究史料的超越(新史料的挖掘和发现),或者是研究结论的超越(评价更为全面、客观、科学和完整)。总之,后来的研究成果必须对已有研究成果有所超越,才有研究的价值。

三

对照上述几点看法,收录在《南京师范大学民国新闻史研究所丛书》(第二辑)里的这3种以民国时期新闻史人物为研究对象的著作,可说是有圈有点,至少可说有一些值得欣慰的地方。

在坚持尊重历史方面。这3种以民国时期新闻史人物为研究主题的著作共同特点之一就是十分重视原始史料文献的搜集、研读(解构和建构),并在研究成果中提供了认识特定历史人物的"钥匙"。仅以张勇丽的《办报与爱国:新闻人英敛之研究》为例。为研究著名新闻人英敛之,张勇丽尽最大努力搜集了与英敛之研究相关的各类文献史料。仅作者在该书正文后列出的参考文献就包括:晚清民国时期的报刊共计13种,中文著述140种,外文译著11种,硕博及期刊论文63种,合计达227种。作者正是在如此丰富翔实的文献史料基础上,对英敛之人生道路转折与社会环境、英敛之的新闻实践活动、英敛之与天主教、英敛之与清末政治、英敛之与辛亥革命的关系以及英敛之的新闻思想进行了较前人更为全面、系统的研究。在此基础上从四个角度提出对英敛之的历史评价:在列强侵略面前主张自强兴国的"爱国新闻人",在封建君主制度下推进君主立宪的"进步新闻人",迷惘无奈借助天主教"聚心育民"的"宗教新闻人",在氏族感情上忠于清廷但未逆大势的"明智新闻人"。个人认为,从上述四个侧面描述的"完整英敛之"应该是基本符合"历史英敛之"实际的。

在坚持实事求是方面。这3种以民国时期新闻史人物为研究对象的著作都努力践行实事求是的原则,即努力把民国时期新闻史人物放到当时特定的社会语境中研究。任白涛是与徐宝璜、邵飘萍等属于同一时期的我国第一代新闻学者。由于各种原因,学界对任白涛的研究成果很少。改革开放后公开发表的第一篇研究任白涛的学术论文是当时在上海复旦大学新闻学院任职的马光仁先生,于1986年在《新闻大学》(1986年第13期)上发表的《任白涛与新闻学研究》。后来尽管有学者陆续发表过一些文章,但作为博士学位论文选题的学术基础还是非常单薄。张炳旭坚持实事求是的研究方法,从搜集基础的、原始的文献史料入手,一步一步踏踏实实地向前走,基本厘清了任白涛作为"中国早期新闻学研究的先知先觉者"从南阳、开封、上海、东京到重庆、恩施的人生轨迹和在日本留学期间参加"大日本新闻学会"研习新闻学时就出版《应用新闻学》、回国后创办中国新闻学社出版《综合新闻学》，以及在全面抗战期间从事抗日新闻宣传的学术历程，充分彰显了坚持"实事求是"的巨大学术张力。

在坚持一分为二方面。这3种著作都努力践行了这一辩证思维的原则，看到了历史人物的两面性甚至多面性。研究者们努力认识某一特定民国时期新闻史人物的各个（或多个）方面，力求科学全面完整地认识和评价研究的历史人物，避免"一边倒""一刀切"，"说好皆一切都好，说坏则一无是处"的简单性结论。集天主教徒、清室眷属、爱国报人于一身的英敛之是如此；从赴日本留学跟随日本人学习新闻学理论，到回国从事新闻学理论研究，抗战爆发后进行"新闻抗日"研究的任白涛也是如此。周浒在《社会与人生：新闻人范长江研究》中不仅客观叙述并热情肯定了范长江从进步新闻人走向革命新闻人的历史进程，对范长江同志在"革命新闻人"岗位上为无产阶级革命新闻事业努力工作予以高度赞扬，同时也向读者客观展现了范长江作为一个"努力挣脱旧新闻圈影响和束缚"的"新型"新闻人的侧面：他在成为"革命新闻人"后努力摆脱资产阶级报纸运作习惯对他的影响和努力挣脱旧新闻界所获名声的束缚，努力使自己成为彻底的"革命新闻人"。比较顺畅地解释了范长江在新中国成立后工作中所遇到的矛盾和困难，在读者面前展现出一个"较为完整的范长江"形象。

在有所超越方面。这3种著作都有所表现，都有自己的亮点，或多或少都有超越前人的地方。张炳旭的《学术与救国：新闻人任白涛研究》除了是国内新闻史学界的第一篇研究"中国早期新闻学研究先知先觉者"任白涛的博士学位论文，更在研究任白涛有关新闻事件及新闻思想的基础上，研究了任白涛面对日寇侵略而立足新闻人岗位和民族良心所进行的反对日本军国主义新闻侵略的斗争，这在以往的研究成果中所见不多，毋庸置疑是一个创新和超越。张勇丽研究的英敛之、周浒研究的范长江，都是新闻史学界的著名人物，也是学术界已有众多成果的研究对象。但他们在充分获取已有学术成果营养的基础上，立志有所创新，努力有所超越：周浒从"社会关系网络视域"研究社会关系网络对范长江人生道路、思想发展和业务经历的影响；张勇丽对英敛之的研究跳出了学术界常见的"报业革命""报人启蒙"范畴，大胆从英敛之与天主教、与清末政治（君主立宪）、与辛亥革命关系的角度切入。这些角度或切入点大多

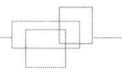

是以往学者所没有尝试过的,自有一番新意,使人眼前一亮,应该说基本实现了预期目标。

四

南京是研究民国时期新闻史具有独特优势的城市之一。南京师范大学是我国新闻史领域第一个国家社会科学基金重大项目的责任单位。南京师范大学新闻与传播学院是在我国新闻教育界享有盛誉的教学研究单位,目前拥有新闻与传播学一级博士学位授权点,先后有4个国家社会科学基金重大项目在这里安家落户。南京师范大学民国新闻史研究所是国内高等学校设立的第一个面向全国的民国时期新闻史研究学者的开放型学术平台。《南京师范大学民国新闻史研究所丛书》(第二辑)的出版得到国家社科基金有关项目的经费资助和学院的关心支持。这里要特别说明以下几点:

一是关于丛书名称。尽管张勇丽著作《办报与爱国:新闻人英敛之研究》中的英敛之的主要新闻实践是在清末(1902年6月16日创办天津《大公报》,1912年2月23日在《大公报》上刊登告白宣布"外出"后"不理报馆事");周浒著作《社会与人生:新闻人范长江研究》中范长江的新闻实践又一直延续到新中国成立之后,但考虑到与第一辑丛书的名称有所承继,且丛书的出版事宜主要由南京师范大学民国新闻史研究所在实际操作,所以仍然沿用《南京师范大学民国新闻史研究所丛书》之名,成为该套丛书的"第二辑"。

二是《南京师范大学民国新闻史研究所丛书》(第二辑)所收入著作的作者都是年轻的新闻史研究者。尽管都是南京师范大学新闻与传播学院培养的新闻史学方向的博士,但由于各自不尽相同的主客观条件,在攻读博士学位期间都承受了不同方向的压力和个人面临的不同困难:张勇丽在孩子出生不满11个月时便忍痛将孩子留在老家,自己来南京求学;周浒的孩子刚上幼儿园,为了来南京攻读博士学位,只能由夫人接送孩子和照顾日常生活;张炳旭虽然没有家庭老小之累,但学术积累方面的"补课"和突破一直是他面临的巨大压力。值得欣慰的是,他们都克服了各自的困难,如期完成了博士学位论文的撰写、修改、盲审和答辩,如期毕业并获得博士学位。他们专注于特定新闻史人物研究的"打深井",尽可能搜集相关资料并进行认真研究，尽可能探讨这些历史人物所处的社会环境与人生道路的关系，探析他们思想和业务转变的内在动因，尽可能"还原"特定历史人物的"完整图像"，顺利实现了这一阶段的人生目标。

最后要特别强调的一点是：这3位作者都是20世纪八九十年代出生的年轻人，他们所研究的对象则是出生在民国时期乃至在民国之前，主要的新闻实践和研究活动是"民国时期"社会环境。这些年轻学者不可能有机会去亲身经历和体会这些民国时期历史人物所处的那个风云突变的时代、那个错综复杂的社会环境、那种新旧交替的人际关系以及那种由于社会环境突变对人们思想造成的冲击和震撼，加上各人学术经历和文献的积累及对研究对象认识程度的差异，不同研究对象原始文献搜集和研读难度的不同，当然也受导师学术水平、学术视野及学术积累等方面的局限，所以收入《南京师范大学民国新闻史研究所丛书》(第二辑)中的著作难免有这方面或那方面的不足。但正如我在丛书第一辑的"序言"最后所说的：好在他们是一群年轻人，是一群在高等学校从事教学科研工作的年轻人，且是一群有志于学术研究的年轻人，相信他们会通过不断努力达到不断完善的目标。更相信他们在顺利跨出第一步之后会走出更加精彩的人生之路，在学术探索和研究领域绽放出更加鲜艳灿烂的学术之花，结出更为丰硕优良的学术之果。

是为序。

倪　延　年
二〇二一年六月五日初稿于南京师范大学随园
南京师范大学民国新闻史研究所
二〇二四年十一月十八日改定于龙凤花园寒舍

目 录

引 言 ··· 1

第一章　英敛之的人生道路转折 ·· 4
第一节　历经坎坷转而信教 ·· 4
第二节　曲折辗转成为报人 ·· 9
第三节　退出报界成为"隐士" ··· 16
本章小结 ·· 20

第二章　报人生涯与新闻实践 ··· 23
第一节　报人生涯的开端 ·· 23
第二节　报人生涯的巅峰 ·· 29
第三节　报人生涯的结束 ·· 55
本章小结 ·· 61

第三章　妥协与抗争：英敛之与法国在华势力 ································ 63
第一节　借力创办《大公报》 ··· 63
第二节　隐忍与妥协 ··· 69
第三节　"抵牾纠结"与抗争决裂 ·· 78
第四节　"亲日疏法"：找准时机摆脱干预 ····································· 88
本章小结 ·· 94

第四章　英敛之与清末政治革新 ··· 96
第一节　英敛之与"清末新政" ··· 96
第二节　英敛之与"预备立宪" ··· 113

第三节　英敛之与清朝政府 ·············· 141
　　本章小结 ························ 152

第五章　英敛之与辛亥革命 ················ 155
　　第一节　三重势力与辛亥革命 ············· 155
　　第二节　英敛之与辛亥首义 ·············· 159
　　第三节　英敛之与民国创建 ·············· 170
　　本章小结 ························ 179

第六章　英敛之的新闻思想研究 ············· 181
　　第一节　英敛之新闻思想的三个来源 ········· 181
　　第二节　英敛之的新闻思想 ·············· 184
　　第三节　英敛之新闻思想的主要特征 ········· 203
　　本章小结 ························ 208

结语：认识新闻人英敛之 ················· 209
　　第一节　多面向的爱国进步新闻人 ·········· 210
　　第二节　先进新闻理念的倡行者 ··········· 214

附录·英敛之新闻活动日录 ················ 218

参考文献 ·························· 231

后　记 ··························· 240

引 言

　　1902年,英敛之在天津创办《大公报》,这份延续至今已有百余年历史的著名大报得以诞生。英敛之也凭借《大公报》奠定了其在近代新闻史上著名报人的地位。英敛之在《大公报》创刊初期,开宗明义指出《大公报》的宗旨是:"开风气,牖民智,挹彼欧西学术,启我同胞聪明。"不过需要指出的是,英敛之提倡的"牖民智"非但指开启清末下层民众的眼界智识,也包括开启上层官绅的智识。英敛之是最早提倡同时开启上层和下层国民智识的清末报人之一,其提倡开民智的直接目的即救国。受"忠君爱国"儒家思想和满族情结的影响,英敛之的"救国"与"保清"紧密相连,但他同时认为,封建专制政体已为时代抛弃,君主立宪政体才是既保留清廷又实现国富民强的根本出路。因此,他借助《大公报》大力支持光绪亲政,多次组织发起宣传君主立宪政体的报刊征文活动。但英敛之并不是一个狭隘的宗族主义者。辛亥革命时期,英敛之目睹清政府的腐败无能,不忍革命军和清政府拉锯战导致的虚耗国力、列强虎视眈眈,在政治态度上开始由反对革命转向承认民国政府,爱国成为其首要选择。浓厚的宗族情结使其在承认中华民国临时政府后便将《大公报》交由他人打理,退隐不问报事。英敛之借助《大公报》发起与参与的"拒俄运动""抵制美货运动""四川保路运动"和推广白话文、阅报社等开民智活动,在一定程度上推动了中国社会近代化进程,代表了清末民初的爱国知识分子报刊救国、言论救国的理想与实践缩影。爱国是英敛之的人生底色,他的新闻活动和新闻思想在近代新闻史上留下了浓墨重彩的一笔。本书以清末民初新闻人英敛之作为研究对象,考察英敛之在清末民初社会大变局中独特的新闻活动及其新闻思想,并力图在此基础上对新闻人英敛之作出更为全面多元的认识和评价。

　　目前学界对于新闻人英敛之的研究比较零散,缺乏系统性。经过梳理,已有研究大致集中于英敛之生平与经历研究、新闻思想与新闻活动研究等方面。从整体来看,对于英敛之以及他主持时期的《大公报》的研究已经产生了众多成果,为后人尤其是本书的写作积累了丰富的研究素材和可借鉴的分析思路与观点。客观地分析已有成果后,我们发现目前学术界对清末民初新闻人英敛之的研究主要集中在英敛之时期的《大公报》层面,多从英敛之时期《大公报》与中国近代社会的风俗变迁、政治立场与政治观念、广告经营与特色等方面考察英敛之时期《大公报》对清末民初的社会各方面产生的影响。但是,以下方面仍有继续研究的空间。首先是专门以英敛之本人为研究对象的成果很少,主要集中于英敛之的生平经历和新闻思想研究,且多为一些零星的碎片化研究,缺乏整体性和深度。其次是对作为天主教徒的英敛之的研究很少,从天主教徒与新闻人双重身份的互动及影响层面进行的研究至今未见。再次是对"满族人"出身的英敛之与朝廷的关系、英敛之时期《大公报》与清末"君主立宪运动"、英敛之对民国政府复杂感情变化的研究也有明显欠缺。有些成果孤立片面地看待英敛之的报刊活动和报刊思想,未能将人物的新闻活动和新闻思想放置在清末民初特殊的时代背景下及人物本身的家族背景、宗教信仰等错综复杂的社会关系中进行考察,缺乏对人物全面立体化的呈现。因而对新闻人英敛之的研究还有可拓展和深化的空间,以上内容将成为本书重点思考和探讨的方面,并构成本书的主要内容。

　　本书从英敛之满族下层旗人、天主教徒和著名新闻人的三重身份特征入手,全面梳理英敛之的新闻实践活动,旨在剖析新闻人英敛之与法国天主教势力、满族人英敛之与清末社会政治之间的关系,客观全面地认识在"天主教徒"和"满族人"等身份交织影响下的新闻人英敛之的新闻活动及其新闻思想在当时中国尤其是北方新闻业中的影响及历史作用。内容主要涉及英敛之人生道路转折研究,新闻活动研究,与天主教、清末政治和辛亥革命之关系研究,新闻思想研究等方面,在结语中对英敛之的历史地位做了归纳性阐释。全书环环相扣,从英敛之三次人生转折入手,分析英敛之走向新闻人道路的原因,并详细探寻人物出身、人物个性、人物经历与时代、社会等因素对英敛之的新闻活动和新闻思想产生的重要影响,从而全面地展现新闻人英敛之的爱国新闻人形象。本书研究的重点在于厘清"新闻人与社会"的关系,探寻社会环境、人生经历对英敛之走向新闻道路、从事新闻活动的影响,深入解析新闻人的多重社会身份对其新闻活动和新闻思想的影响。

　　基于上述研究思路,本书的研究内容主要包括以下几方面。其一,英敛之人生道路的三次转折及其社会环境研究,着重分析特殊时代环境下的三次人生转折对其新闻活动所产生的影响;其二,英敛之在特定社会历史环境中的新闻实践活动研究,着重讨论英敛之创办《大公报》前后两个阶段的新闻实践活动;其三,新闻人英敛之与法国天主教势力、与清末社会政治关系研究,着重探讨"天主教徒""满族人"身份对其创办、主持《大公报》产生的互动与影响;其四,新闻人英敛之的新闻思想研究,着重探讨英敛之新闻思想的来源,并通过与同时期新闻界骄子梁启超新闻思想的对比,从新闻本体思想、新闻功能思想、新闻自由思想、新闻编辑思想等方面探讨英敛之新闻思想的内容和独特之处;其五,通过上述英敛之人生道路、新闻活动、新闻思想的研究,对新闻人英敛之予以全面评价,并提出"爱国是新闻人英敛之最显著的报人形象特征"这一观点。

新闻史人物的研究必须把研究对象纳入具体的历史语境中考察,因此本书采用的核心研究方法是文献研究法,即广泛收集英敛之日记、英敛之文集、英敛之公开发表的能反映其新闻活动和新闻思想的著作、文章和编写的白话文集等文献资料。除此之外,本书还采用了历史比较法,将英敛之的新闻思想与梁启超等人的新闻思想进行对比,分析英敛之新闻思想的独特之处。

第一章　英敛之的人生道路转折

新闻人的命运总是和时代交织在一起,新闻人的人生道路在时代大环境中不断发生变化。研究新闻人英敛之及其新闻职业生涯,必须将其放置在清末民初动荡的社会环境中加以考察。只有在完整的人生历程中看待其新闻生涯,才能使英敛之的新闻人形象更客观全面、更真实鲜活。总体而言,英敛之的人生道路上出现过三个重要的转折点,三次转折改变了其人生轨迹,也造就了他富有传奇色彩的一生。

第一节　历经坎坷转而信教

与同时代新闻人相比,英敛之具有两个鲜明而独特的身份特征:一是满族旗人,二是天主教徒。满族旗人身份与生俱来,注定了其与清廷解不开的渊源;天主教徒身份是后天信仰,正是这一信仰深深地影响了英敛之的人生。

一、家世并不显赫的满洲旗人

英敛之(1867—1926),姓英名华,字敛之,号安蹇,又号万松野人,满族正红旗赫佳氏人,生于北京西北郊红山口、黑山雇一带的八旗军营里。《清史稿》载:"(英华)博学善诗文,工书法。著书立说,中外知名。"[1]英敛之出生时的清廷虽然依然实行"满汉畛域"政策,然而由于国力衰败,"不事生产,只为战备"的旗人生计已日渐窘迫。英敛之便出生在这样一个"先代无达者"[2]、寒微落魄的八旗家庭里。八旗子弟习武入职后可得粮饷,迫于生计,少年时代的英敛

---

[1] 赵尔巽,等.清史稿[M].北京:中华书局,1977:13436.
[2] 英敛之.金锡侯君年谱叙[M]//也是集续编.天津:天津大公报馆,1910:19.

之便开始拉弓射箭,"顽石可挽三百斤"。受军营环境和习武经历的影响,英敛之颇具豪侠之气,"对史籍上忠臣侠士倾慕不已"①,而"迨弱冠前后,交结多穷苦无聊辈,酒酣耳热,相与抵掌天下事,遇奸贪误国,豪暴虐民诸行为,未尝不发指眦裂,痛恨唾詈,为之结轖终宵也"。习武人士的侠义豪气,底层生活的艰辛苦楚、奸贪误国的痛心疾首,"由是酿成一种愤世嫉俗心,俨成第二天性"②,而疾恶如仇的性格使得英敛之尤富正义感,敢骂贪官污吏、敢揭政府之短,成为英敛之新闻活动中"敢言"个性的底色。

英敛之尤其痛恨的是"奸贪误国"。英敛之认为"一国所系,其祸福盛衰惟承上启下之官最操其权利",但当时的官员却只知擅威作福,祸国殃民而不知羞耻。"肉食者鄙""奸贪误国"的想法对其影响颇深,除矢志终生不做官外,更影响了英敛之对救国策略的认识:大胆废弃顽固贪鄙之庸才,破格起用主张维新之真才。

英敛之家世虽并不显赫,但因自幼长于皇城北京,强烈的宗族认同感深深扎根于英敛之心中,流淌在其血脉里。拥护清廷、守卫清帝是八旗子弟从小被驯化的信仰,这种民族认同和政治驯化对树立英敛之的政治信仰——忠君爱国(拥戴皇帝,忠于清廷)起了重要作用,而这种政治信仰影响了其支持维新变法的政治立场,进而表现为在报刊上极力为"保皇立宪"呐喊。

二、信奉天主教

虽然英敛之在弱冠之年习得一身武艺,但他认为"此种伎俩,见遗于社会,无补于身家,遂弃之"③,英敛之于是弃武从文。虽童年时期未接受过系统的启蒙教育,"四书竟未卒业"④,但英敛之聪颖超常且酷爱研读,"弱冠后知耽文学,则又以泛滥百家,流览稗史佁渊博,甚至穷两月之目力,读《四库全书》一周,亦足见其涉猎之荒矣"⑤。其涉猎的范围仍旧主要是传统的儒家经典,如《儒门法语》。这一段时间,"忠君爱国""修身齐家治国平天下"的儒家思想深

---

① 英若诚.纪念我的祖父英敛之——写在大公报创刊100周年[M]//大公报特约专家文选.香港:大公报出版有限公司,2002:397.
② 英敛之.金锡侯君年谱叙[M]//也是集续编.天津:天津大公报馆,1910:19.
③ 英敛之.也是集[M].天津:天津大公报馆,1907:2.
④ 朱传誉.英敛之传记资料[M].台北:天一出版社,1979:6.
⑤ 英敛之.也是集[M].天津:天津大公报馆,1907:2.

英敛之

刻影响了英敛之,并体现在英敛之主持《大公报》时的言论思想中。英敛之在《也是集》《敝帚千金》等著作中广泛征引儒学名家典籍,充分说明儒家思想对其思想的影响。《覆鉴翁先生辨学第二书》中以"古人所云为天地立心""为生民立命""为往圣继绝学""为万世开太平"等儒家名句为天主教剖辨即为典型例证。

但儒家学说未能解决英敛之的实际问题。19岁左右,英敛之开始接触天主教。英敛之"尤与道有宿契。自幼天性沈毅,独皇皇然以求道为己任"①,他"遍求于三教,弗慊也;于耶稣新教,亦终未慊。弱冠后,始得耶稣旧教之书而读之,读之既久且多,因多而疑,而问,而思,而辨,弗慊弗信"。从这段话中可以知道,英敛之曾想从儒释道中探寻生命真源,但都未能令其信服。"我生不肯胡涂死,毕竟如何是悟时?"②他在传统的儒释道中并没有找到"身心性命"之源后,英敛之转向了西方文化。1885年,19岁的英敛之偶获汤若望所著《主制群徵》,这是英敛之接触天主教书籍的开端,也是英敛之与天主教结缘之始。在经过了"疑、问、思、辨、慊、信"的过程后,其终于在22岁(1888年)入教。经过漫长寻觅,天主教信仰使其"自从打破疑团后,圣域贤关可漫寻"③;"原始要终真究竟,一心归主复奚疑"④。英敛之的学生徐致远在《英敛之先生行迹》中提及英敛之信奉天主教的经过:

  里人有德津者,日相过从,乃介之于耶稣教;观其书,察其礼,有意焉。德又介之于天主教,觉尤甚。乃往西堂,时教士为法人艾公,一见欢甚,曰:"少年好道若此,可喜也。"自是质疑问难无虚日。又得汤若望《主制群徵》,朝夕玩之,如获至宝。久之遍觉明季清初译籍,始于圣道毫无疑义。⑤

---

① 英敛之在《道德的根源及信仰迷信之别》一文中同样阐述了个人性情对其信奉宗教的影响。"野人虽不材,然而自十七八岁的时候已竟志笃好理学……所谓身心性命之源,诚修齐之本实在是不错的……"
② 英敛之.有疑[N].益闻录,1892-07-23.
③ 英敛之.有疑[N].益闻录,1892-07-23.
④ 英敛之.写怀四律有序[N].益闻录,1892-08-13.
⑤ 徐致远.英敛之先生行迹[J].中华公教青年会季刊,1929(1):15.

三、皈依天主教的原因与影响

英敛之个人性情对其皈依天主教有十分重要的影响。除"自幼好道"、酷爱研读之外,英敛之还是一个有"悲天悯人之怀,救世淑人之念"的古道热肠之人。《万松野人言善录自序》说:"视世人名缰利锁","一命呜呼","愿从此激发天良,改恶迁善并愿推己及人,与人共善"。① "悲天悯人"的性情是英敛之皈依宗教的一个重要原因。"以世道人心为念"的情怀也是英敛之寻求救世本源的影响要素之一。"三十年间,自始至终,情境虽是屡有变迁,到底那一段关心社会、注重人群的念头总是抛舍不了去。"既然以世道人心为念,所以寻求救世之道便成为英敛之的追求。由此可发现,英敛之信教的一个重要原因是想寻求"挽回补救"的救国济世之道,"尽爱群保种一份子之天职"。② 因此,"宗教救国"是英敛之皈依天主教的重要原因之一。"宗教救国"的信念对英敛之新闻活动产生了重要影响,其创办的《大公报》上出现了众多宣传天主教、"调和民教矛盾"的白话文与论说。

为何选择信奉天主教呢? 这要从英敛之对真宗教与真迷信的对比中去探索。英敛之认为判断一种信仰是真宗教还是真迷信,有"内体"和"外用"各四条。

> 关于内体的四条:一所敬者是否至尊无对,二原理是否精粹完固;三规戒是否恰合彝良,四终向是否高尚纯正。关于外用的四条:一统系是否统于一尊古今无变;二传授是否大公至正不涉私利;三范围是否文野智愚皆可包罗,四效果是否利国福民,实惠普及。③

清末风俗浇漓,英敛之"以天下苍生为念","以宗教救中国"是其最终旨归。因此,信奉天主教便是题中应有之义了。

英敛之为何弃儒释道? 英敛之及其友人的记述有助于理解这一问题。英敛之曾在《安蹇斋丛残稿》中写题跋一卷,认为"佛经敷衍道理,无故分门别类",不过是"意在眩人视听","矛盾龃龉、相达相伐处,几乎触目皆是",

---

① 周萍萍.英敛之集(下)[M].桂林:广西师范大学出版社,2013:8-9.
② 周萍萍.英敛之集(下)[M].桂林:广西师范大学出版社,2013:19-23.
③ 周萍萍.英敛之集(下)[M].桂林:广西师范大学出版社,2013:16-17.

而古今众多人信仰嗜之如饴者"不过因其具有出世思想","又因自晋、唐以来,帝王每多崇尚,叠经文人才士藻绘附意,自觉娓娓动人,津津有味耳"。但这种无无非非、"使人无从捉摸"的佛学,"其于大本大源处,既极背谬,且因其不能辅世泽民,而徒为社会人群害耳"[①]。道家学说同样虚无缥缈且教人"无为而为",主张国家"无为而治",显然与英敛之"积极入世""济世泽民"思想背道而驰。儒家学说虽对英敛之思想产生重要影响,但"明哲保身"令英敛之最痛心疾首,他认为"明哲保身一语为社会中无公德之起点","此中国之于合群团体公德等事万难发达之原因也"[②]。儒学占据统治地位的晚清,人心世道日趋变坏,全国一盘散沙,英敛之清醒地意识到儒学不可挽救中国。正如周萍萍指出,与当时的趋新士人一样,感时忧国的英敛之察觉到维护中国政治道德秩序的儒家学说欠缺实效,因此一度转向佛、道,但"几听庄老几参禅,说静说空时复年"[③],佛教和道教不能救世,最终他信奉天主教。英敛之信教不是为己,而是"为群""为国","宗教救国"才是其信教的最终目的。

加入天主教对英敛之的人生影响重大。他的人际关系网络开始逐渐扩展,从之前的"穷苦无聊之辈"扩展到法国天主教徒;另外,在和法国天主教徒的交往中不断了解到西方政教科技文化,促使其萌发了学习西方富国强民的愿望。天主教信仰也影响了其新闻活动,《大公报》由此成为北方报界中为数不多的非宗教报刊却宣传宗教的大报。

第二节 曲折辗转成为报人

入教后的英敛之一度在天主教北堂工作。[④] 戊戌政变后其远避滇越,数年间往返流离于滇、沪、津、京。庚子事变后由滇返津,天津紫竹林教堂总管柴

---

① 英敛之.覆某女士书[M]//周萍萍.英敛之集(上),桂林:广西师范大学出版社,2013:213-214.

② 英敛之.天津青年会戈登堂春季大会演说[M]//周萍萍.英敛之集(下),桂林:广西师范大学出版社,2013:386-387.

③ 周萍萍.从新发现的资料解读英敛之的早期思想[J].世界宗教研究,2012(1).

④ 《英敛之先生日记遗稿》中记载,光绪二十五年八月初一记曰:"忆昔馆西堂时,月得修金,几于尽作邮费。"

天宠愿设报馆,邀英敛之主持,至此开启了英敛之人生的第二次重大转折——成为《大公报》主持人。

一、与皇室"淑"女联姻

光绪十八年(1892年),列强对中国的侵略逐渐加深,清政府愈加腐败堕落,国势衰败,百姓穷苦。时年26岁的英敛之仍旧一事无成,心情郁结。是年秋日,连作《秋日感怀》《即事》《孤鹤》《题南丰集示友》等诗作四首,悲国是日坏、叹怀才不遇。光绪十九年(1893年),27岁的英敛之遭遇了人生中的重大打击——突患半身不遂,"万念俱灰,毫无兴趣,纵有悬梁刺股之志,而身不自主,力不从心,奈之何哉"。然而此"天实为之,非我之罪也"[①],英敛之将这次灾病看作一次考验。他不断调整心态,身体逐渐恢复。

光绪二十一年(1895年)前后,英敛之遇到了恩师乔松节(字霁轩,号心困)。乔松节收英敛之做书童,跟随其学习经史典籍,英敛之的文史学问自此有了显著提高。更值得庆幸的是,英敛之在此期间遇到了未来的妻子——爱新觉罗·淑仲。英敛之跟随乔松节给落魄的旗人将军小姐爱新觉罗·淑仲补习,二人互生情愫,但此事不被淑仲父亲认可。1895年5月22日,《益闻录》1472号曾刊载英敛之《忧怀》诗两首:

忧怀不可道,况此寂寥天。
细雨濛濛雾,沉云淡淡烟。
酷思人不见,积郁恨难传。
倘或中摧折,高堂损大年。

乐苦诚恒少,甘贫俪孟光。
怜君贞且慧,愧我拙尤狂。
儿女衷情愫,诗文气谊长。
手书遗满箧,一展一沾裳。

这应是英敛之写给淑仲的两首诗。在乔松节的说和下,将军最终同意将

---

① 方豪.英敛之先生日记遗稿[M]//沈云龙.近代中国史料丛刊续编(第三辑).台北:文海出版社,1974:188.

女儿下嫁。与皇族后裔淑仲的联姻使英敛之与清廷更加亲近。英敛之一度进入皇家园林颐和园内承差。《安蹇斋丛残稿·安蹇斋文抄》中收录有英敛之曾作《苍说》一文,小引中称"丁酉五月朔日,承差颐和园,灯下无事,某邸命作此说,因援笔戏成之",而学者帕拉贡(Donald Pragon)也曾提到英敛之"为皇室服务两年"[①]。1896 年 5 月 9 日《益闻录》1570 号刊载了英敛之题为《颐和园备差恭纪》的诗:

　　　　春日曈昽送暖迟,红桃绿柳共生姿。
　　　　祝釐频幸颐和苑,万代隆仪孝治时。
　　　　九十春光递嬗过,昆明新涨绿生波。
　　　　楼台层叠辉金碧,信是天家富贵多。

1897 年,《益闻录》1677 号所载诗作《夜赴颐和园涂次偶成》一诗:"征袍陡觉嫩寒生,跨马挥鞭出近城。栈豆难消千里志,鸡声时壮五更情……鞁掌风尘酬厚遇,庸材何幸际承平。"其中的"酬厚遇""际承平"等诗句说明了英敛之想要报效朝廷知遇之恩。英敛之还曾作《某邸以石路小驴车命作七律一首用春韵即戏占呈之》诗一首:

　　　　石路驴车样门新,价廉行速喜芳春。
　　　　出资不过二三百,载客能胜六七人。
　　　　似水盈眸流得得,如雷聒耳音辚辚。
　　　　往来最多听差者,破帽残靴满面尘。

为皇室服务的经历既表明英敛之曾报效清廷,也增进了英敛之对清廷的感情,同时也使英敛之对清廷的政治黑暗等有了更深的了解,这为后来英敛之支持康梁变法和主张立宪革新埋下了伏笔。

二、远避滇越

光绪二十年(1894 年),中日甲午战争爆发。甲午战争是中国"三千年之未有之大变局",对国人思想产生了巨大的影响。中国人真正的意识觉醒从此

---

① 郭荣赵.英敛之先生小传[J].传记文学(台湾),1965(5):58.

开始。贫病中的英敛之作诗《久病吟》，慨叹清政府病入膏肓，"一败涂地"仍"讳疾尤医忌"①。就在英敛之与淑仲完婚的1895年，丧权辱国的《马关条约》签订。康有为、梁启超等在北京发起"公车上书"，请求清廷学习日本维新变法。1898年6月11日光绪帝下诏变法，轰轰烈烈的维新变法运动由此兴起。慈禧于9月发动戊戌政变，"戊戌六君子"喋血街头，康、梁外逃，所有参与变法人员均受牵连处罚，"戊戌党禁"由此开始。英敛之是维新变法的坚定支持者，1898年，32岁的英敛之在维新志士严复等人创办的《国闻报》上发表《论兴利必先除弊》支持康梁变法，并称赞"康主政有为胶州疏内'蔽于耳目，狃于旧说'诸语，实今日之顶门针、对症药，痛快切当，言人之不敢言"。维新变法失败后，英敛之恐因言获罪，远避滇越，颠沛流离，直至1898年底才从云南乘船抵沪。随后几年辗转于云南、香港、上海、北京、天津等地之间，居无定所，生活拮据。

在辗转多地的流亡时间里，英敛之目睹了中国的贫弱、百姓的疾苦，其坚信非变法不足以救危亡。在此期间，英敛之结交了天主教徒和维新人士，与朱云鹏、夏时若及北京陆达夫等人通过书信"相与谈心，论说经世有用之学……拳拳在抱者，惟国家大计，新法盛行，免受外人凌辱分裂之祸，快慰之至"②；赠送友人夏时若《新政议论》《时事新编》等新政书籍，同时不断购买、借阅《格致报》《国闻报》《知新报》等趋新报纸，如饥似渴地阅读香港维新名士何沃生、胡翼南两先生所著《新政论议》《新政始基》。英敛之对何、胡两先生佩服之至，《英敛之先生日记遗稿》记载：

> 是晚，始句读何沃生、胡翼南两先生新政论议讫。服其立言明白晓畅，说理深透切中，直欲向书九扣，不止望空三揖也。其新政始基，尤觉为中国之顶门针，对症药，非抄袭陈言、偏执一见者之能望其项背。

---

① 英敛之.久病吟(甲午)[M]//周萍萍.英敛之集(上).桂林：广西师范大学出版社，2013：390-391.

② 方豪.英敛之先生日记遗稿[M]//沈云龙.近代中国史料丛刊续编(第三辑).台北：文海出版社，1974：25.

又言：

> 灯下句读《新政始基》数篇，予极服其剀切详明，爱莫释手。①

在人生中最艰苦的时刻，英敛之仍关心政局的发展，以变法救国为念。

三、庚子奇祸无完卵

英敛之戊戌年底由滇返京，曾在香港、上海等地短暂逗留会友。至京后又为生计烦恼不已，往复京津寻觅枝栖。沪友夏时若曾"寄孔子明前后两书，为代予觅枝栖事"②未果；至天津，刘铎介绍"于津就洋馆数处"教洋人"课字"，同时"代堂中办理书札"，但度日拮据。光绪二十五年（1899年）十二月二十七日，天津法国领事馆高级翻译李敬宇之妻告诉英敛之："现有蒙自某员愿延文案，询予愿去否。"英敛之犹豫不决，因"刘铎待予极好"却入不敷出，而"蒙自道路过远，携眷不易，独往又如前去吴川之诸多不便，日思家事也"③，左右思量后终因苦于生计而携眷远赴蒙自。

庚子年（1900年）五月二十六日，获知"北京被拳匪围城，俄水兵四千驻大沽口，攻坏炮台"消息的英敛之亟盼归去，随后"西人抵通海，衅必开矣"的消息令英敛之卧不成寐，直至"痛哭失声"，信笔写下"英雄热泪痛沾裳，慷慨徒余侠义伤；弱昧凭凌一至此，长城拊髀忆康梁"④的诗句。由此首诗可以看出，庚子战事令英敛之悲痛中国弱昧被欺的同时，更伤心于康梁维新变法未能成功，致使中国日益衰败从而陷入如今被凌受欺的局面，这使英敛之变法救国的念头再次萌发。返回北京途中，英敛之在香港短暂停留，专门拜访何沃生、胡翼南，这次未遇，英敛之将自己刊载于上海《汇报》的《新政始基书后》留下。次日又再次拜访，遇胡翼南，赠新著《新政要行》一本，"以《康学书后》借看"；随后又第

---

① 方豪.英敛之先生日记遗稿［M］//沈云龙.近代中国史料丛刊续编（第三辑）.台北：文海出版社，1974：19－21.

② 方豪.英敛之先生日记遗稿［M］//沈云龙.近代中国史料丛刊续编（第三辑）.台北：文海出版社，1974：38.

③ 方豪.英敛之先生日记遗稿［M］//沈云龙.近代中国史料丛刊续编（第三辑）.台北：文海出版社，1974：64.

④ 方豪.英敛之先生日记遗稿［M］//沈云龙.近代中国史料丛刊续编（第三辑）.台北：文海出版社，1974：120.

三次"至何胡处",终于得见何、胡二公,"予将甘心佩服,愿执弟子礼"①。可见英敛之痛心之余开始盘算继续维新变法事业,于是专程拜访维新名士何沃生、胡翼南,并承担起何、胡二公新政著作《新政真诠》在内地的推广工作。从代印《新政真诠》起,英敛之传播维新思想的念头付诸行动。

庚子年七月二十四日"船抵大沽口",英敛之遇见洋兵"作乐欢呼","心殊酸痛"。二十五日,"见各炮台皆插俄、日旗,至塘沽下船,见一带房屋焚毁,惨不可言。留下者皆插外国旗,洋兵住用……紫竹林大街一带俱焚……街中一望,空空焦土","所余华人惟教友,亦须手执洋字凭始得行,余有华人惟洋人强捉住为之操作者……"。昔日繁华喧闹与今日残垣断壁相对照;昔日自由国民,今日任人欺凌,英敛之直呼:"可怜不堪回首,殊难料有今日也。"②纷乱中,英敛之父母兄弟虽然无恙,而"姑姑已死,保富一家皆全死"③,且"洋兵骄横,酗酒凌人夺物",这些惨状令人痛心疾首,"抵申即大病月余,不死者几希……"④。

庚子事变对英敛之的影响无疑是深刻的。一方面,英敛之意识到中国贫弱至此必须变法自强,多次主动拜访何、胡二公,意图宣传中断的维新变法事业,为其随后答应柴天宠创办报刊埋下了伏笔。另一方面,庚子奇祸导致国破家毁、洋人任意欺凌。但英敛之未将此次庚子的亡国之祸归结于列强的侵略,而是归结于义和团的盲目仇教排外,这种观点无疑是带有偏见和不正确的,但也正是这种观点,影响了英敛之后来创办《大公报》的言论倾向和报刊宗旨——"开风气,牖民智,挹彼欧西学术,启我同胞聪明",认为必须开启"眼光向下的启蒙",中国才可转弱为强。

四、友人出资邀办报

山河破碎、家舍被焚、亲友罹难、疲于生计……残酷的现实境遇直接刺激着英敛之的家国情怀,戊戌政变以来压抑在英敛之心头的改良愿望已蠢蠢欲

---

① 方豪.英敛之先生日记遗稿[M]//沈云龙.近代中国史料丛刊续编(第三辑).台北:文海出版社,1974:144.
② 方豪.英敛之先生日记遗稿[M]//沈云龙.近代中国史料丛刊续编(第三辑).台北:文海出版社,1974:147-149.
③ 方豪.英敛之先生日记遗稿[M]//沈云龙.近代中国史料丛刊续编(第三辑).台北:文海出版社,1974:155.
④ 方豪.英敛之先生日记遗稿[M]//沈云龙.近代中国史料丛刊续编(第三辑).台北:文海出版社,1974:186.

动。英敛之离开香港时,何沃生曾"遣人送至信一函"①。英敛之回京津安顿好后,"书寄香港何、胡二公一函",又"至商务印书局问印书章程"。由此可知香港何、胡二人是委托英敛之代理在内地出版《新政真诠》一事。之后,英敛之接香港何、胡一函云:"新政真诠先于港印数百部,后再寄来,印略大字模"②,英敛之随即发何、胡二公一函。1901年3月12日,"香港发至新政真诠两部并在申印书章程"。胡翼南写信告知英敛之:"请联合同志代办并嘱晤郑陶济观察相商。"③英敛之对此事十分上心,联合友人朱志尧积极往返上海印书局奔走联络,并信询京友陆达夫、褚省三"愿出股印书否"④。

在为《新政真诠》出版奔波期间,旅沪的英敛之至江南书局"将经世文编、太白集、西学十五种……换新书通鉴辑览、黄公度日本志、殁园文录、益智录、百年一览、泰西新史览要等书"⑤,又"与耀东楼上话朝廷官制极久"⑥,此间又览阅朱志尧带来的《中国民致南皮尚书书》。这可以看出英敛之十分关心时务。虽然英敛之此时致力于推广《新政真诠》,且广泛阅览新政书籍和密切关注时局发展,但此时英敛之与同道中人尚未寻找到可以抒发其见解、言论的平台,只能私下探讨,聊作慰藉。

《新政真诠》印书事宜安排妥当后,英敛之至津。天津紫竹林天主教堂总管柴天宠便告诉英敛之他"愿设报馆",约英敛之"主持其事","集股本逾万元,甘愿赔垫"⑦。英敛之随即作信致夏时若、朱志尧,何、胡二公询开报馆事。在

---

① 方豪.英敛之先生日记遗稿[M]//沈云龙.近代中国史料丛刊续编(第三辑).台北:文海出版社,1974:144.

② 方豪.英敛之先生日记遗稿[M]//沈云龙.近代中国史料丛刊续编(第三辑).台北:文海出版社,1966:168-172.

③ 方豪.英敛之先生日记遗稿[M]//沈云龙.近代中国史料丛刊续编(第三辑).台北:文海出版社,1974:214.

④ 方豪.英敛之先生日记遗稿[M]//沈云龙.近代中国史料丛刊续编(第三辑).台北:文海出版社,1974:226.

⑤ 方豪.英敛之先生日记遗稿[M]//沈云龙.近代中国史料丛刊续编(第三辑).台北:文海出版社,1974:167.

⑥ 方豪.英敛之先生日记遗稿[M]//沈云龙.近代中国史料丛刊续编(第三辑).台北:文海出版社,1974:192.

⑦ 方豪.英敛之先生日记遗稿[M]//沈云龙.近代中国史料丛刊续编(第三辑).台北:文海出版社,1974:242.

还未接到友人函复时便开始"写报馆章程十条讫"①。由此可见,办报是英敛之发自内心的渴望。《英敛之先生日记遗稿》中有马蔼堂"尚怂余开报馆之事"②的记载,虽只是友人的怂恿,或许也是为了暗合英敛之的想法,只是英敛之当时生计拮据,显然没有办报的条件。此次由柴天宠牵头,股资充沛,无疑可助英敛之遂办报心愿,英敛之苦苦寻求的"论政"平台终于有了眉目。随后,英敛之便和柴天宠等人一起为办报召集股本、购置设备、择选馆址、延揽报馆人才……经过一年的筹备,1902年6月17日,《大公报》正式创刊,由英敛之担任总经理和编辑,总揽言论和经营大权。《大公报》出版第一天,英敛之撰写《大公报出版弁言》,将报刊宗旨设定为:"开风气,牖民智,挹彼欧西学术,启我同胞聪明。"今天来看,英敛之主持下的《大公报》是按着这个宗旨行进的,却又超越了这一宗旨。它不仅仅致力于"开智化俗",更是以"救亡图存"为最终目标,以鼓吹宪政为具体手段,着力推进中国的政治近代化进程。

从"宗教救国"到"报刊救国",成为天主教徒,成为报人,都是英敛之在清末风雨飘摇的社会环境下寻求救国之路的探索与选择,其背后折射出英敛之浓郁的爱国情怀。

第三节 退出报界成为"隐士"

1912年2月12日,清帝宣统退位,袁世凯窃取革命果实后成为第二位中华民国临时大总统。英敛之随即退隐北京香山静宜园,一心兴学、研读、做慈善。被尊为"北方清议之望"的一代著名报人开始了"不问政事、专心公益"的归隐生涯,直至其1926年去世。

一、民国初创与英敛之退隐

"无可奈何花落去",随着革命浪潮席卷全国,国人心向共和,清王朝统治

---

① 方豪.英敛之先生日记遗稿[M]//沈云龙.近代中国史料丛刊续编(第三辑).台北:文海出版社,1974:247.

② 方豪.英敛之先生日记遗稿[M]//沈云龙.近代中国史料丛刊续编(第三辑).台北:文海出版社,1974:47.

大势已去。1912年1月1日,中华民国临时政府在南京成立,孙中山任民国临时大总统。此时的英敛之并未承认这个新政权,依然坚决拥护清帝。然而各地不断光复、南北议和中革命人士对实行共和政体毫不退让、国库亏空民生凋敝等社会现实,让英敛之清醒地意识到清王朝要结束了。1912年2月12日,隆裕太后主持御前会议,以宣统皇帝名义颁发了退位诏书,授权袁世凯组织"临时共和政府"。清帝宣告退位的第二天,《大公报》刊发了清帝退位诏书,同时刊发告白"休馆十日"。复刊后第一天,《大公报》刊载社长英敛之外出的消息。自此英敛之隐居北京香山静宜园,开始其人生的下半场——公益济世。

英敛之退隐北京西郊香山后,这一年"由喀拉沁王福晋及英淑仲女士等向皇室请领香山静宜园保存,借以兴办女学女工,蒙前隆裕太后慨然付畀,众乃推英华经理其事"①,"自庚申遭兵燹,残毁殆尽"的北京香山静宜园在英敛之夫妇努力下成为香山静宜女学的校址,招收来自京师外八旗营的满族女子和香山附近的穷苦家女孩子就读,培育了众多德才兼备的女学生。

1912年,有感于西方基督教在中国创办多所基督教高等学府而天主教"尚付阙如",基督教信徒多为智识开通的中上层人士,而天主教徒却多数来于贫苦无聊辈的现状,英敛之与马相伯撰写《上教皇请兴学书》,联合向罗马教皇提请在中国设立公教大学,情义真挚使教皇颇为动容。这一提议后因教皇碧月十世去世、本笃十五世继位、第一次世界大战爆发等原因被搁置下来。英敛之对中国教友中出现崇洋媚外的情形深恶痛绝。1913年,英敛之于香山成立了辅仁社。"辅仁"二字取《论语·颜渊》中"以文会友,以友辅仁"之意,辅仁社招收来自全国各地天主教堂中的优秀青年学子,主要讲求国学,"相与研习诗经古文字外,兼及六艺"。其目的主要在于以国学精粹培育国人的爱国心,祛除社会上浮躁喧嚣的崇洋媚外之声。

从初期对天主教士的一味拥护到后期开始认清教会中存在外籍天主教徒欺压中国教民等情形,英敛之对天主教的认识开始深化。为提高广大中国教友的爱国意识,他还发愤撰写《劝学罪言》(意即劝人学习的得罪人之言),大声疾呼不做洋人"附属品"、不做"永世奴隶"。《劝学罪言》出版后,英敛之受到法国"神长"的严厉警告。英敛之毫不退缩,再次发表《覆友人驳〈劝学罪言〉书》,痛陈欺凌中国教友的外国传教士"所挟持者唯一势力权位之见",致使"华铎蜷跼如辕下驹,怅惘如丧家犬","然则,圣教会果有国势盛衰、种族强弱之别乎?

---

① 英敛之.跋静宜园全图[M]//周萍萍.英敛之集(下).桂林:广西师范大学出版社,2013:279.

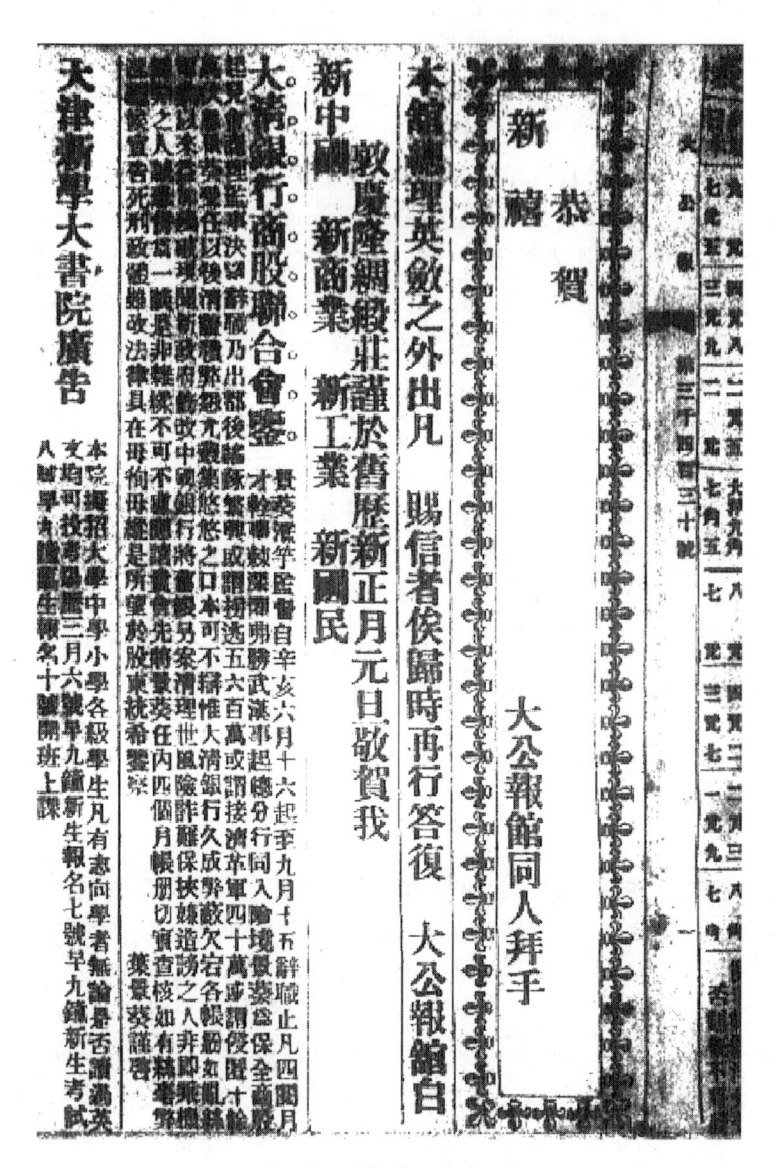

《大公报》刊英敛之外出消息

此吾所以竟敢以公理为争,而绝不认吾辈生就永当居于奴隶地位也"①。要说明的是,提倡国学并不意味着英敛之放弃了天主教信仰。他将大量精力放在考察天主教传入中国史,并组织陈垣撰写了《元也里可温考》。此时的英敛之一面提倡国学,一面宣扬天主教文学,看似矛盾,实际上是将天主教文化与中国优秀传统文化结合起来,耶儒融合,以吸取中西方的优秀文化。

除致力于兴学和信教外,英敛之还多次参与公益慈善事业。1917年,直鲁豫遭遇大水灾。负责督办京畿一带水灾善后事宜的熊希龄1917年9月在香山创办慈幼局,聘请英敛之担任慈幼局局长。英敛之认为"事关慈善,不敢自逸",毅然下山主持慈幼局工作。两所慈幼局一所专收男孩,一所专收女孩,总共收了男女儿童差不多有千余人。② 直至1918年夏水灾善后事宜处理妥善后,英敛之才辞去慈幼局职务重回香山静宜园。

退隐后的英敛之不问国政却依然情系民依。"爱人如己""博爱合群"的天主教思想、"忧国忧民""以天下为己任"的儒者情怀一直深植其心中,并转化为其济世泽民的实际行动。

二、退隐原因探析

关于英敛之退隐的原因,周萍萍认为:"1912年,清帝退位,袁世凯就任中华民国大总统。英敛之不愿和袁世凯政权合作,再加上常年办报费心劳神身体不佳,于是从名义上离开了大公报馆。"③虽然其中提到了"清帝退位""袁世凯掌权""身体欠佳"三个原因,但其着重强调了"英敛之不愿和袁世凯政权合作"这一原因。周雨在《大公报史 1902—1949》一书中认为:"英敛之受西方资产阶级政治思想的影响,主张君主立宪的政治体制。在保皇的前提下赞成维新,却反对共和革命。辛亥革命以后,大清皇朝倒了,与他不共戴天的戊戌政变的罪魁祸首袁世凯竟当上了临时大总统,他的办报兴趣就索然了。"④他也是将"清朝灭亡""政敌袁世凯上台"看作英敛之舍报退隐的主要原因。

上述两位学者的观点代表了当下学界对英敛之舍报归隐原因的较为普遍

---

① 何炳然.天主教友英敛之研究(续)[J].中国宗教,1988(3):115.
② 周萍萍.英敛之与香山静宜园[J].中国宗教,2015(1):50.
③ 周萍萍.英敛之与香山静宜园[J].中国宗教,2015(1):49.
④ 周雨.大公报史 1902—1949[M].南京:江苏古籍出版社,1993:12.

的看法。然而政敌袁世凯上台并非英敛之退隐的根本原因,清王朝灭亡才是英敛之退隐的根本原因。"身体欠佳"也只是英退隐的次要原因。《英敛之先生日记遗稿》中记载,1901年英敛之筹备《大公报》期间曾多次腿痛到不能下地,但依然隐忍志坚,坚持创办《大公报》。

在英敛之留世的言论及著作里,光绪帝一直是英明果敢、敢于革新的君主形象;《大公报》创办后每年的光绪万寿节,英敛之均会撰文称贺光绪帝的隆德英明。光绪帝虽半世被遮盖在慈禧的光芒下志不得伸,但其发动维新变法的历史功绩依然值得肯定,英敛之为此称他英明神武也算合情理。然而,光绪驾崩后,英敛之对年仅三岁、毫无政绩可言的宣统帝也拥护之至,这就值得我们深思了。光绪帝的果敢维新固然是英敛之崇敬备至的重要原因,但维护祖宗的基业更是英敛之内心深处的宗族情愫。因此,光绪帝驾崩后,英敛之虽悲痛万分,但并未选择退隐,而是迅速在《大公报》发表论说支持宣统继位,稳固清廷朝政。

"满汉畛域"虽然是英敛之批评的对象,但同维新派及革命派一味批评"满汉畛域"却很少关注旗人生存状态不同,英敛之更重视"满汉畛域"撤除后旗人的生计问题,并于1908年在《大公报》二千号征文时开列议题《妥筹八旗生计之良策》,引起社会广泛关注,随后又在《大公报》上刊载多篇《妥筹八旗生计之良策》获奖征文。英敛之如此关注八旗生计问题,实是其宗族情结的真实体现。当辛亥革命席卷全国,南北议和拉锯,清王朝已不可保全之时,英敛之主持下的《大公报》将言论重心放在了清王室的保全与善待问题上,更体现了其浓厚的宗族情结。1912年2月12日,宣统帝下诏退位,《大公报》第二天发布了清帝退位诏书。1912年2月23日,复馆第一天的《大公报》实行改版,报头由原先的清宣统纪年改为中华民国年号,同时刊登一则"本馆总理英敛之外出,凡赐信者俟归时再行答复"的告白,连登12天。自此,英敛之不问报事,隐居北京香山。

本章小结

英敛之出生和成长于风云动荡的晚清时局中,其人生经历也伴随着时代的变幻而出现三次重大转折。满族正红旗的旗人身份、长于北京八旗军营的经历使英敛之对清廷有着天然的宗族感情。目睹下层旗人生活的艰辛和奸贪误国,从小习武、颇有侠士之风的英敛之形成了疾恶如仇的性格,直接孕育了英敛之时期《大公报》的"敢言"风格。英敛之"生性好道",国家衰弱、奸贪误国、百姓艰难的时局使其一直致力于寻求"挽回补救"[2]的方法,这种博爱的情怀使其成为一名虔诚的天主教徒。考察英敛之加入天主教的过程和其抒情述志类的早期诗作可以发现,积极的入世态度和"宗教救国"思想是英敛之加入天主教的根本原因。这直接影响了他后来创办和主持《大公报》期间的报刊活动和报刊内容,并逐渐形成了其以"改造人心"为主要着力点的新闻思想。

甲午战争后康梁发起的维新变法运动对英敛之产生了重大影响,他意识到维新变法是救亡图存的必然路径,开始发表《论兴利必先除弊》等文章支持康梁变法。庚子事变中八国联军侵华的暴行直接刺激英敛之继续戊戌政变后中断的变法自强运动:主动结交香港维新名士何启和胡翼南,承担在内地出版宣扬维新变法的《新政真诠》的重任,并答应柴天宠"邀予主持"创办报刊的请求,创办并主持《大公报》至清帝退位。虽然英敛之思想表现出中西方文化和价值理性杂糅的特点,但同时具有鲜明"文人论政"的报人痕迹。"报刊论政""建言维新"是其办报的直接目的,而救亡图存、扶翼清廷则是其最终的政治目标。

英敛之的一生呈现了晚清风云变幻的政治环境中,对清王室怀有深厚宗族感情的、无权无势的下层旗人为挽救清王朝统治,借助报刊论政维护和巩固清王朝统治的努力和尝试。作为深受儒家"修齐治平"思想影响的近代爱国报人,英敛之的一生都在追求社会政治关怀。英敛之"报刊救国"遇到的基本问题是如何处理"爱国"与"保清"的问题。这个看似矛盾的问题在英敛之这里是一致的,对于深受儒家"忠君爱国"思想影响的英敛之来说,"忠君"即"爱国","爱国"就要"保清"。但当清王朝真正无药可救之时,英敛之仍旧"舍小家保大家","保清廷"让位于"保国家"。

英敛之的一生在一定程度上反映了晚清时期传统士人转向近代知识分子的共同成长轨迹,又富有个性特色。虽然英敛之没有接受过正统的传统教育,但其跟随恩师乔心困广泛阅读儒家经典、儒家思想,尤其是"修齐治平"的积极"入世"思想对其产生了重要影响。从这一角度上讲,英敛之也是一个传统"儒士"。但相比章太炎、梁启超等同时代报人,英敛之传统士人的烙印并不十分深刻。章、梁是参政不成退而议政,体现了晚清时期科举废除后大多数传统士人向近代知识分子转化的场景,"他们在思想上仍欲为士,但社会存在却分配给他们一个越来越近于知识分子的角色,给这批人的生涯增添了一笔悲剧的色彩"①。英敛之虽然接受了儒家经典的教育,但其对参政执政并无执念,更热衷于以论政言道的方式济世救人。这让他能够以较为客观的视角审视和接受西方先进科技和先进社会政治思想,他从传统士人向近代知识分子转型的步伐和姿态比同时代报人更为矫捷和轻盈。他一生矢志不做官,能与政治当局保持一定的距离,以更加清醒和独立的姿态建言论政。也正是因此,其能不避讳外界的眼光,进而创办《大公报》,并为《大公报》的"敢言"风格创造条件。

① 许纪霖.20世纪中国知识分子史论[M].北京:新星出版社,2005:134-135.

第二章 报人生涯与新闻实践

英敛之正式踏入报界应从其创办并主持《大公报》开始。不过在创办《大公报》前,英敛之已在《益闻录》上发表诗词、在友人朱志尧创办的《格致新报》上提问、在《国闻报》《知新报》上发表论说文章。这些与新式报刊零零碎碎的联系虽不紧密,却说明英敛之早年已经意识到报刊能够抒怀、开智、建言的重要作用,特别是在《国闻报》《知新报》上的"发声",使其切实感受到了近代报刊强大的"论政"功能,为其创办《大公报》建言救国奠定了基础。

第一节 报人生涯的开端

英敛之接触报刊的时间较早。在创办《大公报》之前,他就先后在《益闻录》《格致新报》《国闻报》上发表诗词、论说,建言议政,崭露头角。这段报人生涯的预演让英敛之对报刊有了深入的认识,为英敛之创办《大公报》埋下了伏笔。

一、诗文投稿《益闻录》初涉新闻界

《益闻录》是天主教会在华出版发行的第一份中文报刊,创刊于光绪五年(1879年),设有"恭录上谕""教皇谕旨""西报摘录""申新两报摘录""文苑"等栏目。虽为天主教刊物,但发行却不局限于教内,对时人了解西方文化助益颇多。创办人为天主教神父李杕。李杕原名李浩然,字问渔,上海南汇(今浦东)人,与英敛之相熟。自1891年至1898年,英敛之在《益闻录》上前后共发表近百篇诗作和少量文章,主要有两个主题:悟道护教、感时抒怀。

刊于1891年1月28日的《题道未先生集》为悟道明志之作。诗曰:"寻常爱读汤公语,今日开编恍遇君。我友为之尤感切,几回约我哭君坟。""汤公"即

明朝著名天主教传教士汤若望,其所著《主制群徵》是启发英敛之入教的启蒙著作,英敛之对其感佩异常,主持《大公报》期间曾重刊《主制群徵》。1891年6月20日刊发的《贫病吟》《志感》两诗也属皈依天主教的述志诗。《贫病吟》中有"欲淡情枯万妄消,竟于危难窥真性……行止惟期义所在,万事从天吩咐之"等表明"听主安排"的诗句;《志感》中更是有诗句"我生端不负斯来,得识源头见别开。夕死朝闻今可矣,存心养性岂徒哉"来表明英敛之寻得天主教后"朝闻道夕死可矣"的欣喜之情。1891年9月16日其发表《写怀四律》,抒发对天主教的笃信与赤诚:

> 几谈庄老几参禅,说静说空月复年。
> 闻道比邻求外义,何如名教证真诠。
> 虽然已返无为地,未免终迷有象天。
> 毕竟是非当画一,执迷固我误多贤。

这首诗明确表示英敛之通过邻居得识天主教,但信仰天主教则经过了阅读《主制群徵》后的思辨过程。"虽然已返无为地,未免终迷有象天"说明英敛之一度相信"无为"的老庄哲学,但道、佛说静说空的教义终未能解英敛之心中困惑。"我生不肯糊涂死,索隐钩深费苦思……原始要终真究竟,一心归主复奚疑"指出英敛之性喜寻道"独皇皇以求道为己任"的性情,寻寻觅觅之后终于疑虑得释,笃信天主。

在"救灵事主乐无休"[1]的同时,现实境遇让英敛之生出"残书几卷日摩挲,苦恨光阴疾似梭"[2]的感慨,且又处于贫病之中,难免生出"生平心性最多愁,况复频遭此百忧"[3]的愁苦。1894年,中日甲午战争爆发,负有匡时志的英敛之目睹战事频仍,不禁心生感叹。诗作也从悟道明志和咏物抒怀转变为感时忧世、康济群生。1895年8月7日,《益闻录》1494号刊载诗作《写怀用博陵王耀东兄见示原韵即以呈正》:

> 自愧蒙恫三十年,民依国是最情牵。
> 马周不遇潜夫困,蒿目君休笑杞天。

---

① 英敛之.山中友人索书赋西江月一阕并七绝二首[N].益闻录,1892-04-27.
② 英敛之.即事[N].益闻录,1891-08-29.
③ 英敛之.冬日病种偶书[N].益闻录,1892-04-02.

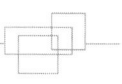

东望疮痍满目烟，山河百二陷连连。
天戈岂乐伤人者，涂炭民生剧可怜。

此诗将英敛之感叹甲午战事致使山河破碎、百姓涂炭的伤感和无奈体现得淋漓尽致。1896年5月20日，英敛之又在《偶书三绝》中慨叹：

不患世人不知己，立身自恨百无能。
戴天履地为男子，康济群生得未曾。

报国无门、壮志难酬的苦闷伤感跃然纸上。1897年5月29日，《漫兴》中"心雄身积弱，才减岁频增。最懔虚生辱，其如百不能"的诗句对碌碌无为的现状显示出不满和焦虑。可见，1892至1897年的英敛之人生际遇不甚得意，空怀报国志却没有报国门。

即使如此，英敛之依旧胸怀天下、心系苍生。除诗作唱和之外，英敛之还在《益闻录》发表《论昏蒙为风俗之害》《论京中宜安插乞丐》《安插乞丐续说》《推广日报说》等关心国是民依的论说。《论昏蒙为风俗之害》指出"今日风俗之忧不在贫弱在昏蒙"；批评官长、庶民迷信风水，仇视洋人迁怒教堂，酿成事端祸国殃民。《论京中宜安插乞丐》《安插乞丐续说》则关注民生，建言借鉴泰西"开拓生产""以工代赈"等方法以"兴利除害""安国养民"①。1898年1月29日，英敛之在《益闻录》发表《推广日报说》指出："日报之有益于人稍识时务者类能言之。"英敛之已意识到报馆"增识见、明事理"的功效，"外洋报馆林立相习成风，官民借以知时势，其明效大验"，而民众阅报风气不开，故中国报馆旋开旋闭。虽然"自封闭强学报、京中设官书局以来，博采西报各论说以开拓人之识见亦颇可观，然阅者极属寥寥"，英敛之并未仅仅停留在指责民众阅报风气不开，而且指出日报不能畅行的原因和解决的办法：朝廷以八股取士而非以时务取功名，导致读书人不热衷于阅报，而报馆"议论庞杂，记述猥亵，扩人知识则不足而淆人闻见则有余"，且访事员但图蝇头小利，致使谣言疯传使人不信。英敛之认为欲畅行日报非"在上者力为振兴不为功"②，为朝廷开列多款鼓励民众阅报的策略。此时的英敛之在维新运动影响下已逐渐意识到报刊

---

① 英敛之.安插乞丐续说[M]//周萍萍.英敛之集(下).桂林：广西师范大学出版社，2013：650.

② 英敛之.推广日报说[N].益闻录，1898-01-29.

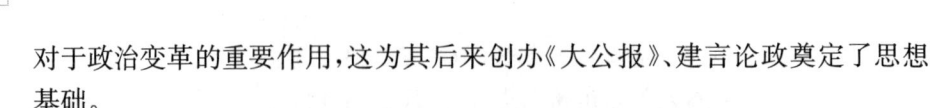

对于政治变革的重要作用,这为其后来创办《大公报》、建言论政奠定了思想基础。

从悟道明志到咏物抒怀进而到关心国是民依,《益闻录》上刊发的诗词与论说充分说明英敛之的思想随着甲午海战、维新变法等国内政治风云的变幻从自我修身向建言救国转变,知识分子的爱国情怀逐渐在其身上展现。

二、通过"提问"与《格致新报》初识

"在晚清,当西方科技知识涌入,而中国又一再地挫败之后,兴起了一种专业主义,它一方面是强调追求应用性知识技能,另一方面是分工、专精理念的兴起,取代原来'通'儒的理想,或君子不'器'的观念。"① 爱国心切、富有悲天悯人之念的英敛之开始探寻救国救民的路径。近代以来,西方列强依仗船坚炮利,通过缔结不平等条约逼迫清政府开放多处城市为通商口岸。列强在侵略中国的同时也不断将西式文明带入中国。西方科技的先进令国人赞叹不已,并逐渐滋生了学习西方先进科技"师夷长技以制夷"的思想。英敛之入教后,由于时常接触法国天主教人士且经常翻阅新式报刊,逐步意识到自然科学的发达与政治文明的优越是西洋国富民强的重要原因,对西方科技文明产生了浓厚兴趣。

1898年3月13日,英敛之友人、天主教徒朱开甲(志尧)和王显理在上海创办《格致新报》,由法国传教士向贾二主持,译介泰西"兵法商政、造船制器以及农渔纺织牧矿等务"②,同年与《益闻录》合并为《格致益闻汇报》,是我国早期的科普刊物。英敛之曾于1898年8月8日在该报"答问"栏提问。举例如下:

第二百二十七问·日下英敛之

正文:"昨偶见萤火荧荧,忽明忽灭,因忆古人腐草为萤之说,似未合理,然其发光之理究属何故?亦关于电气否?望乞详示。"答:"萤之发光含有磷质,其光不热,可暗可明,与电光无涉。"

---

① 王汎森.近代知识分子自我形象的转变[M]//许纪霖.20世纪中国知识分子史论.北京:新星出版社,2005:109.

② 格致新报缘起[N].格致新报,1898-03-13.

第二百二十八问·日下英敛之

正文:"幼时尝系一蟾作耍,偶置平地,有事他去,回即不见,惟绳尚存地面,缘绳掘之竟得所在,俗谓蟾能地遁,然较他物入地不同,土脉未松亦无地孔,何其体竟似神体乎?此理何解,望发吾昧。"答:"蟾能鼓气,掷地不死,以绳缚之,泄去其气,则绳松而逃,其入土或较他物为灵,入后能使土面如常亦未可知,若云神体地遁,斯则语涉怪诞,不足为训。"

第二百二十九问·日下英敛之

正文:"西国造墨水必用苦里亚苏脱滴,此系何物制成?"答:"苦里亚苏脱系一种树油,入水能溶化各物使浓淡均匀并作蓝绿色。"

第二百三十一问·日下英敛之

正文:"人睡熟后往往自相言语且有大声喊叫者不知何故?"答:"人睡后忽言语喊叫与梦无异,盖梦者因所思未透,睡时胃气触动脑筋成形为梦,气藏胸腹,睡时身动气为所感,连合脑之所思遂为言语喊叫。从未有不翻身而言语喊叫者,足见其气之被感也。"

从上述提问可见英敛之此时对"声光电化"等自然科学比较感兴趣,但也仅止于此。作为一个"孜孜以求道为己任"的爱国知识分子,英敛之明白器物上的科技发明并非救国的治本之策,唯有政教层面的"道"才足以救中国。尤其是目睹甲午海战时中国学习西方器物层面革命的"洋务运动"全面失败,英敛之更加清醒地认识到变法不变根本,徒于西学西艺上粉饰敷衍则无济于事。甲午战争后,康梁发起的维新变法运动无疑印证了英敛之的观点:科技发明固然重要,而解决中国致贫致弱的根本途径在于社会政治变革。

三、撰写"论说"在维新报刊发声

1895年,清政府在中日甲午海战中战败,日本逼迫清政府签订丧权辱国的《马关条约》,一时国内舆论哗然。"如果说此前自认为是天朝上国的清王朝败于英国、法国等西方列强的坚船利炮之下让知识分子们认识到了东西方在'器'层面上的差距,那么这次败于东邻日本则直接引发了中国人对于'道'层面的强烈反省和思考。"①正在北京参加科举考试的康有为、梁启超等人发起"公车上书"倡言维新变法。光绪帝深受感召,下诏变法。维新变法运动正式拉开帷幕。这一时期,维新人士严复在天津创办《国闻报》,发表《原强》《辟韩》等振聋发聩的变法文章,译自西方的《天演论》更是在知识分子的脑海震荡,"物竞天择,适者生存"的观念深入人心,学习西方、变法自强的声浪逐次攀高。英敛之深受维新人士感召,积极购阅《国闻报》等维新报刊,对康有为、梁启超、严复等变法巨子十分敬佩,变法自强意识开始在英敛之心中生根发芽。

  英敛之在康梁发起维新变法运动之前,一直在苦苦追寻救国救民之道。英敛之认为中国要由弱转强就必须学习强大的西方。甲午海战北洋舰队的全军覆没又使英敛之意识到学习西方仅从器物层面入手只能是治标不治本,强盛的根本要义在于政教风俗的变革,"道"的学习才是救亡之本。康梁发起的维新变法运动正好契合英敛之的救国思想,英敛之对维新变法表现出极大的热情。1898年4月,英敛之发表《论兴利必先除弊》,大赞"康主政有为胶州疏内'蔽于耳目,狃于旧说'诸语,实今日之顶门针、对症药,痛快切当,言人之不敢言",声援维新变法。

  1898年9月慈禧太后发动戊戌政变,康梁远走海外,戊戌六君子喋血菜市口,一度兴盛的维新事业偃旗息鼓,英敛之感痛不已。恐被后党迫害,英敛之离开北京,远避滇越。虽颠沛流离、受尽苦楚,但英敛之通过此番游历更体会到国家的凋敝、百姓的困顿,维新变法的意志更加坚定。1899年,因维新失败"感痛郁结,不能自已",英敛之在澳门《知新报》发表《党祸余言》一文,文中痛心"新政之机至此绝矣",指责顽固党"独怪朝有柱石之臣,当新党变法之初,即以改革旧法为变乱祖制,自当痛彻谏阻以去就争之,乃三缄其口以长乐老自居,为固位保禄之计,迨事变之后始多方毁斥,为落井下石之举,何其见之陋而量之卑乎?"并"还质于顽固党首领"②。在慈禧太后实行"言禁"、大肆抓捕维新人士之秋发表抨击后党的论说在当时是十分危险的,可见英敛之对维新变法的支持和维新立场的坚定。这种百折不挠的维新志向使得英敛之一直苦苦寻求建言论政的平台,为后来创办《大公报》奠定了思想基础。

  从在《益闻录》上发表诗词和文章开始,英敛之就逐渐认识到近代报刊在抒情达意、宣传建言方面的作用。随着世事变迁和维新变法运动开展,英敛之自觉借助报刊建言论政。《大公报》创办前英敛之的报刊活动是英敛之对报刊

---

① 侯杰.《大公报》与近代中国社会[M].天津:南开大学出版社,2006:33.
② 英敛之.党祸余言[N].知新报,1899-07-21.

功能的认识不断深化的过程,也是英敛之的救国思想不断清晰和强化的过程,宗教、变法、报刊是英敛之"救国"必不可缺的工具性存在。这一心路历程激励着他走向创办《大公报》并开启了十年"报刊救国""宗教救国""变法救国"的人生之路。爱国救国既是英敛之人生的一盏指明灯,也是其人生的终极抱负。

第二节 报人生涯的巅峰

辗转流离却始终心怀天下的英敛之在庚子事变后由上海去往天津,并拜会柴天宠。柴天宠愿设报馆,邀英敛之主持。英敛之一直怀揣在心中的"建言论政"的愿望终于有了转化为现实的机会。经过一年多的筹备,《大公报》于1902年6月17日在天津创刊,英敛之任总理和编辑,总揽言论和经营大权。主持《大公报》的十年,英敛之可谓殚精竭虑,其虽多次身体抱恙且政府和洋人的办报干扰纷至沓来,却始终坚忍卓绝从不言弃,努力将《大公报》从寂寂无闻培育为北方清议界的言论旗帜。其间,《大公报》支持或发起"拒俄运动""抵制美货运动",密切关注"四川保路运动"的进展,为维护中国主权完整、培育国人现代国家思想和国民资格、维护国民权利作出了重要贡献。救亡图存是英敛之最重要的办报目的,但由于满族旗人的身份、与皇室后裔爱新觉罗·淑仲的婚姻关系,其救国蓝图呈现出"保清"的底色。

一、《大公报》创办前天津的新闻环境

狭义的新闻环境是新闻事业的内环境,是新闻记者之间、新闻传媒之间互动的环境。广义的新闻环境就是新闻的社会环境、人文环境。[1] 此处取后者,即"新闻传播系统与社会政治、经济、法律、文化、教育、社会习惯、道德等方面的相互作用及关系"[2]所构建的社会场域,是新闻传播活动得以存在的"土壤"。

时代背景、政治动向、民众文化启蒙及城市地缘等因素共同构成的新闻传播环境是一份报刊得以创办和取得成功的前提条件。《大公报》创办时的天津

---

[1] 梁伟."天才少年"和新闻环境[J].新闻传播,2002(1):14.
[2] 刘建明.宣传舆论学大辞典[M].北京:经济日报出版社,1993:914.

新闻业十分单薄,除了列强在租界创办的少量几份报刊,天津并没有国人自办刊物。庚子事变后,清政府下诏推行新政,国人救亡启蒙的呼声此起彼伏。《大公报》便创办于这种特殊新闻环境中,这为其创刊后迅速"走红"提供了一定的社会环境条件。

(一) 北方报刊寥若晨星

《大公报》创刊前,天津新闻业十分单薄,仅有四份近代报纸。一是德国人汉纳根创办的《直报》,言论上代表德人利益。《直报》于1895年1月26日创刊,是继《时报》之后天津第二份近代中文报刊,重视对中国时事政治的关注与评论。创刊之初即发表了严复的《原强》《辟韩》等五篇呼吁变法自强的激进文章,对改良天津社会风气、开启民众智识产生了一定的积极影响,但其根本上代表德国人利益。创办人德国人汉纳根是天津第一份中文近代报刊——《时报》创办人崔德林①的女婿,他凭借与崔的特殊关系,获得在中国开采井陉煤矿的权利,攫取暴利。二是《京津泰晤士报》,创刊于1894年3月,由天津印刷公司创办,是北方影响最大的英文报纸,"实际上是天津英租界工部局的喉舌"②,由于其是外文报刊,在天津民众中影响力很小。三是1901年前后创刊的《天津日日新闻》,由日本人经营,方若(药雨)任主编,开始为日文,后改为中文出版发行,是日本驻华领事馆的喉舌,属于君主立宪派报纸,曾和《大公报》一起参与革命派和立宪派发起的大论战。③ 社长方药雨与英敛之私谊颇密,英敛之在天津筹办《大公报》期间多次寻求其帮助。四是天津北洋报馆创办的《北洋报》,1901年创刊。上述几份报纸的影响力和销量并不可观。由此可见,《大公报》创刊前天津的新闻业十分单薄,仅有的几份报纸均由外国人创办。同时这些报纸均面向上层社会人士发行,报刊内容、文字风格等不能广泛地被下层人民所理解或受用。即使是北京,在《京话日报》1904年8月16日创刊之前,综合性日报只有日本人创办的《顺天时报》,"再加上戊戌政变后清政府严申报禁,上海等地的报纸纷纷迁入租界,内地的报纸更是'寥

---

① 崔德林当时主管天津海关税务司,与李鸿章关系密切。
② 方汉奇.中国新闻事业通史(第1卷)[M].北京:中国人民大学出版社,1996:250.
③ 戈公振.中国报学史[M].北京:商务印书馆,1927:166.

如晨星'"①。

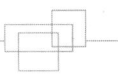

维新变法运动中曾出现第一次国人办报高潮。康、梁在北京创办《强学报》鼓吹变法,严复等人创办《国闻报》与北京《强学报》遥相呼应。戊戌政变后,国人自办报刊悉数被关。至天津《大公报》创刊前,中国近代报刊"南北不过数十多家,而旋开旋闭,现如昙花者不知凡几……"②。

(二)清末新政推行言论空间松动

庚子事变前,义和团运动在全国范围内高涨。八国联军侵华,两宫仓皇出逃。内忧外患,严重的政治危机迫使清政府不得不做最后的挣扎,清末新政便在这样的背景中拉开帷幕。"朝廷自经庚子之变,知内忧外患,相迫日急……西狩途中,首以雪耻自强为询……辛丑回銮以后,即陆续举办各项新政。"③加上"英、日劝行新政"④,1901年1月29日慈禧太后以光绪名义颁布新政改革谕旨,新政变法由此开始。慈禧太后在"西狩"途中以光绪帝名义下发罪己诏,"自顾貌躬,负罪实甚","知人不明,皆朕一人之罪",号召大小臣工直言进谏,"凡有奏事之责者,于朕躬之过误,政事之阙失,民生之休戚,务当随时献替,直陈无隐"⑤。言论环境的松动为民营报刊的复兴和发展提供了舆论空间。天津《大公报》便在这种逐渐宽松的言论环境中创办。

(三)新型知识分子群体初步形成

从"开眼看世界第一人"林则徐开始,中国传统知识分子便不断意识到西方政教科技文明的先进,并努力通过各种途径学习西学西术。清朝由传统向现代过渡的第一批知识分子魏源、郑观应、王韬等人倡导的"师夷长技以制夷"影响了大半个中国,首先觉醒的传统知识分子开始转换思维接受西方先进技艺。在这种思潮推动下,朝野形成以"自强""求富"为目的的洋务运动,西方先

---

① 唐纳德·帕拉贡的《英敛之和北京天主教辅仁大学的兴起》一文中提到英敛之的儿子英千里说:"父亲有意创办这样一份报纸,因为在那时(1902年),在华北还没有一家中国人所拥有的报纸。"
② 周萍萍.英敛之集(上)[M].桂林:广西师范大学出版社,2013:376.
③ 岑春煊.乐斋漫笔[M]//荣孟源,章伯峰.近代稗海(第1辑).成都:四川人民出版社,1985:88-89,99.
④ 盛京堂来电[M]//赵德馨.张之洞全集(第10册).武汉:武汉出版社,2008:8371.
⑤ 中国第一历史档案馆.光绪宣统两朝上谕档(第26册)[M].桂林:广西师范大学出版社,2000:271,274.

进的科技文明不断冲击着知识分子的眼球。列强的持续侵略,中国的日趋败坏,国仇家恨不断激荡着知识分子的爱国情怀,他们努力掌握先进的西式文明并试图在中国进行革新以富国强民。这种强烈的救国愿望在中日甲午战争清政府战败,签订丧权辱国的《马关条约》时达到高潮,并激发了康、梁等人掀起的维新运动。维新运动虽以失败而告终,维新思想却在中国大地上生根发芽。一些青年才俊开始走出国门,留学海外,形成留学热潮。留学生在国外不断接触新知识新事物,耳濡目染各国近代社会政治学说,思想为之一变。流亡海外的康有为、梁启超、孙中山等维新和革命志士组建团体、创办报刊宣传其政治思想,受其影响,国内外出现了一批以救国为己任、以爱国为情怀、以西方社会政治思想为依托的新型爱国知识分子。庚子事变后,日益深重的国难更激发国内民众关心国事,努力寻求救国路径,"实业救国""教育救国""维新救国""宗教救国""报刊救国"此起彼伏。

(四)义和团运动引发启蒙新视域

清末时期,时人对义和团运动并未有清醒的认识。非但皇室认为"此案初起,义和团实为肇祸之首,今欲拔本塞源,非痛加剿除不可"[1],晚清众多知识分子也认为"闹出这义和拳的奇祸,起首不过是几个乖张愚顽的人纵起来的这事,到了收园结果的时候,通国都受了大害"[2]。由义和团运动引发的庚子事变促使举国上下对于"开民智"进行新的思考。庚子事变前,"尽管戊戌变法失败的阴影笼罩着中国,一般知识者的目光仍然集中于朝廷的动向……下层社会的启蒙运动还只停留在少数几个人议论的阶段"[3]。康、梁发起的维新运动虽然一再倡导开民智,但他们终究是将开智重点放在清廷和知识分子阶层,对于开启下层民智并未有实质性进展。晚清启蒙知识分子意识到中国想要自强"非齐心协力的开民智,别无他法"[4]。于是,"'开民智'的主张一下子变成知识分子的新论域,'开民智'三个字也一下子变成清末十年间最流行的口头禅……一般'有识之士'或所谓的'志士',深感于'无知愚民'几乎招致亡国的

---

① 沈桐生.光绪政要(卷二十六)[M].扬州:江苏广陵古籍刻印社,1991:23.
② 英敛之.讲爱德为同群大有关系[M]//周萍萍.英敛之集(上).桂林:广西师范大学出版社,2013:153.
③ 杨早.清末民初北京舆论环境与新文化的登场[M].北京:北京大学出版社,2008:20.
④ 启蒙画报[N].1903-07-20.

惨剧,纷纷筹谋划策,并且剑及履及,开办白话报;创办阅报社、宣讲所、演说会……展开了一场史无前例的大规模民众启蒙运动"①。

西方近代报刊在中国的创办与勃兴使得晚清启蒙知识分子意识到新闻纸在开启民智、移风易俗方面的作用:"新闻纸者,近世文明之一大原动力也,其笔锋之所至,则有利用人类所禀有之喜怒哀乐爱憎以左右之,非宗教之大力所能及也。其记述之所及,则有陶冶国家所固有之政治风俗人情以转移之,非帝王之权势所能比也。凡势力所能及,感化所必到者,毕莫非新闻纸活动范围之内。"②其认为西方之所以文明强盛是因为"男女大小富贵贫贱莫不识字,莫不阅报"③。义和团使晚清启蒙知识分子意识到中国的救亡仅仅依靠康、梁以上层社会人士为主体的启蒙远远不够,必须开启"眼光向下"的启蒙运动,"叫人人懂得爱国",文明、理智爱国。

这种文明与理智爱国是在强烈的亡国屈辱和西方文明强势进入的夹击中产生的,这决定了当时的京津知识分子"'以外国为鉴'的启蒙路向,代表民众处理中外交涉时,坚持据理力争的态度,而非义和团式的敌意对抗"④。这种"以外国为鉴"的启蒙路向包含着"师夷长技以制夷"的意味,也折射出启蒙知识分子"以洋为师"和"与洋争权"的双重心理,而这种双重心理"正反映了晚清启蒙知识分子对西方文明'横的切入'的复杂心态"⑤。然而,无论是"以洋为师"还是"与洋争权",背后隐藏着的都是晚清启蒙知识分子的拳拳爱国心。"爱国心者何?思所以固结团体,保持爱护之也。……谁人当有爱国心?凡属人类,无不当有之也。"⑥在此历史背景下"叫人人知道爱国,叫人人知道发愤图强"构成了以英敛之为代表的知识分子创办的报刊的主体话语。

《大公报》"启蒙救亡"的办报初衷体现在"挹彼欧西学术,启我同胞聪明"的报刊宗旨中,并在报纸创办初期的"论说"中展露无遗。以创刊后三个月内

---

① 李孝悌.清末的下层社会启蒙运动:1900—1911[M].石家庄:河北教育出版社,2001:15,16.
② 英敛之.论新闻纸之势力[N].大公报,1908-08-24.
③ 英敛之.原报[N].大公报,1902-06-22.
④ 杨早.清末民初北京舆论环境与新文化的登场[M].北京:北京大学出版社,2008:46.
⑤ 杨早.清末民初北京舆论环境与新文化的登场[M].北京:北京大学出版社,2008:47.
⑥ 方汉奇,等.《大公报》百年史[M].北京:中国人民大学出版社,2004:27.

的"论说"栏为例,几乎所有的言论均涉及"启蒙""救亡"两个主题。报刊言论契合时代诉求是《大公报》创刊后声名鹊起的重要因素。

二、英敛之借助社会关系创设《大公报》

虽然柴天宠等人愿集股本万元创办报刊且甘愿赔垫,但筹备报刊的过程是漫长而辛苦的,英敛之投入了大量的时间和精力,并广泛运用其人脉资源助力《大公报》的创刊。维新友人朱志尧、汪康年、荣霖臣等人为报馆在延聘主笔等馆务人员、设立各地代派处等方面作出了重要贡献。

(一)援上海维新人士延聘报馆主笔

清末"报馆实行主笔制,负编务全责"[①],主笔对于报馆来讲意义重大。为延聘主笔,英敛之两次南下上海,大费周折。英敛之携款南下上海延聘主笔,维新志士朱志尧起到了重要的牵线搭桥作用。《英敛之先生日记》载英敛之"至法银行视致尧予序文,(朱)意仍愿开格致报,云延予为主持其事则不至中止,因前诸人无维新真志,但图月间薪水而已"[②]。这说明在柴天宠提议办报前,维新人士朱志尧就有意邀英敛之主持。因此当英敛之在天津筹办《大公报》,朱志尧乐见有这样一份具有维新倾向的报刊问世,故给予帮助。1902年9月10日,英敛之刚至上海便去法国银行找朱志尧。朱志尧三日后同英敛之"至中外日报馆访汪穰卿……",午饭后,又同英一起访汪穰卿家中,谈令汪引荐主笔事。除此之外,英敛之还多次就"汪穰卿毛遂自荐""汪穰卿辞谢主笔"等事与朱志尧相商,并在朱志尧的陪同下"去谒马相伯",托其寻人转荐主笔。在无中意人选之后,朱又陪同英敛之约饭汪穰卿,"再商去津事"[③]。第一次南下上海延聘主笔虽未成功,却为后来打了基础,英敛之第二次刚到上海便收到了汪穰卿转荐主笔人选的信函。在汪穰卿的引荐下,英敛之最终与方守六订立主笔合同,至此,延聘报刊主笔事在朱志尧、汪穰卿等维新人士的多方协助下终于尘埃落定。

---

① 方汉奇,等.《大公报》百年史[M].北京:中国人民大学出版社,2004:7.
② 方豪.英敛之先生日记遗稿[M]//沈云龙.近代中国史料丛刊续编(第三辑).台北:文海出版社,1974:234-235.
③ 方豪.英敛之先生日记遗稿[M]//沈云龙.近代中国史料丛刊续编(第三辑).台北:文海出版社,1974:348.

（二）延借各方人脉广设销报处

1902年4月14日,英敛之自沪返津后,馆房即将建好,且此时"已接各处论说访函六七件"①。英敛之的工作重点便转向确立各地消（销）报处及招选馆务人员上。英敛之在延聘主笔期间就已开始着手办理设立报纸代派处相关事宜。1902年2月6日,"接荣霖臣信一件,云伊弟在金陵代办消（销）报事"②。3月29日,英敛之同商务印书馆夏瑞芳"至普源公报馆行",就此确定了《大公报》上海代派处"由普源公代"③。随着报馆开办在即,设立消（销）报处成为当务之急。4月15日,"接芜湖访函一件";4月25日于北京"接张逸凡一信,云保定消（销）报事";4月27日,"进城晋宝斋与陆达夫话消（销）报事";5月2日,至公慎书局,"与王襄臣订代派报事……礼邸前遇吴绍贤,言阁抄事……"④。5月8日,至王子庚处,"托王新闻事",日西,"至有正书局,与高闻卿订代派事"⑤。经过各方友人的大力协助,《大公报》各地消（销）报处顺利设置。

（三）多方延揽报业人才

英敛之在上海延聘主笔时,请人多方举荐馆务人才。为了延揽到胜任创办《大公报》的各类专门人才,英敛之努力突破单一的人才来源渠道,不管是天主教会人士、维新派人士还是法国驻津领事馆高级翻译以及早年的熟人朋友,只要是适用人才都"英雄不论出处"。1902年2月28日,"方守六交出报告白及访事等姓名";3月5日,"沈子金言有施姓者英文甚好,可作翻译"⑥。3月

---

① 方豪.英敛之先生日记遗稿[M]//沈云龙.近代中国史料丛刊续编（第三辑）.台北：文海出版社,1974:480.

② 方豪.英敛之先生日记遗稿[M]//沈云龙.近代中国史料丛刊续编（第三辑）.台北：文海出版社,1974:421.

③ 方豪.英敛之先生日记遗稿[M]//沈云龙.近代中国史料丛刊续编（第三辑）.台北：文海出版社,1974:463-466.

④ 方豪.英敛之先生日记遗稿[M]//沈云龙.近代中国史料丛刊续编（第三辑）.台北：文海出版社,1974:481-493.

⑤ 方豪.英敛之先生日记遗稿[M]//沈云龙.近代中国史料丛刊续编（第三辑）.台北：文海出版社,1974:498.

⑥ 方豪.英敛之先生日记遗稿[M]//沈云龙.近代中国史料丛刊续编（第三辑）.台北：文海出版社,1974:438-442.

《大公报》第一号

29日,"得守六来函,言浙江连文微字孟青学甚好可延之北去,月需四十洋,即复函允之"①。回津后,英敛之将聘定的报馆人才汇聚到天津。4月16日,至北京,17日,"九珍、景宽来,商其薪水数目";18日,"自至齐乐农处",其子"言欲去津就馆事……早同舟之余俊年来视,托就馆中事……发天津信一函,为工人事";19日,"方守六来,告伊发上海信,催连孟青及订各报事";27日,去晤龚仁舫,"言陈君侯欲来馆,订明晚告予情形……";28日,"前内阁抄事之吴绍贤来,与之商订阁抄等事"②。5月19日,开文书局王寅皆偕杜翰臣来,言"有粤人唐光卿持洋函作毛遂自荐……欲入本馆,以函交李敬宇,请其询此人"。当晚,"连孟青由上海至屋中谈";5月22日,"李敬宇引排洋字人张至";5月23日,"因昨来信言,荐人有马姓者,曾在直报排字,与之语,令急来馆";5月28日,"慕元甫来,系前日由严又老嘱王觉臣转荐英文翻译人……守六得邓嘉生函,言访事之难"③。通过多方举荐和英敛之的努力,报务人才延揽工作顺利结束,这为《大公报》的开办奠定了人力基础。

三、英敛之时期《大公报》与社会运动

英敛之在主持《大公报》的十年间,密切关注国内的爱国运动。下文选取"拒俄运动""抵制美货运动""四川保路运动"等个案,考察英敛之的新闻活动对当时社会产生的巨大影响。其中"拒俄运动"是英敛之创办《大公报》后报道宣传的第一个爱国运动;"抵制美货运动"虽倡之于上海,但在京津等北方报刊中《大公报》发起倡导最早、力度最大且因被袁世凯"禁邮、禁阅"反而销路大开、声望愈隆;而"四川保路运动"则是武昌起义爆发前英敛之报道宣传的最后一个大规模群众运动。三个案例代表了英敛之主持《大公报》十年间早、中、晚三个阶段,同时也折射出英敛之一以贯之的浓郁爱国情怀。

(一)《大公报》与北方"拒俄运动"

1903年4月,沙俄违反《中俄交收东三省条约》,向清政府提出企图独占

---

① 方豪.英敛之先生日记遗稿[M]//沈云龙.近代中国史料丛刊续编(第三辑).台北:文海出版社,1974:463.

② 方豪.英敛之先生日记遗稿[M]//沈云龙.近代中国史料丛刊续编(第三辑).台北:文海出版社,1974:482-490.

③ 方豪.英敛之先生日记遗稿[M]//沈云龙.近代中国史料丛刊续编(第三辑).台北:文海出版社,1974:504-509.

东三省利权的七项要求,胁迫清政府签允。消息传出,群情激愤,以上海爱国学生和东京爱国留学生为主导的"拒俄运动"迅速兴起。英敛之主持下的《大公报》对"拒俄运动"给予了广泛关注。

1.《大公报》对"拒俄运动"态度转变的轨迹

英敛之主持的《大公报》对"拒俄运动"先是从社会新闻角度详细记录了京津地区"拒俄运动"的发展进程,成为北方地区早期"拒俄运动"的记录者与支持者;"拒俄运动"从反对外敌侵略逐步转向反对封建专制的"排满革命"倾向后,英敛之主持的《大公报》对"拒俄运动"的态度经历了由报道、支持到规劝及指责的转变。这说明,这一时期的英敛之将"爱国"和"保清"高度等同起来,宗族情结对其办报活动的影响呈现得淋漓尽致。

(1) 对"拒俄运动"爆发取积极报道态度阶段

《大公报》刊发俄国满洲撤兵修约消息的当天,1 000多位爱国绅商在上海张园举行拒俄集会。地处北方的《大公报》未能及时探知并报道这一消息,报道重点仍放在列强各国对"俄人满洲修约"的态度与应对上。4月30日,京师大学堂学生受上海"拒俄运动"影响在北京发起拒俄集会,《大公报》5月2日即迅速在"时事要闻"栏予以报道,这是《大公报》对学生"拒俄运动"报道的开端。随后《大公报》详细报道京津两地"拒俄运动"消息。5月3日"时事要闻"栏连发四则有关中俄满洲条约的报道,详细登载京师大学堂学生提出的"拒俄"具体办法,批评"两馆学生惟有河南进士现在仕学馆,学生靳某并不到堂会议,盖彼尚在寄宿舍习演殿试册子","真可谓至死不悟也"。从字里行间可体会到《大公报》对学生"拒俄运动"的赞赏态度。

(2) 对京津"拒俄运动"兴起取赞赏支持态度阶段

京津地区的学生"拒俄运动"兴起后,《大公报》通过报道"拒俄运动"和与"拒俄"学生联合起来,在"反侵略"目标下结成"舆论同盟",合力推动"拒俄"舆论的生成与高涨。1903年5月4日《大公报》"时事要闻"栏详细报道"拒俄运动"的发端——上海绅商志士拒俄会议情形。自1903年5月5日起至5月20日,《大公报》把"译件"栏改为"紧要译件"栏,大量刊载列国对"俄人满洲修约"事件的态度与举动。5月7日,《大公报》"专件"栏代发《京师大学堂师范仕学两馆学生上书管学大臣请代奏拒俄书》,同时在"时事要闻"栏将"俄人密约"全文刊录。"拒俄书"被拒并未使京师大学堂学生"拒俄运动"偃旗息鼓。1903年5月11日,《大公报》"专件代论"栏代发《京师大学堂师范馆全班学生请政务处代奏书》,呼吁"皇太后皇上深念祖宗托付之重下哀生民之多艰,力拒俄约

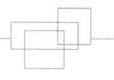

联盟英日"①。京津"拒俄运动"发轫后,英敛之主持的《大公报》即予以全力报道和支持,"时事要闻""紧要译件""专件代论"等栏目紧跟京津学生"拒俄运动"节拍。除全力报道爱国学生"拒俄运动"外,《大公报》还连续发表和转载《未来之中国》《哭告同胞》等十多篇"拒俄"论说,与爱国学生"拒俄运动"形成良性互动,推动"拒俄运动"成为北方"舆论"热点,成为北方报界倡议"拒俄"的"领头羊"。

(3) 对清政府限制学生"拒俄运动"取同情态度阶段

"拒俄运动"发轫之初,学生相互规约置于"清政府统制之下",并屡电外务部和清廷要员袁世凯等人,希望政府能将学生军"收编"同力"拒俄"。然而清政府自"拒俄运动"肇始即具怀疑、忌惮之心,进而限制京师学生参加"拒俄运动"。5月4日前后,京师大学堂副总教习张小圃牌示学生严禁会议拒俄且严格学生"在堂"上课时间。此举被《大公报》记者讽刺为"严则严矣,其如徒劳何"。管学大臣张百熙则以"区区苦心,诸君当共谅之"②来劝诫学生。6月中上旬,张之洞亲至京师大学堂安抚告诫学生"吾人之界限不可不明,学生有学生之界限,学堂以外之事不可以作"③。京师大学堂学生"拒俄运动"之势稍减,远在东京及南方各省的"拒俄运动"仍高涨。《大公报》开始将报道重点放在日本中国留学生"拒俄运动"上,继续报道"京师大学堂管学大臣接日本留学生电书谓编义队以拒强俄"④、日本留学生"电致袁宫保略谓所有留学生业已编成义队,如有一技可用,请速赐电星夜北上"⑤、"日本留学生某君于日前到京住打磨厂保安栈,闻系专为探听政府对于俄约之政策如何"⑥等日本中国留学生开展"拒俄运动"的进展消息,以继续维持"拒俄运动"的热度。

(4) 对"拒俄运动"取个别批评和总体支持态度阶段

学生组建军国民教育会准备奔赴战场对俄作战、学生为"拒俄"而罢课退学等事件的出现,使清廷保守官员自1903年6月开始对留日学生和南方诸省"拒俄运动"采取镇压措施。驻日公使蔡钧6月初电致端方"东京留学生结义勇队,计有二百余人,名为拒俄,实则革命。现已奔赴各地,务饬各州、县严密

---

① 京师大学堂师范馆全班学生请政务处代奏书[N].大公报,1903-05-12.
② 中外日报[N].1903-05-14.
③ 时事要闻[N].大公报,1903-06-13.
④ 时事要闻[N].大公报,1903-05-19.
⑤ 时事要闻[N].大公报,1903-05-21.
⑥ 时事要闻[N].大公报,1903-05-26.

查拿"①。随后,"江宁专函云日前江督接湖北来电云:上海爱国学社近日联结义勇队,名为北上拒俄实则有谋叛之举动,特电请江督即速访拿,魏午帅现遴委干员赴沪切实密访云"②。6月下旬"驻日本钦差大臣蔡和甫京卿来密电云:中国留学日本之学生屡会议,以拒俄为名实图不轨阴谋并密置党羽于长江北洋一带之地,分派会党煽祸纠合同志以便起事,请速电致湖北直隶两江督抚严密查办"③。清政府一系列严拿留学生密谕泄露后,"拒俄"学生义愤填膺,纷纷在悲愤中走向革命。"拒俄运动"开始擎起"拒俄"和"革命"双旗,"民族主义"情绪迅速弥漫。留日学生刊物《江苏》刊载《革命其可免乎》倾诉日本留学生"拒俄运动"原本想"属在政府统制之下"拒绝俄国所提"修约",然"满洲朝廷乃斥为党徒,目为悖逆……罗织搜索,防若寇贼",学生"有拒俄之诚而即蒙革命之名""盖几乎革命亦革命,非革命亦革命矣……迫乎哉,革命其可免乎!"。从"拒俄"走向"革命"的爱国留学生广设报刊宣扬革命排满言论。爱国学社控制的上海《苏报》更是大声疾呼:"不顾事之成败,当以复仇为心;不顾外患之如何,当以排满为业。"④清政府官员对学生"拒俄"奏议并未允行且阻止学生聚议俄事,这导致国内各地学生纷纷退学罢课,安庆大学堂、武备学堂、桐城学堂甚至发生了学生与大学堂提调冲突事⑤。面对学生上述举动,5月14日《大公报》"论说"栏发表论说《说退》,批评学生的"退主义""无裨益于社会徒弃灵魂,且将感动刺激造成一种未来浮薄之青年叫嚣狂吠于国中"。虽然英敛之对学生"拒俄运动"中出现的停课退学情况表示担忧,但对"拒俄运动"仍取支持态度。1903年6月初,日本留学生"拒俄运动"代表汤尔儒、钮永健二人前往《大公报》馆拜访英敛之,英与二人过往频繁,曾在日记中记载:1902年6月17日午后"汤尔儒来见";18日,英敛之"至佛照楼答拜汤尔儒,并晤钮铁生,话有时归"⑥。英敛之与汤、钮二人过往较密,表明英敛之此时对学生"拒俄运动"仍然是取支持态度的。

① 苏报[N].1903-06-05.
② 时事要闻[N].大公报,1903-06-12.
③ 时事要闻[N].大公报,1903-06-28.
④ 读严拿留学生密谕有愤[N].苏报,1903-06-10.
⑤ 《苏报》1903年5月30日载:学堂提调严申"设有不遵堂规者,立即斥退。设全堂恃众挟持,即全行开除另招","于是各堂为首创议之学生数人,全行告退"。
⑥ 方豪.英敛之先生日记遗稿[M]//沈云龙.近代中国史料丛刊续编(第三辑).台北:文海出版社,1974:658-659.

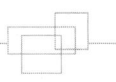

(5) 对"拒俄运动"取批评指责态度阶段

1903年7月,随着学生"拒俄运动"在清政府镇压下逐渐走向革命,英敛之主持下的《大公报》对"拒俄运动"的态度开始发生重大转变,主要标志是7月8日发表的论说《论改革之与破坏》。该文认为"虽然欲作改革之思想,必先有建设之布置,否则既改革而破坏则破坏亦甚可忧……罹破坏而不改革固不可,无建设而妄言改革尤为不可。今日维新诸少年之轻谈革命者可以鉴矣"。其公开批评"维新诸少年"(指发起"拒俄运动"的爱国学生)没有建设之方法而妄言破坏主义是不理智、不可取的思想和行为。

如果说留日学生革命思潮高涨的催化剂是1903年4月的"拒俄运动",那么,把国内民主革命思想推向高潮的则是1903年7月发生的"苏报案"①。上海《苏报》自1903年6月起发表章太炎等撰写的大量鼓吹革命排满文章。尤其是6月29日的论说《康有为与觉罗君之关系》一文称光绪为"载湉小丑,未辨菽麦",鼓吹"满洲全部蠢如鹿豕者,可以不革命者?"。《苏报》的激烈言论引起清政府的恐慌,遂于6月29日逮捕了章太炎、陈仲彝(陈范之子)等人,7月1日邹容去租界巡捕房自首。7月7日,《苏报》和爱国学社被正式查封。"苏报案"发生后,英敛之主持的《大公报》密切关注案情进展并发表系列论说。自7月8日"时事要闻"栏载文介绍清政府捕拿《苏报》馆人的缘由与情形。7月10日除在"时事要闻"栏报道邹容自行投案消息外,"论说"栏发表《自由辨》批评满口"自由平等"的"维新诸少年"不识"自由"真意,滥逞"野蛮之自由"②。7月22、23两日连载论说《爱国与害国说》,完全站到了革命党人的对立面。

1903年8月18日,《大公报》发表论说《本日庆贺万寿之感情》称"我中国立国数千年来其间历代相传,虽屡有改革然其政体皆为君主","而我皇上又为当世之英主,尤为各国所爱戴","当世维新诸少年往往本其偏浅之见,逞其骄矜之气,发为危险怪癖之词污蔑今上、扰乱和平"实乃"大不敬",且"政体之沿革由君主而立宪、由立宪而民主,阶级秩然、莫能陵踏。我中国之政体不改良则已,欲改良惟有立宪"③。由批评"维新少年"革命到论证"君主立宪"的正确与合理,折射出英敛之主持的《大公报》对学生"拒俄运动"转向革命后的失望与挽回无望的复杂心态。

---

① 沈渭滨.孙中山与辛亥革命[M].上海:上海人民出版社,2016:213.
② 自由辩[N].大公报,1903-07-10.
③ 本日庆贺万寿之感情[N].大公报,1903-08-18.

2.《大公报》对"拒俄运动"态度转变的影响

由于《大公报》在北方地区社会政治生活中的重要影响,所以《大公报》对"拒俄运动"态度的转变很快折射到当时的社会生活中,直接影响了当时"拒俄运动"的态势和走向。这种影响主要表现在如下方面:

首先,《大公报》态度转变直接影响北方学生对"排满革命"的态度。《大公报》自俄国提出"满洲修约"要求后便致力于抵制俄约并发表《未来之中国》《哭告同胞》等多篇"拒俄"论说,成为北方报界倡议"拒俄"的一面旗帜。日本留学生"拒俄编义队"代表钮永健、汤樵尔二人回国联系"拒俄"事宜,也特意前往《大公报》馆拜访英敛之,再次证明《大公报》在"拒俄"学生中的重要影响力;京师大学堂学生会议"拒俄"后选择在《大公报》"专件代论"栏界刊发《京师大学堂师范仕学两馆学生上书官学大臣请代奏拒俄书》《京师大学堂师范馆全班学生请政务处代奏书》,更证明了京津"拒俄运动"学生对《大公报》的信赖和认可。

清政府镇压学生"拒俄运动"后,作为北方报界风向标的《大公报》对"拒俄运动"态度发生明显转变。《大公报》连续刊发《自由辨》《爱国与害国说》《论改革之与破坏》等多篇旨在批评和规劝革命学生的论说文章,形成了一股强大的否定"拒俄运动"、反对"排满革命"的舆论风潮。《大公报》对"拒俄运动"转向"排满革命"后的态度转变不可避免地对北方地区"拒俄运动"产生不良影响。由于《大公报》对"拒俄运动"积极支持和赞成态度发生了方向性转变,北方学生对"排满革命"感到迷茫,并在《大公报》言论引导下逐渐认可《大公报》宣传的"排满革命"的"激进性"和"不合理性",导致北方地区学生的"拒俄运动"的势头逐渐走弱。由学生主导的"拒俄运动"在内地以京、津、沪、江、浙、湘、鄂七省市最为浩大。清廷镇压学生"拒俄运动"后,沪、苏、浙、湘、鄂等省学生或组织革命团体,或创办《江苏》《浙江潮》等刊物传播革命思想,而京津等地区的学生"拒俄运动"却在清政府镇压后归复平静。这虽然主要由于清廷官员委婉劝谕、暴力镇压,但《大公报》"拒俄运动"态度转向及舆论引导也应是重要因素。

其次,间接削弱了"排满革命"在南方诸省的传播。"拒俄运动"在上海发起后,很快形成南方以上海为中心、北方以京津为中心,海外以留日学生为中心相互呼应、互为支撑、向全国发展的态势,"拒俄"声浪震动全国。与之相呼应,南方以《中外日报》《苏报》等为代表,北方以《大公报》为代表,东京以留日学生创办的刊物为代表形成了强大的报刊舆论风潮,报刊舆论与学生演说、上奏等"拒俄"行动南北联动,内外相通,相互配合、相互声援,将爱国的"拒俄运动"推向高潮。

北方的"拒俄运动"由于清政府的婉劝、镇压逐渐放缓。此前积极报道支持"拒俄运动"的《大公报》非但未对清政府的行为提出批评,反而予以积极响

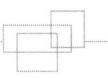

应。张之洞1903年6月至京师大学堂警诫学生"吾人之界限不可不明,学生有学生之界限,学堂以下之事不可以作"。《大公报》1903年6月13日"时事要闻"栏不但详细报道这一新闻,还颂扬张之洞视察京师大学堂是"学界之一佳话、一幸事也"。面对兴起的"倡言革命"言论,《大公报》又连续发表大量批评学生革命言论的论说文章,直接或间接产生了四个方面的影响:一是《大公报》报刊言论协助政府"阻断"了南方及留日学界"革命排满"思想向北方学界的传播,阻碍了"革命排满"运动在北方地区的发展;二是《大公报》削弱了北方学界对南方"排满革命"的响应,使南方"革命排满"缺少了北方地区的声援,延缓了"革命排满"思想向全国蔓延;三是《大公报》的言论声援了南方《中外日报》等维新报纸的"保清"言论,壮了维新派的胆气,对资产阶级民主革命产生了阻力;四是《大公报》反对"革命排满"的言论与《中外日报》南北呼应,默许清廷对"拒俄运动"的压制,通过报刊言论引导使清廷对"拒俄运动"的压制不引起强烈社会反弹,进而维护清朝统治。《大公报》在批评"排满革命"的同时还竭力阐明君主立宪的"正当性"和"合理性",在推动中国近代政治进程向维新立宪发展起了舆论引导推动的作用。

(二)《大公报》与"抵制美货运动"

"抵制美货运动起因于美国政府所推行的一系列迫害、排斥华工和华侨的政策。"[①]1904年底,美国《华工禁约》期满,国人要求废除这一苛待、迫害华人的条约,美国政府不顾中国人民的强烈反对予以拒绝。1905年5月10日,上海商务总会召集会议,倡议抵制美货。随后全国各地商会和广大绅商积极响应,"抵制美货运动"在全国迅速蔓延。《大公报》在此次运动中不但成为抵制美货的报道者、支持者,还成为"抵制美货运动"在北方地区的参与者、发起者和号召者。《大公报》对"抵制美货运动"的宣传使国民接受了一次爱国主义教育的洗礼,国家意识和现代国民意识在民众心中生根发芽。自"抵制美货运动"之后,民智大开,这为随后的"国民捐运动""苏杭甬铁路运动""四川保路运动"等奠定了思想基础。

1. 响应沪商号召,动员京津抵制

1905年5月中旬,上海商务总会发起"抵制美货运动"后,英敛之主持下的《大公报》迅速响应。5月23日,"时事要闻"栏以《沪商要电照登》为标题刊

---

① 马敏.中国近代商会通史(第一卷)(1902—1911)[M].北京:社会科学文献出版社,2015:494.

载了济南商务局接到沪商会"相戒不用美货"的公启要电。5月26日,《大公报》"时事要闻"栏照录了题为《上海人镜学社抵制美货》的传单;5月30、31日《大公报》"专件"栏连载《上海筹议拒美国华工禁约公启》。此后,《大公报》自觉加入"响应沪商号召,倡议、践行抵制美约"的队伍,并成为北方新闻界抵制美约的旗帜与标杆。

首先,身体力行,刊登"不登美商广告告白"。"抵制美货运动"爆发后,天津学界积极响应。6月10日《大公报》于"附件"栏后"广告"栏前刊发张寿春等人同启的《敬告天津学界中同志诸君》。《大公报》率先于报界践行抵制美货倡议,自6月11日起于报首接连登载《本报不登美商告白》《本馆声明》《登告白者鉴》,连登数日,昭明"本馆拟定从本月初九日起,所有关涉美人之告白一律不登"。从单纯的报道者到身体力行的参与者,英敛之用实际行动引领抵制美货的风潮。为更好地适应国内外抵制美约报道的需要,6月15日,《大公报》紧随"论说"之后新设"抵制美约要闻"一栏,并声明"本报因国民合群抵制美禁华工苛约风潮极大,特添此一门,凡有关抵制美约之事均列入此门内"。此栏一直持续至8月20日,广泛报道了国内外华人抵制美货新闻并密切关注清政府与美方对抵制运动的态度及举措,为北方报业中绝无仅有者。

其次,带动天津商会加入抵制美货行列。除亲自践行"抵制美货运动"外,英敛之直接带动天津商会、天津学界等社会各团体参与"抵制美货运动"。"抵制美货运动"自上海发起后,天津商会虽复函上海商会表示"愿遵照沪商条款切实抵制之策"①,但并未采取实际的抵制举动。对此,《大公报》1905年6月12日"要件代论"栏刊发《本报记者敬告天津商务总会文》质问津商"价值素重而名誉素高者也","抵制美货运动""乃独让区区学界中人奔走狂呼以相抵制得毋为商界之丑乎?"。《大公报》的激将法很奏效,6月13日,天津商务总会便致函《大公报》馆:"……迭由本商会传集三十二行董事商议办法,议定遵照沪定两月限,如仍坚执,定行实力举行(抵制)。"②自此之后,天津商学界分别定于6月18日开会集议抵制美货办法。6月16日,《大公报》报首刊登《敬请江浙同乡诸君十六日商务总会集议启》《敬告天津各学堂同志诸君小启》两则告白,继续为天津商学界抵制美货集会活动进行宣传。6月19日在"抵制美约要闻"栏又报道了商界、学界商讨抵制美货办法的集会情形。从某种程度上讲,天津商界"抵制美货运动"是在《大公报》的刺激劝导下开展起来的,《大公

---

① 天津商会档案汇编(1903—1911)(下)[M].天津:天津人民出版社,1990:1877.
② 天津商务总会致本馆函[N].大公报,1905-06-13.

报》对此功不可没。

再次,《大公报》严词批驳外报蓄意诋毁。"抵制美货运动"发起后,《益闻西报》《京津时报》等报刊公开为美国辩护。1905 年 6 月 7 日《益闻西报》针对"保定城内遍张抵制华工禁约之广告而论之曰此种举动及上海华商之集议皆因有所误会之故",并提出"美国从未有如今日之欲欢迎华商及游学生之至美者而款待华商及游学生之善,他国亦未有过于美者",当下只是"旧禁约已期满",新约稿则"正在磋商者"而已。对此谬论,6 月 15 日《大公报》"论说"栏发表《论〈益闻西报〉之华工禁约观》,逐条驳斥,痛斥《益闻西报》"其事可笑而其意则狠",力劝"吾人勿为其言所欺而持以定力"力争到底,不可懈怠。6 月 26 日,针对《益闻西报》将"抵制美货运动"视为"仇美"之举动,《大公报》在论说《本报记者与益闻西报书》一文大力批驳:抵制美货之会议办法均以"善遇美国传教士""优待美国商人"为条约,"并无与美人为仇之条",民众相约不购美货"不过为暂时抵制之计","美如允除苛例则交易仍复如此"。

2. 敢触当道之怒:反对袁世凯禁止"抵制美货运动"

首先,反对袁世凯禁止天津民众参与"抵制美货运动"。"抵制美货运动"在天津初步形成风潮时,直隶总督袁世凯却对天津的抵制运动进行打压。"袁宫保因国民合群抵制美国禁约风潮甚大,恐于中美两国交际有碍,特于昨早饬巡警总宪及府县传谕商务总会总办等"停止抵制活动,天津商务总办随即发出传单声称天津因抵制美货而导致"市面买卖因此顿形窒塞"[1],故取消抵制。随后,天津府县巡警总局会衔出示谕禁止聚众结会,民众集会、演说、发传单等抵制美货行动皆被袁政府阻止,天津各界的"抵制美货运动"元气大伤。《大公报》随即对袁世凯对天津商界抵制运动的阻挠作出回应。6 月 26 日,《大公报》"抵制美约要闻"栏以《天津学界特色》为题称赞天津学界抵制美货精神"十分完固",接着刊登"来函"指责天津商会劝阻商民抵制美货的行径,劝诫天津市民坚持到底,以免"贻笑外人也"。当天"附件"栏又刊发半僧生来稿《各人要发起爱国的热心》呼吁"各人发起爱国的热心""结实团体",齐力抵制。一天之中,多栏多角度地报道评论天津抵制美货情形实属少见,可见英敛之主持下的《大公报》对"抵制美货运动"的重视与支持。6 月 28、29 日《大公报》再登"来函",批评天津当局禁止抵制美货行为。29 日当天,《大公报》馆还发表言论《论天津解散团体之可惜》,指出抵制美货是"我中国数千年来第一次文明举动",劝

---

[1] 抵制美约要闻[N].大公报,1905-06-22.

导督宪支持抵制运动。《大公报》还特别注意刊登来稿,用民众的语言来劝导民众,一方面能够彰显"抵制美货运动"是人心所向,更有说服力和号召性,一方面,众多的来稿也体现出《大公报》在"抵制美货运动"中的社会影响力和公信力。

其次,与袁世凯"禁邮、禁阅《大公报》"的行为作斗争。袁世凯当局自六月下旬饬令津民禁止抵制美货后,《大公报》依然"我行我素"。随着《大公报》在"抵制美货运动"中的风头愈来愈盛,直隶总督袁世凯终以"有碍邦交妨碍和平"为由于8月17日饬令巡警总局和府县会衔出告示禁邮、禁阅《大公报》。针对袁世凯当局野蛮阻止《大公报》倡导"抵制美货运动"的行为,《大公报》在英敛之主持下予以积极反击。8月17日《大公报》报首刊登署名"大公报总理英敛之、主笔刘孟扬"的"特白",指责天津当局禁邮、禁阅《大公报》,痛斥"今遇此摧折芟夷我国民者非由外人,实为我最有权力之长官也"。① 当日"论说"栏发表《说官》一文痛斥"后世之为官者不任其重但奢其尊"。8月18日《大公报》报首刊登"苟延残喘之大公报,且度今朝谁管明朝"的告白,正式与天津当局叫板。18、19日,《大公报》连发《苟延残喘之大公报》《一息尚存勉尽天职》两篇文章,大声疾呼"一息尚存,此志不容稍懈",痛斥袁世凯当局"相互倾轧同室操戈"。英敛之带领《大公报》人不畏强权、坚持正义的言行非但没使《大公报》销量下降,反而销量陡增,其声誉大隆。

3. 宣传和平抵制,反对暴力反美

上海商会商定的两月改约期已至,删改禁约并未有实质性进展。美国驻上海总领事劳治师反而希望抵制运动领袖曾铸"转劝商民弗与敝国为难,静候政府办理",以免"牵动大局,有碍邦交"②。美国的无礼行径导致"抵制美货运动"在国内全面爆发。"相戒不用美货"的和平抵制"内以纾政府牵涉外交之忧,外以杜美人借端恫吓之口"③。英敛之主持的《大公报》此时将重点放置在"宣传和平抵制,反对暴力反美"上。6月至7月间,《大公报》于"附件""论说"栏连续刊发《奉劝诸位同胞莫买美国货》《北京学界同志敬告全国学生文(论抵制美禁华工续约办法)》《敬告吾华同胞》《抵制禁约与中美国交之关系》等文章,呼吁同胞"只求与洋人争胜,不是与洋人为仇"④,齐心进行文明抵制。厦门华商在"抵制美货运动"中表现激进,《大公报》7月25日连发两则报道,关

---

① 特白[N].大公报,1905-08-17.
② 苏绍柄.山钟集[N].北京:书林书局,1906:503-505.
③ 抵制美约要闻[N].大公报,1905-08-08.
④ 敬告吾华同胞[N].大公报,1905-07-10.

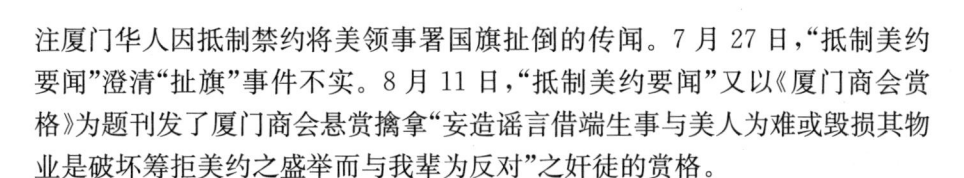

注厦门华人因抵制禁约将美领事署国旗扯倒的传闻。7月27日,"抵制美约要闻"澄清"扯旗"事件不实。8月11日,"抵制美约要闻"又以《厦门商会赏格》为题刊发了厦门商会悬赏擒拿"妄造谣言借端生事与美人为难或毁损其物业是破坏筹拒美约之盛举而与我辈为反对"之奸徒的赏格。

4. 注重美方对于"抵制美货运动"的态度以激发国人抵制美货的爱国热情

国民的抵制风潮、外交部的拒不签押,使美国驻华公使对删改禁约出现态度松动。《大公报》积极报道这一情况以此来激发国人的抵制热情。1905年6月17日,《大公报》"抵制美约要闻"栏刊载了"美国新使柔公使在庆邸府中晤会时谈及续订华工禁约之条,美使允为通融办理"的消息。6月28日,"抵制美约要闻"栏再次刊载美国总统"当以优礼相待驻美华商及游历之人悉除去一切烦难"的消息,并附注按语:"美总统之言实足以彰公道,我外部宜速向美使议定续约。"《大公报》又刊发美报"认为美禁华工有碍邦交与商务"的公道议论。8月21日"录报"栏转载《录檀山新中国报》消息:"美陆军大臣之言:惟大多数人皆谓美国夙号文明,似宜改其例之太苛,使上等之华人抵美无所阻留方为公道焉。"刊载数量众多的肯定中国民众"抵制美货运动"的外国信息以更为客观的方式彰显了"抵制美货运动"的正义性和正当性,无疑有助于提升国民参与"抵制美货运动"的热情。

5. 重视清政府对"抵制美货运动"的态度和反应

《大公报》对于"抵制美货运动"的报道宣传注重报馆、官府与受众的三方互动。《大公报》在倡导"抵制美货运动"时十分重视报道地方当局和清政府对于"抵制美货运动"的态度反应。"抵制美货运动"兴起之初,一些地方大员对《华工禁约》苛待华人、辱没华人尊严的约条十分不满,故以默许的方式支持国民抵制运动。《大公报》十分注意对此现象的报道。例如,1905年6月15日,"抵制美约要闻"栏报道了清政府、粤督岑春煊以及外务部对"抵制美货运动"的态度:"粤督岑制军与政府电商抵制华工禁约,政府之意颇为谨慎,谓此事须合全国之力真心抵抗,否则一有未慎即有妨碍两国交际之虞",而岑督却对抵制之法大加赞许,认为"中国国民苟能同心如此何患受制于他人……",外务部也电复商部,认为"美禁华工新约过苛,已将华商设法抵制情形密电梁钦使嘱其暂缓签押"①。7月24日,"抵制美约要闻"栏又以《照驳美使约文》为题报道

---

① 抵制美约要闻[N].大公报,1905-06-15.

了"华工禁约事仍未能宽其旧约,外部据理照驳驻京美国柔公使的照会"的消息,并认为"我外部果能始终坚持未始不克争回权利"①。

英敛之之所以注重报道清政府对"抵制美货运动"态度,一方面是想以政府对"抵制美货运动"的默许和支持来鼓舞民众抵制美货的热情,另一方面也体现了英敛之"体制内建言"的特点。这集中体现在英敛之对清政府禁止"抵制美货运动"后《大公报》的态度和反应上。8月底,美国驻华公使以禁工条约"本政府业经允为和平办理"为借口请清廷"设法劝谕"南北商民停止抵制。8月31日清廷正式发布上谕:中美华工合约"业经美国政府允为和平商议,自应静候外务部切实商改,持平办理,不应以禁用美货辄思抵制……著再责成该督抚等认真劝谕,随时稽查……倘有无知之徒从中煽惑,滋生事端,即行从严查究,以弭隐患"②。自朝廷敕谕各省督抚晓谕商民"静候修约不可节外生枝"后,《大公报》对于抵制美货的报道急剧减少。直到9月5日才在"要闻"栏刊载外务部王大臣照会驻京美使催改华工禁约"尽力和平改妥以安民心而服众议"的消息。随后,关于抵制美货的报道便寥寥无几了。

6.《大公报》"抵制美货运动"的社会影响与效果

虽然"抵制美货运动"最终因为驻美公使的极力运动和清政府的劝谕、镇压而无疾而终,但作为国人第一次自发的全国性爱国运动,其促进了国人爱国意识和民族主义意识的空前高涨。英敛之主持下的《大公报》对1905年国人"抵制美货运动"全力报道、倡议并实力践行,虽触天津当道之怒、虽遭业界诋毁③却始终不渝,为国民爱国思想启蒙贡献了巨大力量。

首先,《大公报》抵制美货的宣传使爱国合群思想深入人心。《大公报》刊载的倡议"抵制美货运动"的商学界公启、传单、群众来稿及《大公报》的众多论说中饱含着热情洋溢的爱国情怀。以6月10日《大公报》刊发的《敬告天津学界中同志诸君》为例:

> ……我津自警于庚子幡然兴学、爱国合群之论说,日灌于脑而溢于口,际此茕茕侨民含辱海外,我辈无力与争已深玷我国民之名誉而大负我国民之责任,似此力筹抵制正宜表发同情,将念吾学界有猛进

---

① 照驳美使约文[N].大公报,1905-07-24.
② 中国科学院历史研究所第三所.近代史资料[M].北京:科学出版社,1956:16.
③ 《大公报》因抵制美货遭天津当局禁邮禁阅后曾遭《北京日报》《中华报》等诋毁,谓《大公报》"恳恩开释""悔过求恩",英敛之1905年8月25、27日于《大公报》等告白辩驳。

之精神,卜吾国家有独立之性质者,断在今日所望学界中人务一律勿购美货……则吾学界幸甚吾国家幸甚此启。张寿春等人同启。

这些呐喊通过报纸广为传播,使爱国爱群思想深入民心。《各人要发起爱国的热心》《论不买美国的东西》《可以人而不如兽乎》等来稿更是以畅快明了的白话文呼吁国人"各人发起爱国的热心"[①],以尽"爱群保种之心"[②]。《旧金山中西日报》报馆曾函致《大公报》馆,称赞《大公报》于抵制美货之事不遗余力:"贵处各报停登美商告白,斯奥论始有谓禁例初实之果,美总统又有申饬工商部行例太严之传……此皆贵报之赐也。"[③]这从侧面反映了《大公报》倡导"抵制美货运动"的贡献之大。

其次,《大公报》抵制美货的宣传使得"人人知有自主之权"。曾铸等人抵制美货的方法即"相戒不用美货"的文明抵制,以"用与不用美货则我华人各自有权,我华商之买卖美货亦属该本人之自由,非我政府所得干预"为伦理基点,既无碍邦交又不致扰政府。这种"用与不用美货华人各自有权"的民权意识通过报章的宣传在国民中泛滥开来。6月15日《大公报》"论说"栏发表《论益闻西报之华工禁约观》指出:"吾人自问不用美货以相抵制决无不合理之虞且吾人亦自有权处此,谁能以力慑之哉。"7月27日"论说"栏刊载"常熟曹诚义"的来稿《敬告同志诸君》也呼吁抵制美货要"行之有恒坚持不变",使"我国民气一振民权一伸始信华人不可蔑视也",民气、民权通过"抵制美货运动"得以张扬。

再次,《大公报》抵制美货的宣传使得"人人知尽国民义务"。6月16日,《大公报》报首登告白:《敬请江浙同乡诸君十六日商务总会集议启》,大力宣扬筹议抵制是"吾人应尽之义务"。《大公报》被袁世凯当局禁邮禁阅的8月17日,《大公报》报首登告白也一再申明力倡:抵制美约之事是"尽国民一分子之天职"。8月19日《大公报》"附件"栏直接以《一息尚存勉尽天职》命名,指出《大公报》若是"为国民殉了难,也算死得值"。"一息尚存勉尽天职"的国民义务意识可谓被《大公报》提倡得淋漓尽致。《大公报》"抵制美货运动"的倡议使得国民爱国意识、国民权利意识、国民义务意识深入人心。自此之后,在"国民捐"运动、粤汉铁路保路运动、上海公廨案等事件中,国人与外人争权的民族主义意识不断膨胀。上海绅商李平书指出:

---

① 各人要发起爱国的热心[N].大公报,1905 - 06 - 26.
② 可以人不如兽乎[N].大公报,1905 - 08 - 10.
③ 抵制美约要闻[N].大公报,1905 - 07 - 18.

甲辰(1904)以前,民智不可谓不开,而以云国家思想、地方思想、政治思想,则茫乎其未之闻。自乙巳(1905)年,美约事起,一呼而应者千万人,俨若人人有公德心,人人有独立性,国民资格骤然进步。①

(三)《大公报》与四川保路运动

1911年5月9日,"皇族内阁"宣布"干路均归国有,定为政策"②,将允许商办的铁路收回国办。铁路收回国有并不可恨,可恨的是清政府借债筑路,转手将筑路权卖与西方列强。铁路"国有政策"宣布后的5月20日,"盛宣怀代表清政府与英、法、德、美四国银行团在北京正式签订了《粤汉川汉铁路借款合同》(即《湖广铁路借款合同》),借款600万英镑,以两湖厘金、盐税等项收入作担保……四国银行享有两湖境内粤汉、川汉铁路的修筑权,以及该路将来延展时继续借款修建的优先权"③。清政府"铁路国有"政策传至四川,群情激愤,"函电纷驰,争议嚣然"④。这场群众性的爱国运动最终发展为推翻清王朝的起义,成为辛亥革命的导火索。英敛之主持下的《大公报》十分关注"四川保路运动"的发展,并着重从"讽佞臣""批内阁""护清廷"三个方面组织言论。

1. 讽佞臣

盛宣怀是"铁路国有政策"的一手促成者,因此,英敛之对其深恶痛绝,《大公报》"闲评"栏刊发多篇短评辛辣讽刺。1911年5月8日,"闲评"栏讥讽盛宣怀"老病颓唐户,尸居余气"⑤。"铁路国有"消息传出后,鄂、湘两省民众首先发起抵制运动,四川省随即跟进。5月16日,川汉铁路董事局致电邮传部,恳求"俯顺民情",维持铁路商办,但并未得到允准。为此,《大公报》5月17日"言论"栏刊发署名"梦幻"的论说《论邮传部收回铁路之辣手》,痛斥盛宣怀和邮传部"非但不为民兴利反欲与民争利"的行为令人愤激,"不知邮传部何厚于

---

① 吴馨,姚文枏.上海县续志卷30[M].上海:南园志局,1918:36.
② 金毓黻.清实录·宣统政纪卷三十三[M].北京:中华书局,1987:12.
③ 王铁崖.中外旧约章汇编 第2册[M].北京:生活·读书·新知三联书店,1982:722-731.
④ 邓孝可.川路今后处分议·附记[M]//戴执礼.四川保路运动史料.台北:中央研究院近代史研究所,1994:124.
⑤ 闲评[N].大公报,1911-05-08.

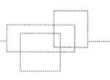

外人何仇于商民而为此倒行逆施之事也"①。

1911年5月底,四省商民抗路愈来愈烈,盛宣怀"深恐酿成风潮,连日与总协理大臣密筹缔禁及解散之法",并"拟运动民政大臣缔禁京外各报馆不得登载关于此事之新闻论说"。5月27日《大公报》"闲评"栏再次讽刺讥讽盛宣怀蒙蔽清廷"一再颁谕旨为透过君上之计,小人枉做小人煞是可嗤"。四川保路运动酿成风潮,川督王人文除允为代奏保路同志会的铁路商办公呈外,还上奏参劾盛宣怀误国殃民。《大公报》除在7月19日"四川"栏报道"四川护督王人文参盛宣怀借款合同无异于送路合同"的消息外,还于8月30日刊发《护理川督王人文奏参盛宣怀原折》以支持王人文参劾盛宣怀"欺君误国,请速治罪"的举动。

2. 批皇族内阁

各省干路收归官办,监国本来十分疑虑,但内阁协理因受邮传大臣盛宣怀预先运动"通同蒙蔽",奏称"虽有少数人之鼓动抗拒,然尚无甚关碍"②,所以朝廷才坚持初议收归国有。5月30日朝廷颁发"抗拒官收干路者从严惩办,其有聚众滋扰者格杀勿论"。谕旨又"实为阁臣一言"③。川、鄂、粤、湘抗路运动日益激烈,但清廷受盛宣怀和内阁大臣鼓动,仍然要求川、鄂两督及湘抚晓谕绅民"抗拒官收干路者从严惩办,其有聚众滋扰者格杀勿论"④皇族内阁与盛宣怀沆瀣一气、蒙蔽上听,导致监国一再作出错误决策,英敛之为此通过《大公报》进行抨击。各省谘议局联合会六月上旬就"亲贵不宜充人内阁总理"问题拟定奏折请都察院代递。6月12日《大公报》便刊发论说《朝廷应成全庆内阁之退志》;6月23日"言论"栏又发文《鲁抚反对皇族内阁之卓识》,指出"皇族内阁以立宪之名行专制之实","皇族政治之阶级不破,立宪之真谛以为根本之取消"。皇族内阁成立后,国内"倒阁"声一片。内阁总理大臣奕劻惺惺作态自请辞职。英敛之主持《大公报》发表多篇论说历数皇族内阁祸国殃民之罪行,呼吁内阁下野。7月15日《大公报》发表《读庆内阁演说辞有感》,揭露皇族内阁"除搜括民财剥夺民权纯用积极主义,收回国有大借外债一以进取为之宗以外",其他一切利国利民的行政、宪政问题无一不"徒恃纸片之粉饰"。7月中旬"民政部"推行新报律钳制报馆。这使英敛之十分愤怒。7月15日,

---

① 闲评[N].大公报,1911-05-27.
② 闲评[N].大公报,1911-05-29.
③ 闲评[N].大公报,1911-06-05.
④ 闲评[N].大公报,1911-05-31.

"闲评"栏发表短评进行讥讽：

> 丧失国权何与报馆事而必刺刺不休,可恨一；断送土地何与报馆事而必刺刺不休,可恨二；滥借外债何与报馆事而必刺刺不休,可恨三……收回铁路何与报馆事而必刺刺不休,可恨八……有此十大恨虽昭告天地誓不与共戴天可也,何况取缔？

7月17日《大公报》"闲评"栏又发短评讽刺政府取缔、封禁报馆、捕拿报人等手段不如"严禁国民识字,使之不能阅报",如此"则报馆自然消灭",最妙之策"莫如仿铁路办法再借外债将全国商办报馆收回国有不更直捷痛快耶"。

3. 保清廷

从四川保路运动发起到运动结束,英敛之自始至终批评皇族内阁这一办事"政府机构"而非清皇室。包括摄政王、宣统帝、隆裕太后在内的清皇室在《大公报》中皆是勤政爱民的形象,维护清廷的用意十分明显。

1911年8月中旬,清廷钦派李稷勋强行接收川汉铁路宜(昌)万(县)工程,在"国有"名义下公然劫夺川路利权。川民怒不可遏,罢市罢课酿成风潮,清廷要求四川总督"严惩首要"并饬令铁路督办大臣端方带兵入川查办。清廷带兵查办最终激成了川民围攻川督抚,酿成血案。成都血案发生后,清廷颁布上谕,认定这是"逆党勾结为乱,于路事已不相涉,万难再予姑容",电饬赵尔丰"相机分别剿办"①。为清廷弭乱献策,维护清廷统治成为此时《大公报》的言论重点。

清廷名义上的统治者——监国摄政王在《大公报》的笔下成了"仁厚有余而才略不足"、一直被"皇族内阁"所牵制蒙蔽的忠厚亲民形象,虽有失误但值得谅解。9月11日,"时事要闻"栏报道称监国认为"以川人亦朝廷赤子,只宜善言劝导,如果系为路政争执,宁可朝廷稍受委屈,断无与百姓为敌之理"②,虽然颁旨强硬收路,但自始至终强调办事大臣"于和平与强硬二者便宜行事,非万不得已不准妄用兵力且只许惩办首要,勿得妄事株连"。即使是在四川保路运动发生后,朝廷颁发的剿办川乱的谕旨也经过了监国参改："二十日宣布川路乱事之谕旨……闻旨内(不得稍有株连致地方糜烂,如有为逆党强迫列名

---

① 谕旨[N].大公报,1911-09-13.
② 时事要闻[N].大公报,1911-09-11.

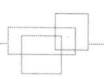

会薄者即将各册全行销毁一概不究)等语,又端方带队入川后务须申明纪律句下(严加约束不准骚扰)八字均系……监国指饬加入者。"宣统帝在《大公报》镜鉴中俨然勤学尚武的英明君主形象。9月10日"言论"栏《皇上典学志庆》称赞"我皇上性特好武,……积弱之中国天特笃生尚武精神之圣天子以唤起其国魂,此尤薄海人民所倍深庆者尔"。慈宫皇太后也以天主苍生为念,关怀皖北湘鄂水灾,"颁发内帑急施拯救以广皇仁而维时局"①;针对内务府乱象,"皇太后谕呈内务府案卷"亲自过问,"力除该府之积弊"②。

4. 分析民乱原因、为朝廷弭乱献策

除批评内阁暴政、维护皇室形象之外,《大公报》还为风雨飘摇中的清廷分析民乱原因,帮助清廷迅速弭乱、挽回民心。清廷下旨剿办川乱后,英敛之主持《大公报》连发《对付川乱之正当办法》《论人心思变之原因(无妄)》《论民乱之祸甚于匪乱(梦幻)》为清廷弭乱献策,建议清廷和平安抚,反对大肆杀戮,以挽回民心,巩固清廷政权。

其中,9月15日《对付川乱之正当办法》中指出,"目前第一紧要办法必当分别民匪,统筹利害",既"不可姑息养奸",更不可"恃强军以弹压",恰当办法是"简派素有民望大员前往镇压专主剿抚,则路事自路事,乱事自乱事,绝不相混"。由此可见,英敛之是赞同清廷剿乱的,但关键是民、匪应区别对待,"庶不至冤杀良民,激成巨祸"。9月19日的言论《论人心思变之原因(无妄)》从满汉政权、以立宪之名行专制之实的政治问题、丧权辱国的外交问题、灾荒迭次民生无依的生计问题等方面分析了当下人心思变的原因,并指出"为今之计,惟有结合民心,挽狂澜之于将倒",反对大开杀戒,主张和平安抚。9月25日,《大公报》又刊发言论《论民乱之祸甚于匪乱》,再次劝告政府切勿痛剿民乱致使"官逼民反"。

从《大公报》连续刊发的论说可以看出,英敛之将川乱原因归结于政府侵夺人民权利,人民"始而呼吁,继而要求,终且反对",而政府却"激变于前复又痛剿于后"。虽然对政府的做法感到失望,但英敛之还是努力为清廷寻求弭乱固政之法:反对将川民指为叛党或匪徒的做法,恳请政府"牺牲少数人之利以矜全多数人之利","不代剿而风潮自息"③。《大公报》为何"主抚不主剿",顾虑主要在于怕痛剿会"激起全国人之公愤"致使全国大乱,"外人乘机以干涉

---

① 北京[N].大公报,1911-08-12.
② 北京[N].大公报,1911-08-15.
③ 论人心思变之原因[N].大公报,1911-09-19.

之,匪党伺机以鼓煽之,国家危亡之惨可以立见"。站在维护清政府立场提出弭乱之策,"保清廷""维皇权"的政治立场显而易见。

(四) 英敛之《大公报》于群众运动中维护清廷的原因分析

分析上述三次由《大公报》参与或发起、倡导的群众性爱国运动可以发现一个明显的特征,即《大公报》虽对三次群众运动持同情甚至支持的态度,但当运动威胁到清廷统治时,《大公报》最终倾向于压制或停止运动以维护清廷。英敛之自《大公报》创刊后一直总揽报纸的言论、编辑、经营大权,因此,英敛之的态度决定了《大公报》对群众运动的态度。分析《大公报》对清末群众运动态度转变的原因必须围绕《大公报》创始人英敛之进行。

1. 英敛之"文人论政"的报刊建言本质

英敛之先后师从的乔霁轩和彭永年二人,均是儒学人士,使其深受儒家"修齐治平""忠君爱国"思想的影响。英敛之曾宣称办报是为"主持清议,阐发公理"。传统士人的"清议"到近代发展成为富有中国特色的"文人论政"传统。我们认为英敛之"主持清议"式的报刊建言"从本质上讲是文人对现存政治秩序的一种建设性的关怀,虽具有批判性,但并不具有独立性和颠覆性"[①]。虽然近代报人吸收了来自西方政治学说中的权利、民主观念,但其思想更多来自"天下兴亡匹夫有责""忠君即报国"的"清流议政"道统。他们以这种传统道统为依托,借助于现代报刊工具来实现"上通下达、监督政府、革新社会"的政治变革,通过报刊建言接济君权。《大公报》"批评政府,监督政府,目的是帮助政府"[②]。因此,虽然对清廷处理"拒俄运动"、"抵制美货运动"、四川保路运动的做法失望和不满,但此时的英敛之还没能将"爱国"和"保清"区别开来,对三次爱国运动的最终态度均服从清廷的决策,并在清廷与民意产生冲突时,尽力为清廷开脱。

2. 英敛之的个人因素决定其态度

首先,英敛之与清廷有者千丝万缕的联系,"保清廷"是他报刊活动的重要目的。他是维新派,又是出生于皇城的满族正红旗人。在八旗军营长大

---

① 赵云泽,涂凌波."文人论政"与"新闻专业主义":精神的区隔与认同[J].现代传播(中国传媒大学学报),2010(10).

② (加)季家珍.印刷与政治:《时报》与晚清中国的改革文化[M].王樊一婧,译.桂林:广西师范大学出版社,2015:12.

的英敛之从小受"忠君爱国""报效朝廷"的思想教育,"报效清廷"观念较其他维新人士更为深切。他又与清朝皇族后裔爱新觉罗·淑仲联姻,并一度"承差颐和园"。这些身世经历强化了英敛之的"保清"立场。英敛之的"保清廷"立场决定了《大公报》对群众性爱国运动的最终态度。

其次,英敛之的宗教信仰是《大公报》对排满革命持反对态度的重要因素。英敛之认同天主教的"博爱合群"观念,竭力主张和平处理"抵制美货运动"和四川保路运动,反对"拒俄运动"后期转向排满革命也就在情理之中了。"拒俄运动"后,《大公报》发表英敛之亲撰论说《苏报案之感情》,"本报尚主博爱合群之宗旨,从未一涉偏激残忍狠戾诸说。……古人谓天下者天下人之天下,惟有德者能居之,不嗜杀人者能一之。民权平等之理亦求各守义务不相凌轧同保安和而已"。① 这清楚地表达了英敛之主张"博爱合群"、反对暴力流血的观点。

第三节 报人生涯的结束

1912年2月12日,清宣统帝宣布逊位,次日,《大公报》宣布休刊10日,此后英敛之退隐,对报务鲜少问津。退隐后英敛之的新闻活动集中于借助报刊传播天主教思想,首先是支持天主教报刊创刊发行,其次是利用报刊平台"为天主教辩诬",澄清世人对天主教的误解。

一、提倡创办天主教报刊

1912年3月,天主教雷鸣远司铎在天津创办宣扬天主教的刊物《广益录》,英敛之为之作《广益录发刊词》强调"天下各国凡颅圆趾方之俦,饮食生活而外莫不有教",当下五洲大通,我国为寻求富强,对于西方形而下的声光化电等凡可以厚民生利国用者"莫不亦趋亦步,极力仿效",但"无论西国何等善法行之有效者,一至我国无不贻淮橘为枳之讥论者",根本原因在于"非变法之为难实变心之为难"。心何由而变乎?"惟此教道而已矣"。当下民国肇兴,正值"破藩决篱,举国翻新之际","人心激荡而不知所极止,倘无良美宗教以继其后

---

① 苏报案之感情[N].大公报,1903-12-16.

则社会团体何由而集合,旧染污俗何由而湔除,是诚危急存亡、千钧一发之会也",指出创刊《广益录》的目的在于"为我同胞谋此真实之教道,造此真实之幸福"①。

英敛之还撰写《广益录传单》,助力该刊发行推广。文中强调民国初期的报刊"虽间有一二守正不阿作中流砥柱者,然硕果晨星一齐众楚",其余无不恣戾乖张、邪僻诬罔,"凡此类者污陷国民则有余,堕落人格则不惜"。《广益录》同人"体爱人如己之训言,尽匹夫有责之天职",创办《广益录》目的在于期邪说日熄、正道日明,"人心果能去邪就正,国势自尔转危为安矣"②。1915年,英敛之再次提到"风俗之隆污,民智之开塞……其速效则在报纸之良否而已",希望该报发爱人如己之心,"复能贯之以爱群保种真精神,百折不回真气骨,一团热火烁我同胞,范铸道德"以期中国"转弱为强,化愚为智,与东西列强并驾齐驱而有扬眉吐气之一日"③。

从《广益录发刊词》《广益录传单》《某报发刊祝词》三文可看出,英敛之推广《广益录》等报刊仍是出于"宗教救国"目的。报刊"其力强其效速其影响于人群社会运且大,惠迪从逆,要惟视其向导之者如何耳",正可以作为救国的"翊善辅仁之助"。英敛之出于救国而寻道信教,办报传播天主教也是出于"宗教救国"的考量。从某种程度上讲,天主教既是英敛之的宗教信仰,也是其实现救亡理想的一种工具。

二、通过《大公报》宣传天主教

归隐后的英敛之除为《广益录》等报刊撰写发刊词和传单外,还潜心致力于考订和编撰天主教史和天主教人物的著述,刊印《主制群徵》《辩学遗牍》《灵言蠡勺》等书籍,并将自己多年的信教感悟汇总为《万松野人言善录》一书公开出版。同时借助《大公报》发表了在公教救国演说会、社会改良会上的演说,在为天主教辩诬的同时推广天主教。

---

① 英敛之.广益录发刊词[M]//周萍萍.英敛之集(下).桂林:广西师范大学出版社,2013:188-190.

② 英敛之.广益录传单[M]//周萍萍.英敛之集(下).桂林:广西师范大学出版社,2013:191-193.

③ 英敛之.某报发刊祝词[M]//周萍萍.英敛之集(下).桂林:广西师范大学出版社,2013:195.

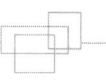

在有关天主教史和天主教人物等书籍的考订编撰方面,英敛之曾因求购明清之际天主教集大成者李之藻刊译西方的论述教义的天主教书籍《天学初函》,于1914年4月21日的《大公报》上刊布告白《求购〈天学初函〉》:

> 海内藏书家台鉴:今有人愿求《天学初函》一全分,如有肯割爱相让者,请函知大公报馆商办;如无全分货,单行本如名理探、交友论等数种或一种皆可,藏书家如不肯出售,则请借一抄阅,约定归还日期,给以凭证,断不能稍有污损,必答以相当报酬。

求而不得借抄也行,可见英敛之对《天学初函》的痴迷程度。为了宣传天主教,英敛之于1915年夏将天主教书籍《主制群徵》在《大公报》刊印,"编仿书版式由阳六月十日起,每日随报附印一页以便裁装成册",并请当时马相伯先生作序,还将"清初诸大佬赠汤公寿序贺文若干篇附印于后,以备知人论世者得识当时梗概"。1915年6月13日,英敛之在《大公报》刊布告白《阅报者注意》,把刊印和随报附送《主制群徵》的消息公诸报端,极力赞美《主制群徵》"阐道精深,实操天人之元錀,清初诸大佬叹为奥博宏赡"。英敛之为何选择刊印并随报附送《主制群徵》呢?目的是以此"唤醒尘梦而挽回狂澜"[1],实现其念念不忘的"宗教救国"理想。

退隐后的英敛之有更多时间和精力参与天主教会的演说活动。他亲自登高演说,劝说世人信教。几千年的儒家思想深入人心,众多国人将外来宗教视为"洪水猛兽"。为了改变社会上的"仇教"情绪,英敛之将演说的重点放在阐述儒释道与天主教的区别上,重点分析中国迷信与西方宗教的区别。1914年4月22、23日,《大公报》"代论"栏发表英敛之的《公教救国演说会之演说》。

英敛之认为,中国历来信奉儒释道,但佛教和道教"降及今日,世衰道微,二氏之徒,高明者如龟毛兔角"。孔子之道如日月经天,无以复加,但"中国数千年来世道人心究竟如何,不过一治一乱之局,终未能到一德同风的地步"。之所以如此,是因为儒家"是明哲保身的","门徒也要危邦不入、乱邦不居的";天主教"是舍身救世的",天主教徒也效仿耶稣的牺牲精神,"这就是两教目的大不同的地方了"。最后,英敛之下断语总结两教的不同:"孔教之道,人性之道理也;天主之道,超性之道理也。孔道以人的眼光看天下,天主的道以天主

---

[1] 阅报者注意[N].大公报,1915-06-13.

的眼光看天下。以天主的眼光看天下,凡天下顶天立地的人没有不是同胞的……"①英敛之认为真正的宗教是以大公为趋向而非只图私利。

英敛之一方面将宗教目的的"公与私"作为衡量和区别宗教与迷信的根本点,同时又把信教目的归结到"为天地立心,为生民立命,为往圣继绝学,为万世开太平",儒家思想对英敛之的影响显而易见。1915年6月26日,《大公报》"代论"栏再次刊载英敛之在天主教社会改良会上的演说词《社会改良会演说词》,指出"诸公欲改良中国,即在人人有认真研究之心……言及此又不能不推及宗教矣。就在下的经验论,中国所以不能强盛者,在于不认识真主,或曰中国亦未尝不知有上帝也"。英敛之认为,没有宗教培育公德,中国社会的改良只能是"徒在皮毛上指摘",无补于实际。②

综观英敛之所有劝勉世人信仰天主教的文章、演说、布告,可以看出这些言论思想背后的一个主线,即"宗教救国"思想。

三、在报刊发声为天主教辩诬

天主教进入中国后广泛吸纳教徒,教会中出现众多"吃教""恃教"的不良教民。前者是为了生计;后者则是恶绅商贾、地痞流氓,恃强凌弱,经常挑起民教冲突。传教士"四处招延盗贼奸民……而奸宄无赖之徒争窜于教会"③。随着中西两种文化的碰撞逐渐激烈,民教矛盾愈来愈深,导致社会上仇教情绪弥漫。

英敛之全力推广天主教的言行引起了一些友人的质疑,他们来函就天主教是否为世界主宰等问题与英敛之进行探讨。英敛之连写《答友辩学柬》《续答友辩学柬》两文以解世人疑惑。1912年3月2日,英敛之在天主教报刊《广益录》上发表《答友辩学柬》,针对时人质疑天主为世界本源的问题,英敛之首先提出"欲穷道之本源"必须"旷其情怀,超其志趣","据古准今,旁引曲证","不涉离奇,不囿迂腐",只有存客观的心态才能辨宗教的真伪。随后,英敛之对友人质疑天主教中创世纪篇亚当夏娃偷吃禁果被罚繁衍人类的真实性等问题进行辨析。3月9日,英敛之再发一文《续答友辩学柬》,对友人质疑中西人为"一祖之传"的说法、"天主教为何不灭他教以卫真教"等问题进行辩解。

---

① 英敛之.公教救国演说会之演说[N].大公报,1914-04-23.
② 英敛之.社会改良会演说词[N].大公报,1915-06-26.
③ 陶道恕,蓝泽荪.向楚集[M].北京:中华书局,2015:216.

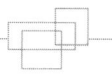

中华民国成立后,教育部部长蔡元培发起了新的文化革新政令,明确提出废除"忠君"和"尊孔"的旧文化。面对动摇孔子之道至尊地位的文化革新政令的公布,守旧人士"迅速地聚集到尊孔的大旗下,把定孔教为国教奉作文化的总纲领,着手卫道的舆论动员"①。陈焕章、沈曾植、梁鼎芬、麦孟华等人在上海成立孔教会。1913年7月,孔教会提交《孔教会请定孔教为国教请愿书》,发起"请定孔教为国教运动"。英敛之一直主张"信教自由合群保国"②,针对"请定孔教为国教"运动,英敛之联合马相伯竭力反对。1917年1月,《圣教杂志》发表马相伯属草英敛之校订的论说《书请定儒教为国教等书后》,反对定孔教为国教,主张信教自由。

1925年5月至7月,上海发生了五卅惨案,随后爱国学生在中国共产党的领导下发起了大规模的反帝爱国运动——五卅运动。英、日、美、法等帝国主义公然枪杀、逮捕爱国学生,引起公愤。冯玉祥在五卅运动发起后指责各国教会对帝国主义暴行不加谴责的行为。1925年7月12日,《益世主日报》刊载《英敛之先生覆冯检阅使玉祥书》,强调"天主教自明季传入中国以来,始终称为天主教,无称基督教者",随后针对冯玉祥指责各国教会对沪案"凶暴残杀默而不言,一若暗示同情者"的说法申辩道:当沪案发生后,天主教学生"一如各学堂之散布传单,一如各学生之捐集恤款",有街市墙壁的种种大小传单为证。英敛之极力维护天主教的立场可见一斑。

四、撰文鼓吹天主教"中国化"

英敛之对外国传教士的态度经历了一个认知变化的过程,从对外国传教士和教会全然肯定到客观地看待外国传教士和教会的一些不端行为,并提出改良意见。义和团运动发生后,作为帝国主义及其侵略工具,外国传教士的真实面目逐渐暴露。随着国家危亡日迫和外国传教士恃教凌辱华人、野蛮侵害华人财产等情况的发生,具有爱国之心的基督徒,尤其是中国天主教教徒的上层人物纷纷觉醒,他们意识到华人自立传教的重要性和必要性,发起成立了"中国基督教爱国自立会"和"公教救国团",意在呼吁教内同胞"奋发风云,誓

---

① 丁伟志.中国近代文化思潮(下卷) 裂变与新生:民国文化思潮论述[M].北京:社会科学文献出版社,2011:46.

② 英敛之.青年会为格林巴勒满两君开欢迎大会演说[M]//周萍萍.英敛之集(上).桂林:广西师范大学出版社,2013:380-381.

保国土,……为全国之一助",①尤其是到了1904年,美、日等帝国主义国家实施的迫害华工条款、规定,加深了中国人民反帝的仇恨,增强了中国人民的爱国观念。1906年,俞国桢(宗周)等爱国教徒在上海发起组织"中国耶稣教自立会"并创办《圣报》作为其机关报,鼓励发起自立精神,自主传教。当时《中外日报》报道了该会成立,并附记者按指出:"惟与其中西人深入内地传教,则诚不如由华人自行传教之为愈。传教者既为华人,则同居天覆地载之中,即同在中国子民之列。即猝有事故,要非他国所能干预。"②随后华人自立教会、自行传教的爱国运动开始在爱国华人教徒中兴起。北京《京话日报》还刊载了《爱国的教民真要出头自立》等白话文呼吁教民自立传教。

当1906年华人自立传教运动在中国发起的时候,英敛之对天主教是法国在华利益的侵略工具的本质认识不够,所以并未及时参与这一组织,南昌教案爆发时,英敛之还积极为天主教辩诬。但是,洋教是外国资本主义侵略中国的一个辅助工具,是靠列强的武力输入和保护的。随着列强对中国的侵略越来越深,民教矛盾也不断升级。辛亥革命之后,英敛之逐渐意识到外国天主教传教士对中国教民的愚弄、欺辱和践踏,并于1912年上书罗马教皇,指出:宗教领袖"倘真有救拔中国、广扬圣教之诚心,非痛改旧辙不可"③。1919年巴黎和会有关中国山东问题的决定使国人十分愤慨。爱国学生掀起了"五四"爱国运动,广大的爱国天主教徒纷纷加入运动,同帝国主义势力进行斗争。天津的天主教徒是最先的倡导者,1919年6月10日,他们成立了全国第一个"公教救国团"。接着天主教徒英敛之、聂醒吾等在6月12日的《益世报》上发表了《为外交泣告教中人书》,号召国人投入反帝爱国运动中去。随后,天津各天主堂的"公教救国团"纷纷成立。

在国内风起云涌的反教运动的刺激下,英敛之也逐渐意识到了天主教会各种外籍教士愚弄、欺压中国教民等情况,并积极参与推动在中国建立公教大学。与基督教注重培养高素质教民打入中国官僚士绅等上层社会不同,天主教推行大量吸收教民的政策,甚至不惜以金钱相诱惑,导致教民"吃教"情况大量存在。天主教会只设有小学堂,成规模的中高等教育机关非常少。教徒子女从小就被各种教会仪式、习俗禁锢住,大量进行"爱教宗、爱教会、爱天主"的

---

① 天津益世报[N].1919-06-11.
② 关立勋.中国文化杂说(六):宗教文化卷[M].北京:燕山出版社,1997:335.
③ 曹子西.北京通史[M].北京:中国书店,1994:402.

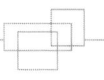

"忠诚"教育[1]。针对天主教会这种愚民政策,1926年,英敛之联合马相伯撰写《上教皇请兴学书》一文直接上书罗马教皇在中国设立公教大学,"广收教内外学生,以树通国之模范,庶使教中可因学问辅持社会;教外可因学问迎受真光"[2]。英敛之晚年为改变天主教外国传教士的愚民政策所作的努力无疑是巨大的,其中蕴含着浓烈的爱国情怀。

本章小结

作为近代社会转型期中成长起来的报人,英敛之的新闻实践活动既展现出晚清时期报人的群体镜像,又体现出英敛之独特的个性特征:在民族危亡关头,为了救亡图存、为保存国家主权、人权、外交权利而与列强力争到底的爱国报人,但又表现出知识分子群体特有的软弱性和阶级局限性。他属于晚清保守派中的开明主义者。他虽然主张政治变革,但主张温和改良而非激烈革命。这一方面局限于晚清知识分子整体的阶级立场,他们虽然受到西方近代社会科学学说、近代国家思想等观念的影响,但骨子里流淌的仍是传统儒家"忠君爱国"思想的血液;天演论、三权分立学说等西方政治学说,"第四种族""无冕之王"的报刊观念都只是实现救亡图存的工具。另外,受宗族情结、天主教主张仁爱合群的观念的影响,英敛之呈现出鲜明的个体特性。他竭力主张维护清王朝的统治,反对一切排满的言论,在"拒俄运动""抵制美货运动"甚至是国人发起的爱国性群众运动中都竭力维护清王朝的统治权威。其思想充满了矛盾斗争和痛苦,他却无可奈何。英敛之的新闻活动更多是站在民众的角度以民间立场去发声,这与其满族下层旗人的身份密切相关,也和其天主教信仰直接相关。

英敛之最显著的办报特点仍然是"文人论政"。他希冀通过报刊的舆论力量影响政府决策,以期保存国家主权,同时维护和巩固清政府的统治。"维国权"和"保政权"是英敛之新闻活动的两个目标,其一生都在以一种民间报人的立场来建言、批判、追求和挣扎。然而,"他们在整个政治舞台是配角,虽发挥

---

[1] 张力,刘鉴唐.中国教案史[M].成都:四川省社会科学院出版社,1987:718-719.
[2] 马相伯,英敛之.上教皇请兴学书[J].辅仁生活,1939(2).

道德力量,但实际的政治作用则不能高估"①。

  退隐后的英敛之仍旧古道热肠,时刻将"普济苍生"作为信条去践行。他著书立说、通过报刊宣扬天主教,为天主教辩诬。难能可贵的是,英敛之认识到了法国天主教传教士愚弄、虐待华人教徒的行为,并因此发起和参与天主教"中国化"运动,积极推进在中国建立公教大学,实现天主教的中国化。信奉天主教、宣扬天主教、推动天主教中国化的过程是英敛之对天主教认识逐渐深化的过程,当意识到外国天主教徒对本土天主教徒的压迫后,坚决反对并积极推进天主教"中国化",在此过程中可以管窥英敛之浓郁的爱国情怀及其信奉天主教的根本目的——宗教救国。正如天主教友何炳然所说:

  英敛之的一生,经历了十九世纪后期和二十世纪初期近六十年中国社会的大劫难、大动荡、大变革时期。在时代激流冲击下,他从一个满洲八旗子弟,转而为封建士大夫,转而为天主教友,转而为维新志士,转而为"北方清议之望",最后又以宗教慈善家终其身。他一生的实践和思想……以炽热的爱国主义为主线,贯穿始终。②

---

① 李金铨.文人论政:知识分子与报刊[M].桂林:广西师范大学出版社,2008:5.
② 何炳然.《大公报》创办人英敛之教友(续)[J].中国天主教,1988(3):49.

第三章 妥协与抗争:英敛之与法国在华势力

英敛之自信教后一直与法国天主教主教、司铎、教友等天主教人士有着亲密联系,并因此与法国领事馆人员来往密切。英敛之在创办和主持《大公报》期间借助了法国天主教和法国领事馆的力量,但法国在华政治势力想要将《大公报》培植为谋取在华侵略利益的舆论工具,这与胸怀"报刊救国"理想的英敛之将《大公报》培育成一份建言维新的爱国报刊的初衷背道而驰,这种彼此"不走心"的联合为双方关系出现嫌隙埋下了隐患,《大公报》的运营也因此受到法国政治势力的种种阻滞。英敛之为摆脱法国在华政治势力对《大公报》的干预做了多方尝试和努力,最终得偿所愿。

第一节 借力创办《大公报》

1900年,柴天宠提出办报的想法并邀英敛之主持。但清政府自戊戌政变后实行"言禁"政策。清末推行新政后虽言论控制有所松动,但国人自办报刊仍十分艰难。虽然柴天宠等人愿集股本万元创办报刊且甘愿赔垫,但筹备报刊的过程漫长且辛苦,英敛之投入大量时间和精力,并运用其人脉资源助力《大公报》的创刊。其中,法国天主教、法国领事馆、法钦使等在招股集资、确定馆址、购办印书设备、延揽报馆人才等各方面给予了较多帮助,尤其在清末"言禁"尚未解除的新闻环境里,法钦使答应为《大公报》提供政治保护,解决了国人自办报刊最难办也最关键的问题。

一、"借助"法国在华天主教力量筹创《大公报》

这一阶段主要包括通过招股集资方式筹集办报资金、延聘报馆主笔(相当于后来的总编辑)、购置印报材料和设备、为报馆选址造房子(即"起房事")及

— 63 —

寻求报纸言论权的保护等内容。在上述各项事务中，英敛之都充分发挥了社会关系的积极作用。

（一）助力筹资办报

英敛之创设的《大公报》是合股经营，招揽股本是报刊顺利创办的前提。庚子(1900年)三月初八柴天宠提出办报建议，英敛之随之便奔走联络。在筹集办报资金这个根本问题上，英敛之可说是用足了社会关系：

> 柴天宠势力雄厚，办报集资主要由柴承担……资金来源除柴天宠外，另有一大股东是王郅隆……入股的还有天主教徒、天津法国领事馆高级翻译李敬宇，维新派人士、著名文人严复也入股千元……既有一般人的股本，也有不少教堂、主教等的股本。总体上，入股的多为天主教教徒。①

法国领事馆李敬宇允出二三股，天主教堂樊主教允出十股，法钦使也愿入股，其他股友也十分踊跃，短期内便集齐股本逾万元。为了凑齐办报资金，庚子(1900)七月二十七日，英敛之"至保安处，连觅数次，至其家，伊母云：亦愿入股"；三十日又"至敬宇处，谈签字于股单事"，"又至保安处，股定五分"②。樊主教于庚子(1900)七月二十一日"写字一片，为告罗铎收款事"③。招股集资中出力最大的要数柴天宠。除了自己出了办报资金大头外，还积极地对外招股集资。庚子(1900)五月十八日柴先生"告现又续招股份，此事万毋懈志云云"④；庚子(1900)七月十九日，在北京的英敛之"告杨老先生转致柴先生，现可招收股份，予后信南下，愈速愈妙"；三十日，"柴先生来，告现又入股千元"⑤。可知天津天主教人士柴天宠在英敛之招股创设《大公报》过程中"鼎力相助"。

---

① 方汉奇,等.《大公报》百年史[M].北京:中国人民大学出版社,2004:6.
② 方豪.英敛之先生日记遗稿[M]//沈云龙.近代中国史料丛刊续编(第三辑).台北:文海出版社,1974:308-310.
③ 方豪.英敛之先生日记遗稿[M]//沈云龙.近代中国史料丛刊续编(第三辑).台北:文海出版社,1974:303.
④ 方豪.英敛之先生日记遗稿[M]//沈云龙.近代中国史料丛刊续编(第三辑).台北:文海出版社,1974:274.
⑤ 方豪.英敛之先生日记遗稿[M]//沈云龙.近代中国史料丛刊续编(第三辑).台北:文海出版社,1974:301-303.

(二) 助购印报设备材料

英敛之在为延聘主笔奔走的同时也多处寻购印报设备。最终他在上海购定大、小印机各一架,各种铅字、纸张及颜色墨。在购置印字机器方面,英敛之友人、天主教徒朱志尧积极引荐邱子昂陪同英敛之至"吴云记印书局看铸字浇版诸事"。辛丑(1901)八月十一日,英敛之在邱子昂陪同下至吴记印书局"细询机架各事""至美华书馆,细阅铸版铸字各事……"①,据英敛之日记载,在沪期间他曾在邱子昂陪同下多次考察印报机架等设备。在购置印报设备方面,天主教堂推荐了上海首善堂天主教人士雷鸣远。在雷鸣远多次陪同和多方联络下,英敛之最终以相对低廉的价格购得上海《法文报》馆大印机一架。随后,英敛之又从雷鸣远介绍的李涌昌处购得小印架;从商务印书馆购得各种铅字;从美华书馆"颜色墨各订一罐"②。壬寅(1902)二月二十七,英敛之在离沪赴津前夕,最终在新昌泰报馆行订妥纸张。自此,英敛之创设《大公报》的主要机器设备和铅字等已经基本齐全。对于创办《大公报》必需但在国内买不到的机器设备,法国天主教堂给予诸多帮助。庚子(1900)十月初四,英敛之见樊主教"告以须由法国购办各式字粒",樊主教"云可向梅先生商办","见梅先生,托其购全分大小各字小印机一架,切刀一架……"③。正是在法国天主教堂的全力帮助下,这件事情进展非常迅速,壬寅(1902)三月初八,英敛之"接梅先生一信,云由法国购铅字等件现已发来"④。

(三) 允诺"保护"《大公报》

戊戌政变后,清政府实行"言禁"。庚子事变后,"独是朝廷虽累有新政之诏,然观其行政用人,似与所言尚非相应者",庶民开报馆"窃恐方今之日尚不能言者无罪也"⑤。出于"因言获罪"的顾虑,为报刊寻求政治庇护成为英敛之

---

① 方豪.英敛之先生日记遗稿[M]//沈云龙.近代中国史料丛刊续编(第三辑).台北:文海出版社,1974:317.
② 方豪.英敛之先生日记遗稿[M]//沈云龙.近代中国史料丛刊续编(第三辑).台北:文海出版社,1974:449.
③ 方豪.英敛之先生日记遗稿[M]//沈云龙.近代中国史料丛刊续编(第三辑).台北:文海出版社,1974:359.
④ 方豪.英敛之先生日记遗稿[M]//沈云龙.近代中国史料丛刊续编(第三辑).台北:文海出版社,1974:481.
⑤ 王栻.严复集(第三册)[M].北京:中华书局,1986:510.

必须面对的首要难题。为此,英、柴二人主动寻求法国驻华领事馆和法国天主教堂等法国在华政治势力的帮助。通过法国天主教樊国梁主教的牵线搭桥,法钦使答应为《大公报》提供政治庇护,即在《大公报》的言论与清政府或其他国家利益发生冲突时法国领事馆提供保护。《英敛之先生日记遗稿》中记载,壬寅(1902)三月二十六日,樊主教告知英敛之"法钦使已应保护之事"①,这对于《大公报》来讲意义重大。由于得到法钦使允诺的"庇护",英敛之等人在《大公报》的言论更为"敢言",报纸影响力和发行量大增。

(四) 助《大公报》"起房"创刊

"起房"就是为报馆选址造房子。晚清时期,清政府严控国人自办报刊。由于租界享有"治外法权",19世纪末20世纪初,上海、天津等租界出现了租界华报。为避免清政府钳制《大公报》言论,英敛之积极利用与法国天主教和法国领事馆的私人关系将《大公报》馆设立在天津法租界。几番周折,《大公报》馆最终由天津天主教会的樊主教与法钦使"商妥立与津上为便"②。法国驻天津领事馆的李敬宇是具体经办人。庚子年(1900)七月二十一日,英敛之找樊国梁主教商量建报馆的事情,樊主教对英敛之说:"起房及派司铎充译事可缓商,今先购办机器为要";庚子八月初四,柴天宠告知:"主教一二日即来,可候,商起房事"③。因为樊主教和法国领事馆之间的密切关系,法国领事同意将《大公报》馆设立在法租界。庚子年九月初六,英敛之"寄李镜宇,告其情形并催起房……寄柴先生一函,大致相同"④,清楚地表明《大公报》的"起房事"法国领事馆李敬宇也参与其中。《英敛之先生日记遗稿》中没有《大公报》馆设在法租界与法国领事馆直接相关的记录,但后来《大公报》发生的一系列事件可旁证这一结论。在英敛之表现出亲日倾向后的丙午(1906)二月十二

---

① 方豪.英敛之先生日记遗稿[M]//沈云龙.近代中国史料丛刊续编(第三辑).台北:文海出版社,1974:494.

② 方豪.英敛之先生日记遗稿[M]//沈云龙.近代中国史料丛刊续编(第三辑).台北:文海出版社,1974:298.

③ 方豪.英敛之先生日记遗稿[M]//沈云龙.近代中国史料丛刊续编(第三辑).台北:文海出版社,1974:303-311.

④ 方豪.英敛之先生日记遗稿[M]//沈云龙.近代中国史料丛刊续编(第三辑).台北:文海出版社,1974:337.

日,原本运转正常并发展势头很好的《大公报》突然发生了"馆房转主""李敬宇撤股"①事件。"馆房转主"与"李敬宇撤股事"应有密切关系。如没有关联,"馆房转主"后完全可仍在法租界另外建房办报,李敬宇也不应在《大公报》发展蒸蒸日上时"撤股"(李敬宇从此逐渐在英敛之日记中消失)。这两个事件发生的时机及后来英敛之把《大公报》搬出法租界、移建日租界等举动,充分表明法国领事馆李敬宇的"撤股"并非个人私事,而明显与法国领事馆有关;"馆房转主"也只是法国领事馆对《大公报》不满迫使《大公报》移出法租界的措施,这旁证了《大公报》创设时把报馆设在法租界与法国领事馆有密切关系。自"馆房转主"事件后,英敛之在政治上就几乎与法国领事馆分道扬镳了。

二、天主教助力英敛之创设《大公报》动因剖析

英敛之在筹备《大公报》期间之所以能得到法国天主教教友、天主教堂及法钦使等的帮助,一方面是因为英敛之与他们的私谊,另一方面更是因为办报符合双方的利益需求。

(一) 天主教友意图通过《大公报》宣传"宗教救国"

英敛之创设《大公报》得到天主教友诸多帮助。教友张文峰在报馆任职,杨剑峰主动承担"代抄章程"②等事务,英敛之经常和至交陆达夫"话至天明",股东张五、杨六、张八、张寿峰等均是其天主教教友。可以说,他们在英敛之身边已形成一个"宗教救国"团体。他们希望拯救民众于水火,挽大厦于将倾。支持英敛之办报的天主教徒有一个共同特点,即都被英敛之赠阅过《新政真诠》。"至北堂,汪铎屋交信,并留新政真诠一部,交达夫一部,赠张八一部,晚赠林某一部"③;"剑峰携新政书一部去"④。从中可以推断,支持英敛之办报的天主教徒认同英敛之维新救国的政治信念,他们迫切需要表达自己思想和言

---

① 方豪.英敛之先生日记遗稿[M]//沈云龙.近代中国史料丛刊续编(第三辑).台北:文海出版社,1974:1018.

② 方豪.英敛之先生日记遗稿[M]//沈云龙.近代中国史料丛刊续编(第三辑).台北:文海出版社,1974:304.

③ 方豪.英敛之先生日记遗稿[M]//沈云龙.近代中国史料丛刊续编(第三辑).台北:文海出版社,1974:267.

④ 方豪.英敛之先生日记遗稿[M]//沈云龙.近代中国史料丛刊续编(第三辑).台北:文海出版社,1974:302.

论的平台。因此当柴天宠提出入股办报时,天主教徒纷纷入股,其踊跃程度使英敛之都感叹:"此次股友不意十分踊跃如此……"①

(二)天主教堂意图借《大公报》缓和民教矛盾

"早在1847年(道光二十七年),法国天主教会就曾派传教士来天津进行侵略活动,但当时都是秘密进行的……"②第二次鸦片战争中,英法以《北京条约》中允许传教士在内地自由传教等内容为依据,开始在京津地区大肆传教。传教士在繁华的三汊河口建立起高大的天主教堂;天津神甫谢福音为建教堂拆毁香火繁盛的香林院,引起了中国民众的激烈排拒,"火烧望海楼"即排拒的典型事例。西方列强武力镇压反洋教运动行为更增加了国人对洋教的抵触与厌恶心理。"天津人民印制、创作的反洋教彩画扇子、杨柳青木刻版画以及歌颂火烧教堂的快板书,一直在河北、山东一带广泛流传……"20世纪初风起云涌的义和团运动是中国民众与洋教矛盾激化的结果。义和团号召"发动一次对窃据佛教地盘与祖先信仰的基督教的狂热的袭击"③。义和团运动失败后,天津民众与列强及洋教间的矛盾进一步加深。缓和民教矛盾成为天津法国天主教堂的当务之急,其迫切需要借助报刊宣传教义,扩大天主教影响力。《大公报》创办的第三天就在"时事要闻"栏刊登了光绪帝嘉奖天津法国天主教樊、林二主教、山东南界安主教在助办教案中功绩的圣谕,以宣扬天主教在中国的合法性;《大公报》后来对《和民教策》等天主教论说的宣传报道也可看作《大公报》对天主教堂支持的回应。

(三)法国领事馆意图借《大公报》抗衡其他列强

联军进驻京津后,虽然列强通过妥协组建了联军都统衙门,"但由于各国在天津有独立的辖区,享有绝对独立的权力,常常不能服从都统衙门的管理,并总是向都统衙门提出一些非分的要求,因此,都统衙门与各国司令官之间、与各国领事之间经常发生矛盾……各国为了各自的利益更是钩心斗角,互不相让"④。当时,天津有几份近代报纸:德人汉纳根创办的《直报》,言论代表德

---

① 方豪.英敛之先生日记遗稿[M]//沈云龙.近代中国史料丛刊续编(第三辑).台北:文海出版社,1974:308.
② 来新夏.天津近代史[M].天津:南开大学出版社,1987:83.
③ 雷穆森.天津插图本史纲[J].天津历史资料,1964(2).
④ 周利成,王勇则.外国人在旧天津[M].天津:天津人民出版社,2007:13.

人利益;《京津泰晤士报》,天津英租界工部局的喉舌。戊戌政变发生后,严复等人创办的《国闻报》被迫转给了日本人,成为日本在华势力的喉舌。在《大公报》筹备期,日本人又在天津日租界创办了《天津日日新闻》,聘请方药雨为社长。在与英、德、日等列强竞争中,扶持创设《大公报》为法国在华利益发声就尤为必要而迫切。《大公报》发行前数日,法国驻天津领事馆高级翻译就告诉英敛之"以工部局告示嘱印,旋印成送去"①。英敛之对此当然心知肚明,自1902年起连续几年的法国国庆节当天,《大公报》都刊登恭祝大法国民主国令节的广告,并发表《法国大革命颂》等论说,歌颂法国大革命。但当英敛之游历日本《大公报》逐渐表现出"亲日"转向后,法国驻天津领事馆大为恼火,在提醒警告无效的情况下,最终使出了"馆房转主事,李敬宇撤股事"撒手锏,迫使英敛之把报馆搬进了日租界。从支持到排斥的态度转变恰恰表现了法国工部局、法国领事馆入股《大公报》的真实用意。

第二节　隐忍与妥协

《大公报》筹备期间,法国天主教力量给予了众多帮助,英敛之与法国天主教主教等人关系密切。英敛之作为虔诚的天主教徒,一直怀揣"宗教救国"理想。因此,在"日俄战争"爆发前,英敛之通过《大公报》发表多篇"传教"与"护教"的论说。

一、在"教案"报道中"护教"

1856年,第二次鸦片战争爆发,清政府被迫签订《天津条约》,准许传教士在内地传教,西方列强的侵略逐步增强。通过《中法北京续增条约》传教士获得了"还堂"的权利和"任法国传教士在各省租买田地,建造自便"②的权利。列强的侵略和压迫挤压了中国民众正常的生存空间和生活状态,天主教传教士因发展教徒、归还教产、强占民产、教民横行逞凶等劣行与国人的矛盾越来

---

① 方豪.英敛之先生日记遗稿[M]//沈云龙.近代中国史料丛刊续编(第三辑).台北:文海出版社,1974:513.

② 余能模,等.中外条约汇编(第1册)[M].北京:商务印书馆,1936:147.

越深。尊严和信仰一起被践踏摧残，激起国人对洋人洋教的仇恨，全国教案事件频发。尤其是"法国天主教传教士，自从十八世纪末从葡萄牙人手中接过东方的保教权以后，大批进入中国，以政治上的恃强，经济上的掠夺为其特色，因而在中国树敌最多，为此而酿成的教案亦最突出"①。

英敛之十分关注教案问题，他对当时的"仇教"行为提出了批评。英敛之为何反对仇教？一方面是英敛之本身的天主教信仰。另一方面是英敛之没有认清天主教与法国列强之间的幕后关系。他认为"近世列强逞其淫杀黩武之志而犹有一班慈祥恻恒之君子体上主好生之德创十字会，不分畛域，普施救济"，但部分国人却"无端妄倡杀人主义，不分良莠，不问善恶皆在诛锄之列，其暴戾乖张、惨无人理亦何如是之堪，怪诧耶"②。更为重要的是，英敛之认为中国"时事迫矣，中国之祸患其未已矣"，盲目仇教只会引得庚子之祸招致列强瓜分，"跻印度埃及波斯之大舞台而不已"。正如《辰州教案平议》所说："一旦仇教激起列强反击，逆计国家将来之败坏决裂，为之痛哭流涕之于不置也"③。

英敛之对天主教的态度集中体现在《大公报》对清末教案的态度上，其中最有代表性的是南昌教案。1906年春天发生的南昌教案不仅是义和团运动之后的第一大案，也是民教矛盾的一次集中爆发。是年正月二十九，城内法国天主堂神甫王安之约请南昌县令江召棠便饭，面商从前旧教案，发生争执，江令颈部被戳伤。随后，江令因伤势过重去世。一县长官在教堂身受重伤并因此去世，"此事殊堪骇异，为重来所未有"，④朝野舆论一片哗然。南昌城内群情激愤，二月初三（1906年2月25日）中午，民众捣毁法国教堂，杀害教士，酿成了轰轰烈烈的南昌教案。江县令被伤后，国内外各大报刊迅速刊发江召棠在教堂受伤及相关教案的电讯并持续报道。北京《京话日报》、上海《申报》等有影响力的报刊皆认为江县令是被传教士王安之杀害，纷纷鸣不平。

就在全国仇教舆论汹汹，各大报刊为江令鸣不平时，历来主张"大公无私"的《大公报》却在英敛之主持下发出了异样的声音。1906年3月19、21日"言

---

① 张力,刘鉴唐.中国教案史[M].成都:四川省社会科学院出版社,1987:363-364.

② 英敛之.苏报案之感情[M]//周萍萍.英敛之集(上).桂林:广西师范大学出版社,2013:325-327.

③ 辰州教案平议[N].大公报,1902-11-15.

④ 署南洋大臣周馥为祈告知法国使领秉公办理南昌教案事致外务部电[M]//中国第一档案馆.清末教案(3).北京:中华书局,1998:811.

论"栏刊载了一篇"来稿"《南昌教案实在情形详述》明显偏袒教士,认定江令为自戕。随后,英敛之把重点引向南昌教案的结案赔款情形。3月31日"要闻"栏报道"英参赞索赔恤款"的情形。4月9日"要闻"栏再次报道英、法公使向外务部索要教案赔款的消息。4月12、13日《大公报》又在"代论"栏刊发来稿《南昌教案记略》,认定江县令为自戕,指责国民野蛮仇教。6月22日"代论"栏刊发《南昌教案中法签押合同原稿》。合同定义南昌县令为自刎,并赔偿教士抚恤金及焚烧教堂赔款。由南昌教案中英敛之的关注点和言论可以看出,他反对仇教最主要原因是:担心教案酿成国际交涉,从而容易造成国家失权、赔款、受辱。

在"教案"报道中"护教"之余,英敛之撰写多篇论说宣扬天主教,这一方面是英敛之在当时的时代背景下采取的迂回策略,另一方面也体现了英敛之"宗教救国"的思想。1902年6月29日,《大公报》"附件"栏刊登英敛之《讲爱德为同群大有关系》,指出"这个爱德是我们中国如今最缺少的一样要紧的事情,人没有爱德就如同花草没有水一样,自然就枯干了"。究竟什么是爱德呢? 英敛之认为"爱德就是大公的心",而中国人要自强必须要激发爱德,培育公心。如何培育爱德呢? 英敛之开出的药方即通过信仰真正的宗教来约束和化导人心。依循这一逻辑,英敛之将"教化人心"与倡导天主教的"爱德合群"联系起来,撰写了多篇宣扬天主教"博爱合群"的论说和白话文章。1903年2月和3月,英敛之又连续发表《论道德为人格之要点》《以宗教救中国说》两篇论文,再次强调了西国富强在于"人人能发爱力、能合大群而成"[1],中国衰弱在于"民群无爱国思想",无爱国思想的根本原因在于无文明教化。"何谓文明教化? 宗教是也"[2],英敛之认为,中国要实行变法必须培育高尚道德收束人心,培育爱国心以合群救国。英敛之阐述宗教与救国关系的文章很多,有《年终赠言》《没有道理国不能强》《不能变法的缘故》《漆室女》《没有志气不能成人》《论公理为万事之的》《害群之首恶》《讲爱德为同群大有关系》《讲妄信风水有坏无益》《无爱德》《再讲爱德》等。分析这些文章可以发现,英敛之宣扬天主教一方面出于当时与法国天主教势力的友好关系,另一方面则还是出于其浓郁的"宗教救国"思想。

英敛之还发表多篇言论来调和民教矛盾。1902年8月18日《大公报》"论说"栏首先刊发了"热心热血生"的《和民教策》,9月4、5日又刊载"清醒居士"的《和民教策》。两篇文章开篇均指出朝廷"保教之谕三令五申",各州县

---

[1] 英敛之.论道德为人格之要点[N].大公报,1903-02-12.
[2] 英敛之.以宗教救中国说[N].大公报,1903-03-16.

"杀教士毁教堂层出迭见"原因在于"愚民无知,相互猜忌……始而仇教民,继而杀教士,终而酿成庚子之变"①。因此提出,民众"多读新书以开民智弃邪说";教会慎选教民,不偏袒劣迹教民、给予州县处理教案之权、"定出教之例"等调和方法。"清醒居士"的《和民教策》一文之后有"安蹇附注":中国变法未收成效、百弊丛生的原因在于"无宗教之精神","但言变法,不能变心,之所以无济也"。这篇附注透露了调和民教的深层原因:中国要变法自强必有要有宗教规范人心。英敛之调和民教矛盾目的在于强国。英敛之在《青年会为格林巴勒满两君开欢迎大会演说》一文中也强调了宗教与救国之间的关系。"仆夙主张者以信教自由合群爱众为宗旨,十数年来察天下大势嘿念立国与宗教有密切之关系",芸芸众生"倘无一纯正宗教为之维持联合即不能固结团体日进于善"。他同时强调"挹彼欧西学术,启我同胞聪明",中国于贫弱之际应主动向西方学习,政府不可"徒划民教之畛域"。②

对于政府"禁民入教",英敛之也大加挞伐。1908年5月23日"闲评"栏,英敛之撰写短评指出"信教自由,载在约章",批评天津审判厅禁止妇女入教之事"乖谬可笑"。1908年,天津一带出现了张贴木板刷印之告白"皆系仇教语言,任意诬谤"。天津道府"深恐煽惑愚民,酿出祸端",出示告示禁止民众仇教。1908年8月25日"邸抄"栏前刊登《道府县示》,以政府告示的权威性来反对民众仇教:"……泰西宗教,别类分门,好行其德,恺恻和平,流传中国,道咸至今,诬教臆说,荒诞不经,张贴通衢,淆惑人心,若不严禁,恐煽愚民,明事暗访,立予重惩,出示晓谕,务各凛遵。"1909年2月22日,英敛之更是于"闲评"栏发表《驳商报论逼民入教事》一文,反驳《商报》指控保定高阳一带天主教堂和教士逼民入教的言论。因为护教,英敛之也曾受到仇教人士的恐吓。1908年,英敛之在《可怜哉社会一般之心理》中提到其曾收到"匿名来函自属为义和拳者谓鄙人两次袒教,可杀可杀",对此英敛之反击道:"夫鄙人守死善道固不畏杀,且以道见杀为荣,惜君之愚昧猖狂,未结成群之义和团,不敢逞其蛮杀耳。"③9月20日,英敛之又于"闲评二"栏发表《信教自由》一篇,重申其信教自由观念,呈现出英敛之对于天主教的"护教"情结。

---

① 和民教策[N].大公报,1902-09-04.
② 英敛之.青年会为格林巴勒满两君开欢迎大会演说[M]//周萍萍.英敛之集(上).桂林:广西师范大学出版社,2013:380-381.
③ 英敛之.可怜哉社会一般之心理[M]//周萍萍.英敛之集(上).桂林:广西师范大学出版社,2013:495.

二、引导改良中国旧风俗

晚清动荡的时局和日益艰辛的生活状况加重了普通民众的迷信风气,凡事求诸神佛,民智闭塞不思进取,对于传播新思想和推进社会改革造成了极大阻力。内外交困、屡战屡败的严峻局面促使矢志救国的仁人志士开始思索国家衰亡的深层原因。英敛之等知识分子认为,若想救亡图存必须开启"眼光向下的启蒙"。"缠足""相面""信风水"这些陋习败坏人的心境,是民智不开的原因。因此英敛之对这些民间陋俗展开了诸多批评劝诫。《大公报》创刊后不久,英敛之便发起第一次报刊征文活动,"开民智之法"便是其中的重要议题。征文发出后,《大公报》上陆续登载了多篇以"开民智"为主题的论说和白话文章。英敛之批评国人迷信风气,希望以天主教教义引导中国旧风俗改良,以救亡图存作为劝国人不要迷信的重要手段。

(一)批评中国"缠足"恶俗

自清末以来,主张开民智的男性知识分子开始意识到解放女性,开启女智的重要性。中国女性数千年来受封建流毒和男权专制思想的影响,一直处于被剥削、被压迫的地位,成为男子的附属与玩偶。开启民智必须对女性同胞进行启蒙解放。欲解放思想首先应解放身体,因此解放女性的第一步即解除对其身体的禁锢。传统礼教要求女性"三从四德"、"贤良淑慎"、忠贞无二,防止女性与外界接触的有效途径之一即禁锢身体——缠足。封建文人大肆宣扬缠足之美,使之成为社会普遍认可的审美风尚,并日益内化为妇女的审美观念。

中国提倡的"戒缠足"最早是由西方传教士发起的。清末,随着西方传教士在中国设立基督教教会女校,劝诫缠足开始进入人们视野。天主教对于中国女性缠足的残忍行为不可理解,传教士利用近代报纸大声疾呼缠足逆天理悖人情。1875年,传教士在厦门创办了中国第一个不缠足团体——戒缠足会;1895年后,传教士又在上海、苏州、无锡、镇江、扬州、南京等地设立分会。西方传教士的呼吁和实际行动对当时国人思想产生了一定的影响。"女子者,教育之起点,社会之元素,风俗之主人也",因此"文明先女子"[①]。甲午战争后,劝诫缠足被晚清爱国知识分子广泛提倡,女性戒缠足成为知识分子开智化愚的共识和自觉。康有为认为女子缠足致使"血气不流,气息污秽,足疾易作,

---

① 论文明先女子[J].东方杂志,1907(10).

上传身体,或流传子孙,奕世赢弱"①。

英敛之作为虔诚的天主教徒十分赞同天主教缠足伤害女子、压抑女性的观点,他又注重开民智识,因此《大公报》自创刊起便劝女性放足。《大公报》创刊第一天便在"附件"栏刊载《戒缠足说》,指出女子缠足"伤身体"、"操作不便"和"于生育受害不浅",并在文末介绍女子放足的具体方法。随后英敛之又发表了《也算自强的一件大事》②、《劝政府宜勒令不许缠足议》③等论说阐述缠足对女子身体及社会进步带来的害处,呼吁政府严禁缠足。"事实上,《大公报》报人态度如此鲜明地反对妇女缠足,和近代尤其是维新变法以来众多男性知识分子希望通过放足来开启女智,以实现国富民强的强烈愿望息息相关。"④正如1905年11月19日《大公报》"附件"栏所载:"如今之爱国保种计,欲强国力,先宏教育;欲宏教育,先兴女学;欲兴女学,先禁缠足。盖教育者,强国之母也;女学者,教育之基也;缠足者,破坏女学之洪水猛兽也。"由此一来,"缠足不变则女学不兴,女学不兴则民智不育,民智不育则国势不昌"⑤。在英敛之等《大公报》人心中,"戒缠足"成为国富民强的根基,必须加以推行。

除了"戒缠足"是培育国家强盛之基外,英敛之大力宣传"戒缠足"的另一个重要原因在于,他认为"缠足"是野蛮民族的象征,受西方列强的羞辱。代表性事件即1903年日本大阪博览会上日本人倡设人类馆,拥有五千年文明历史的中国因缠足而被赫然列入野蛮种族。《大公报》报道了"日本人类馆"事件的始末。《大公报》刊文疾呼:"果自认为野蛮耶?遂听人之列我于野蛮队耶?此举若果行,吾恐我中国人在世界上无复立锥之地矣。""日本人类馆"事件一石激起千层浪,尽管最后在反对声中日本大阪博览会撤销了人类馆,但这在国人"特别是知识分子群体和公共话语空间引起了一场关于缠足和放足的激烈讨论"⑥。随后《大公报》把劝放足与强国保种、祛除野蛮、登进文明这一主题关联起来,连续在"附件"栏刊载了署名为"蒙古齐礼特托罗女士"的《种族须

---

① 康有为.请禁妇女缠足折[M]//汤志士钧.康有为政论集(上册).北京:中华书局,1981:336.

② 英敛之.也算自强的一件大事[M]//周萍萍.英敛之集(上).桂林:广西师范大学出版社,2013:219.

③ 英敛之.劝政府宜勒令不许缠足议[M]//周萍萍.英敛之集(上).桂林:广西师范大学出版社,2013:259.

④ 侯杰.《大公报》与近代中国社会[M].天津:南开大学出版社,2006:160.

⑤ 戒缠足[N].大公报,1904-06-16.

⑥ 侯杰.《大公报》与近代中国社会[M].天津:南开大学出版社,2006:162.

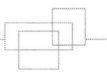

争》和"余复初女士"劝放足的来稿。劝放足由中国男性知识分子提倡开始逐渐演变为女性为自身发声,实现了女性民智开启和角色的转换。

在劝放足方面,英敛之另一个值得称颂的举动是起用致力于女子"戒缠足"事业的刘孟扬为《大公报》主笔,这使得刘孟扬能够以《大公报》为载体大力宣扬天津公益天足社。公益天足社创办于1903年1月,初名"独立天足社",不久改名公益天足社,"专以劝戒以后的妇女不准再缠足为宗旨"①。依托《大公报》这一平台,刘孟扬极力传扬"戒缠足",集中发表了《阅天津谋茂才拟请袁宫保严禁缠足禀书后(江南悲悯生稿)》(1903年1月14日)、《天足会演说(天津公益天足社刘孟扬)》(1903年5月1日)、《劝戒妇女缠足必须官为提倡说》(1903年7月29日)、《请遵谕劝戒缠足(刘孟扬)》(1904年1月5日)、《指明妇女缠足不是正道的凭据(刘孟扬)》(1904年1月8日)、《妇女不缠足不是学外国女人(刘孟扬)》(1904年1月9日)、《天津县唐大令劝戒缠足示谕》(1904年1月21日)、《戒缠足说(彭寿臣)》(1904年1月25日)等众多宣传"戒缠足"的论说文章,形成了强大的舆论效应。到1903年11月,"戒缠足"宣传得到了长足发展,"近来就说天津一处,已竟有了百余家,不再给女儿缠足的了"②,到1905年,"天津妇女不缠足的风气开通多了……天津一处,总有三四百家"③,这间接表明了英敛之通过《大公报》对"戒缠足"、开通风气民俗所作出的重要贡献。

(二) 批评民众迷信

针对民众迷信的现象,英敛之亲自撰写或间接刊发了多篇"辟邪"的文章。1902年7月1日,英敛之撰写《妄信风水无益有害》,一针见血地指出,"中国贫穷软弱,不足为忧,可忧的就是糊涂","专信那异端邪说,牢不可破"。随后,英敛之又于"附件"栏刊发《再讲邪说不可信》《讲相面无益为学要紧》两篇文章,对"看风水、算命、相面、讲吉凶先兆"这等迷信行为一一剖析其荒谬之处,劝世人警醒。对于妄信风水的人们,英敛之劝说道:"古时候郭璞算是讲风水的祖师了,凡是据他看着是块好地,必把自己的头发指甲剪下点来,埋在此处,他又得了什么好处呢?不过是得了一刀死了的效验。"他还作诗劝诫世人醒悟:

---

① 公益天足社[N].大公报,1904-01-05.
② 力除恶习[N].大公报,1903-11-21.
③ 缠足的妇女请听[N].大公报,1905-03-31.

>风水先生惯说空,指南指北指西东;
>世间若有真龙穴,何不先谋葬乃翁。
>寄语形家莫浪骄,葬经一部可全烧;
>汾阳祖墓朝恩抉,依旧荣耀历四朝。

其以浅显易懂的白话文做主料,配以诗词,生动有趣、富有说服力。

英敛之主张变法强国而民智昏聩是变法强国的巨大阻力。强国必须开民智,要开民智必须祛除国人迷信思想。英敛之引导国人改良旧风俗的指南则是信仰西方天主教。英敛之认为西方国富民强的重要原因在于有纯正宗教规范合群爱国。英敛之1903年2月12日在《大公报》发表论说《论道德为人格之要点》,分析了道德对于治国的重要作用:"各国政艺之精美诚为可师,而就精神上观之,其富强之现象实自人人能发爱力、能合大群而成"①,中国"不讲维新则已,如讲维新必自造成其高尚之人格始,不欲造成其高尚之人格则已,如欲造成其高尚之人格必自修养其道德始"。英敛之认为,中国"风俗偷""人心坏"的根本原因在于"没有真正的宗教收束人心……凡事单知道自私自利,绝不懂得爱国合群"②。他认为,民众烧香拜佛、妄信相面和风水都不过是为求一己之私,而清廷废科举、兴学堂、改官制有名无实。因此英敛之大声疾呼"万事万理的根子,全在人身,人身的根子,就是这个心"③,中国"非变法之为难实变心之为难"④。"变心"即祛除"私心"培育"公心",培育"公心"则必须要有纯正宗教。由此,英敛之通过开智强国将批评民众迷信与宣扬天主教思想联系起来。

英敛之深入思考了国民迷信之风盛行的助推因素。1902年7月2日,英敛之撰写《中国信邪说的缘故》一文指出:"士为四民之表",士人迷信是中国民众信邪的一个原因,而士人迷信则是由于科举制度的不合理性。"中国的科场,向来是讲额数的","有才学的常常受屈,没才学的常常侥幸,所以闹得人心惶惶无主,不知道其中奥妙",世人"不明白是这制度不好,反倒归咎命运不强了",认定"一命二运三风水四积阴功五读书"。这篇文章表明,英敛之已经开

---

① 论道德为人格之要点[N].大公报,1903-02-12.
② 英敛之.不能变法的缘故[N].大公报,1904-03-30.
③ 英敛之.年终赠言[N].大公报,1903-01-23.
④ 英敛之.非变法之为难实变心之为难[M]//周萍萍.英敛之集(上).桂林:广西师范大学出版社,2013:429.

始从制度层面深入探究民智落后的原因。科举制度、清廷官制等体制成为民智邪僻的深层原因,而封建专制制度是根本原因。对于如何破除民众迷信,英敛之提出要"责备贤者"。1902年7月4日"附件"栏载英敛之《讲相面无益为学要紧》一文指出:"人没有生而知之者,总是学而知之者","上天生下这人来,是教先知道的告诉那不知道的,先明白了的开导那不明白的","这也算春秋责备贤者的意思"。从这篇论说可以看出,英敛之将化解民愚的任务放置在"贤者"身上,动员"贤者"各尽己力。1902年9月14日,《大公报》刊载"清醒居士"的来稿《论中国民智闭塞之原因》,再次强调"我中国数千年以来之民情风俗皆以上感下、下应上为习惯,国民之进化与否皆视在上者为转移","欲开民智以振国权"必须有"在上者"出力。①

英敛之除亲自撰文批评民众迷信外,还在《大公报》上发起征文活动,刊发多篇"开智辟邪"的文章。1902年8月至10月,"开智祛邪"成为《大公报》的言论主题,以"论说"栏和"附件"栏为平台,集中刊载了《开民智法》(8月3日)、《忧俗篇》(8月4日)、《开民智法》、(8月6日)、《说中国人信邪坏处》(8月12、13、16日)、《论天津收复城隍庙事》(8月20日)、《严禁仙坛说》(8月29日)、《说门神》(9月27日)、《叹津俗 禁狡诈好讼》(10月24日)、《叹津俗 禁械斗群殴》(10月28日)、《叹津俗 戒服食奢华》(10月30)等批陋习化民俗的文章。1903年底至1904年初,"附件"栏更是连载《移风易俗议》十多篇,并于1904年1月2日《移风易俗议 九续前稿》中提出了立教部、订丧葬礼仪、改建学堂和工艺厂、多立白话报、编开智识的新小说、改良演说等开智之法。英敛之对于"开智辟邪"的关注和努力可见一斑。

(三)提出新闻纸不可助长信邪风气

英敛之十分看重开民智,以"开智化俗"为办报宗旨的他一直强调新闻纸与民智通塞有密切关系。他曾指出:"晚近之世觇国民程度者每以报馆之多寡定民智之高下,而国民嗜报与否与民智之开塞为正比例,报也者诚布帛菽粟之外而一日不可或缺者欤。"②他认为,新闻纸既然负开启民智之职责,那就必须明辨是非,不可助长民众的愚昧迷信。即使援"有闻必录"之例,也必须加按语

---

① 清醒居士.论中国民智闭塞之原因[N].大公报,1902-09-14.
② 英敛之.北支那每日新闻出版祝辞[M]//周萍萍.英敛之集(上).桂林:广西师范大学出版社,2013:376-377.

表明立场。1903年9月,针对一些报刊在新闻标题中出现"大王显圣"等词汇的不合理做法,英敛之进行批驳,并因此引发了与某报的一场论战。1903年9月15日,《大公报》刊发《说蛮教》一文,拉开了两报辩论的序幕。《说蛮教》一文对国民"以狐狸、黄鼠狼、刺猬、蛇、鼠为大仙,以山川、树木、门、灶为有神"的迷信行为进行了抨击,指出正是蛮教盛行导致民智不开。这引起某报以信教自由为借口进行反驳和攻击。1903年9月17日,《大公报》刊登《说新闻纸之职分》一文,在承认"信教自由为文明国之公例"的基础提出宗教应"益于民群,无害于民智",拜畜类、拜介属"此种无根无据、不成为教者正在必摈必斥"之列。该文指出:循循善诱、"徐徐发明"是新闻纸之职分,而对于"以毒蛇为大王"这种迷信之说,报社可以置之不登。若因"有闻必录为新闻纸之体例"加以刊登则"须于叙事之外加以按语以为愚民之棒喝",这是新闻纸"开民智"的职分,不可"一如愚民之随声附和"。

《大公报》于1903年9月19日刊发《答迷信答说》、于9月21日再发《答答答答说》,就新闻纸与开民智的关系和方法进行阐述。"新闻纸之关系于民智之通塞者至重也"且"最易摇惑民心","新闻记者必宜解释明白",有所提倡,有所贬斥,以引导舆论。循循善诱是新闻纸开民智之道,"然特恐当诱不诱,当开不开,即未免有负乎天职矣"。强调纪事应加按语表明态度,以开启民智。"报纸文章如八千枝毛瑟枪,本记者固郑重其事矣。"[1]

第三节 "抵牾纠结"与抗争决裂

英敛之借助《大公报》宣扬天主教的做法得到了法国在华天主教势力的回应。自创刊以来,英敛之主持下的《大公报》屡屡因为"敢言"得罪天津府,法国在华天主教势力确实为其提供了多次言论庇护。

1902年12月16日,《大公报》登载一篇来函称赞天津联军都署存在时设立的卫生局"凡有益于民者莫不剀切而晓谕之,凡有害于民者莫不出示以严禁之。卫生有术故能疠疫潜消焉"。然而联军督署裁撤后的卫生局与昔日卫生局相较"一名一实一真一虚,其相去奚翅天壤哉……污秽狼藉臭气熏蒸……有

---

[1] 答答答答说[N].大公报,1903-09-21.

管事之责者得毋扪心自愧乎？"①。这则贬斥收复后天津卫生局尸位素餐的来函刺激了"有管事之责"的卫生局官员们，但因《大公报》设在法租界且有领事入股，所以天津当局先与法国领事交涉，请法国领事馆出面代为警示。于是1902年12月17日，李敬宇告诉英敛之"法领事说报上来函事"。1903年1月5日，《大公报》"外省新闻"栏以《需索何堪》为题报道了"德国武员石谋克至诸城县索讨门包各费……要挟作闹，殊不成事"的消息。这条新闻令德国人十分难堪。《大公报》屡屡揭露天津当局的弊政，使得天津当局十分不满，"李敬宇来谈是日天津府来信问报馆事，并述与领事所谈情"。这次事件比较严重，英敛之为此找到与法国领事馆关系密切的法国人麦尔甘，由他给法国领事写信商讨解决办法。此事最终由法国领事出面得以解决。面对《大公报》上日益"猖獗"的负面报道和言论，清廷天津地方当局并未善罢甘休。1904年2月3日，罗铎急寻英敛之，因为"顷接北堂葛铎一函云政府有与予为难之意，当格外谨慎勿出云云"②。这是法国领事馆通过为英敛之传递消息提供"庇护"。

英敛之与法国在华天主教势力自《大公报》创刊起就隐藏着深重的利益矛盾。法国在华政治势力本欲将《大公报》培植为谋取在华侵略利益的舆论工具，但英敛之主持下的《大公报》并未如其所愿。虽然他在《大公报》上刊登天主教主教受皇上加封等消息及主张"信教""护教"的言论，但数量很少。除在每年的大法国民主国令节当天在《大公报》刊载庆祝告白并发表论说外，"亲法"言论也屈指可数。胸怀"报刊救国"理想的英敛之将《大公报》培育成了一份建言维新的政论性报刊，畅论时事、批驳官场、揭露列强侵略、宣扬改良立宪。这为双方关系出现嫌隙埋下了隐患，《大公报》也因此受到法国政治势力的种种阻滞。

一、软硬兼施：法国在华天主教对待英敛之的"两手"

《大公报》创刊后不久，来自法国天主教堂和法国领事馆的办报滞阻便纷至沓来。相对于法国领事馆来讲，法国天主教堂的干涉较少且主要是"柔和指导型"的"嘱以报刊内容不合诸端"，这一方面源于天主教士"与人为善"的仁爱观念，另一方面是因为英敛之与天主教主教等人士的私交。

---

① 来函[N].大公报，1902-12-16.
② 方豪.英敛之先生日记遗稿[M]//沈云龙.近代中国史料丛刊续编（第三辑）.台北：文海出版社，1974：766.

（一）法国天主教堂对办报的柔和"干预"

法国天主教堂对办报最早的干预是 1902 年 8 月 21 日北京天主教西堂林懋德副主教向英敛之"嘱以报上不合诸端"①。办报刚两个月便被主教指责，英敛之心中很不愉快。从创刊至 1902 年 8 月 21 日的《大公报》，刊载了《天津收复与诸乡人书》《劝中国人合群保国》等数篇不利于法国天主教的言论文章。1902 年 8 月 15 日，天津归还清政府管辖。15 日，《大公报》发表《天津收复与诸乡人书》，指出"夫今之所谓交还者名而已"。大沽炮台被削平、新城营垒被拆毁，"距津二十里内之境，则我军不得屯驻矣"，"险要已失，全境在人掌握，一有龃龉，直探囊而取之耳"。② 19 日，《大公报》"附件"栏再发《劝中国人合群保国》一文，呼吁中国人"同心合力地把中国整顿保全起来"。20 日，又在"论说"中大力揭露了八国联军攻占天津时的种种暴行："红光烛天，街市之被焚也；十室九空，居民之被抢也；尸骸狼藉，人民之死伤也。"③这些揭露列强暴行的论说应是林主教"嘱以报上不合诸端"的一个方面。

除斥责列强侵略暴行的论说文章外，这一时期《大公报》上也出现了少量有关法国的负面消息和报道。这一时期，《大公报》刊发有关法国的报道如下表所示：

表 3-1 《大公报》自创刊至 1902 年 8 月 21 日间刊发有关法国的报道

序号	发布日期（1902 年）	篇数	发表版面	标题	报道内容
1	6 月 19 日	1	时事要闻	无	光绪帝嘉奖助办教案的北京樊国梁等天主教主教的圣谕
2	7 月 9 日	1	时事要闻	无	李提摩太君遵旨往外交部订民教相安规条
3	7 月 19 日	1	中外近事·河南	泌阳教案议单	议定教案赔款事项

---

① 方豪.英敛之先生日记遗稿[M]//沈云龙.近代中国史料丛刊续编（第三辑）.台北：文海出版社，1974：532.

② 天津收复与诸乡人书[N].大公报，1902-08-15.

③ 论天津收复城隍回庙事[N].大公报，1902-08-20.

续　表

序号	发布日期 (1902年)	篇数	发表版面	标题	报道内容
4	7月21日	2	时事要闻	无	办结泌阳教案的豫抚锡中丞奏请嘉奖南阳府法副主教
			中外近事·四川	拳匪纪数	四川拳匪仇教焚掠
5	7月22日	1	大公报附张·京报摘录	无	光绪帝嘉奖河北天主教主教圣谕
6	7月23日	1	中外近事·福建	二县闹捐仇教	建二县因办房捐,百姓聚众罢市,与教堂为难
7	7月29日	1	路透电报	无	法国宗教竞争之举昨日巴黎城内鼓噪欲甚,各以砖石相投并用棍棒互殴
8	8月9日	1	本馆特白	天主堂施医养病院	天主堂施医养病院的告白
9	8月10日	1	本馆特白	天主堂施医养病院	天主堂施医养病院的告白
10	8月12日	1	译件	无	巴黎电称法国塞奴州联合教会二十六所,此次因峻拒服从法律命令解散
11	8月14日	1	中外近事·江西	西人踪迹	西人将在偏僻的义甯州建设教堂
12	8月18日	1	路透电报	无	法国首相刚白氏在上议院宣言曰国民之所以反对如此者非关天主教之举动,乃为无政府党之举动

　　从上表格可知,《大公报》自创刊到1902年8月21日间,13条关于法国天主教的报道中只有7月29日、8月12日、8月18日三篇是相对负面的报道,但7月29日距离林主教"嘱以报上不合诸端"已将近一个月时间,不太可能与该日的报道关联甚大。因此,能够让林主教"嘱以报上不合诸端"的法国天主教相关报道应是8月12日和8月18日两篇负面报道。报上分析这两篇

— 81 —

报道可以发现,8月18日的消息是8月12日消息的后续报道,并且这两篇报道均涉及法国天主教会和法国政府。所以这两篇报道可能是林主教"嘱以报上不合诸端"的所指对象之一。

从中可窥视法国天主教与法国领事馆间的密切关系,也可以折射出法国在华政治势力支持创办《大公报》的初衷——培植舆论工具谋取法国在华利益。

(二)法国领事馆对办报的强硬"干预"

法国领事馆对《大公报》的干涉和阻滞较为严重,主要通过两种方式向英敛之施加压力:一是通过法国天主教堂这一中介向报馆施加压力;二是通过在法国领事馆工作的李敬宇或法国领事官直接传达不满。其主要从确立报刊"出名人"、代印报章两个方面进行干涉。

1. 干预确立报刊"出名人",试图控制《大公报》

搬出法租界前,每年的法国国庆日,《大公报》上都会刊载诸多庆贺内容,这是法国领事馆干预办报的一种表现;报上出现不利于法国的消息报道和言论,英敛之就会被主教、领事询问或诘责,这也是一种表现。在林主教"嘱以报上不合诸端"后不久,李敬宇"来告领事诸语,并谈德义楼不准复开"①。为何领事要求德义楼不准复开呢?《英敛之先生日记遗稿》显示,英敛之经常在德义楼宴请志同道合的朋友。英敛之等人"德义楼饭,共六人,有沈玉溪饭后演说,甚有味"②。随后几天,英敛之频繁与方药雨、连孟青等人在德义楼相聚。因为方药雨的关系,英敛之逐渐和日本人中川、山本千代等有了交集,并在方药雨邀请下,参加由日本人举办的宴席。法国领事"不准复开"德义楼应是出于阻止英敛之与日人关系走近的考虑,以维护法国领事馆对《大公报》的控制。从"不准"两字可以看出这是命令的口气,法国领事的专横与跋扈让英敛之感慨:"报务颇有起色,而阻扰纷来,未出先料也。"法国在华势力的指责令英敛之"连日大不快"③。

---

① 方豪.英敛之先生日记遗稿[M]//沈云龙.近代中国史料丛刊续编(第三辑).台北:文海出版社,1974:534.

② 方豪.英敛之先生日记遗稿[M]//沈云龙.近代中国史料丛刊续编(第三辑).台北:文海出版社,1974:515.

③ 方豪.英敛之先生日记遗稿[M]//沈云龙.近代中国史料丛刊续编(第三辑).台北:文海出版社,1974:534.

法国天主教林主教、法国领事的阻碍纷至沓来,原因何在？英敛之等人认为是"因无定人出名"①。"出名人"相当于报刊名义上的创办人。有鉴于此,英、柴开始与法国天主教主教、法国领事商量报纸"出名"事宜。在李敬宇来告领事诸语后的第四天,李敬宇"来商出名事",这让英敛之"心始稍快"。② 随后,法国领事馆先后推荐了法人麦尔甘、法人昂利作为"出名人",试图通过"出名人"控制《大公报》。但由于麦尔甘在"出名"合同中处处要挟,"出名"合同以失败告终。癸卯(1903年)四月初三,"李敬宇来言法人昂利事"③,随后李多次为昂利担任"出名人"事而频繁与英敛之相商。由这些日记交往细节可以窥探出法国领事馆试图借助报刊"出名人"控制《大公报》的目的。

2. 在馆务经营上,强硬干涉代印报章

在英敛之与法国天主教势力商订"出名"合同期间,法国天主教势力对办报的干预毫不松懈,在此期间发生了法国领事馆干预英敛之办报最强烈的一件事——"代法商德木兰印法文报事"。1904年1月前后,法商德木兰和英敛之商议请《大公报》馆代印法文报,后英敛之"至领事馆,示以合同,据云,并无不妥,亦允为立案"④。然而1904年1月29日,法国领事告知英敛之代德木兰印法文报事"伊不欲其出报,又不肯明言",只令英敛之"设法阻之"。北京法钦使更是扬言:"不准与德木兰代印报章,如印,将则予押监,并罚佛郎数千云云。"此事令英敛之十分气愤,认为法钦使的无理要求"何其可笑之甚。法人印报,而法官府不能阻止,当面具以好言谀之,而背地恫吓中国人,如此,何其无理？若此中国当此积弱之余,公理昏昧之日,为其国民者,复何能为力哉"⑤。因法钦使等人的滞阻,英敛之已经赞同的"代印报章事"最终搁浅。

为"代德木兰印法文报事",本是天主教堂和领事馆都已同意的事情,然而一个月后,英敛之"路遇领事官略话法文报不合事。至堂,闻柴先生亦述罗公言

---

① 方豪.英敛之先生日记遗稿[M]//沈云龙.近代中国史料丛刊续编(第三辑).台北：文海出版社,1974:534.
② 方豪.英敛之先生日记遗稿[M]//沈云龙.近代中国史料丛刊续编(第三辑).台北：文海出版社,1974:538.
③ 方豪.英敛之先生日记遗稿[M]//沈云龙.近代中国史料丛刊续编(第三辑).台北：文海出版社,1974:539.
④ 方豪.英敛之先生日记遗稿[M]//沈云龙.近代中国史料丛刊续编(第三辑).台北：文海出版社,1974:741.
⑤ 方豪.英敛之先生日记遗稿[M]//沈云龙.近代中国史料丛刊续编(第三辑).台北：文海出版社,1974:764-765.

法报不佳"①。由一致同意到一致反对,可见法国天主教堂和法国领事馆在报刊事务上有着密切联系和沟通,且意见和立场一致,均以维护法国在华利益为目的。

二、刚柔并济:英敛之对抗天主教的"两手"

有法钦使等洋人势力入股,不但报馆规模可扩大,"消息亦觉灵通"②,且法钦使"已应保护之事"③,更是英敛之在筹办《大公报》时十分看重的扶助力量。也正因争取法国天主教堂和法国领事馆为《大公报》提供财力支持和政治庇护等多方面考虑,英敛之在主持《大公报》前期对来自二者的干涉采取了妥协接纳态度。对法国天主教和法国领事馆"嘱以报上不合诸端"的内容,英敛之均加以接纳,及时更正。"代德木兰印法文报"事虽令英敛之十分气愤,但当德木兰要求再印报时英敛之依然作出"暗让工人避去"的决定,并"至堂晤罗铎,话此事大概,并托转告领事"④。这些细节无一不体现出了英敛之为《大公报》顺利出版作出的妥协和牺牲。

办报是英敛之实现救国理想的重要途径。为了实现救国理想,他愿意在报刊刚刚起步的羸弱时期,借助洋股势力实现报刊的成长和壮大。然而,当法国领事馆的干涉严重偏离"忘己之为大,无私之为公"的报刊原则时,英敛之并非一味妥协,而是采取策略与之博弈和抗争。

(一) 不登、少登或避重就轻

针对法国领事馆对报刊内容的诘责,英敛之主要采取"不登或少登法国消息"和"避重就轻"两种方式进行抗争。1902年8月21日,被林主教"嘱以报上不合诸端"后,8月22日至25日《大公报》上未出现任何关于法国天主教和法国的报道和言论;较上月来讲,8月21日至9月19日,《大公报》关于法国的论说未见,对法国相关内容的报道数量上也有所减少。报道方式

---

① 方豪.英敛之先生日记遗稿[M]//沈云龙.近代中国史料丛刊续编(第三辑).台北:文海出版社,1974:756.

② 方豪.英敛之先生日记遗稿[M]//沈云龙.近代中国史料丛刊续编(第三辑).台北:文海出版社,1974:285-286.

③ 方豪.英敛之先生日记遗稿[M]//沈云龙.近代中国史料丛刊续编(第三辑).台北:文海出版社,1974:494.

④ 方豪.英敛之先生日记遗稿[M]//沈云龙.近代中国史料丛刊续编(第三辑).台北:文海出版社,1974:767.

以客观报道为主,报道内容也避重就轻,从关注法国国内政治事件和法国对华政策转向关注法国与他国外交事件、技术发明等边缘性话题,不贬低但也不美化。

表3-2　1902年8月21日至9月19日《大公报》关于法国的消息报道

序号	发布日期(1902年)	报道版面	标题	报道内容
1	8月26日	时事要闻	无	法国新任安南总督演说,劝告我国工商业者赴印度经营
2	8月26日	中外近事·本埠	天津县示	批评拳匪惑众遭乱,警示民众不得信邪
3	8月26日	译件	无	柏林电云:法国在暹罗果照和约办理,他国当守局外之规,必不袒护暹罗也
4	8月27日	中外近事·本埠	督示照录	督抚强调调和民教,警示刁民不得作乱
5	8月29日	时事要闻	无	法国前任清国公使抵巴黎
6	8月29日	中外近事·四川	匪乱纪实	四川拳匪作乱纪实
7	8月29日	大公报附张·京报摘录	无	大臣四川拳匪作乱的奏折
8	9月3日	译件	无	《益闻西报》云法领事署审办案件伦敦比时行控天津非利行一案,原告、被告各请知名律师相助
9	9月4日	大公报附张·京报摘录	无	巴黎电称驻暹法国公使称法暹两国关系未至破裂
10	9月7日	译件	无	柏林电称:法暹两国争议一任两国主张,他国不得干涉
11	9月7日	译件	无	巴黎电称:前任驻华公使包氏招宴商工业者,劝告务以振兴工商于清国及交趾支那
12	9月10日	中外近事·山东	拜会主教	玉帅至天主教堂答拜陶万里大主教,言必保护体恤教士

续　表

序号	发布日期（1902年）	报道版面	标题	报道内容
13	9月12日	上谕电传	无	因湖南辰州教案查办不利等降旨革职官员
14	9月13日	译件	无	法国有在宜昌设立领事馆之意且以开通扬子江航路为目的
15	9月16日	译件	无	法国哥士摩报称：法国电学家今考得用电可带蒙药
16	9月18日	译件	无	大阪朝日新闻云：法国某空中旅行家利用轻气球拟制成海图及水路志最精确者也
17	9月19日	译件	无	大阪朝日新闻云：巴黎电称法国大总统接见了暹罗公使

（二）反对法国在华势力举荐的"报刊出名人"

英敛之虽想要通过确立报刊"出名人"来减少法国领事馆对《大公报》的干预，但并不想让法国领事馆通过干预报刊"出名人"而控制《大公报》。1902年9月1日，英敛之开始"拟出名合同，并与堂中所约两款……"[①]。"出名"合同中有"与堂中所约两款"，可见英敛之想将报馆与法国天主教堂的权责厘清，以免屡遭干涉。法国人麦尔甘担任"出名人"的事并不顺利，因麦尔甘在合同上"处处要挟"使英敛之"实难应允"。癸卯（1903年）二月十一日，英敛之与柴天宠、王祝三商议，"皆不允此合同。柴君愿予明日去北堂晤樊主教商议此事"，而"樊主教言馆事改日人或英"[②]。得到樊国梁主教允诺后，尽管随后李敬宇又多次来商麦事，英敛之都未应允。至此，由李敬宇牵头，由法国领事馆首肯甚至暗中安排的"麦尔甘出名事"告一段落。李敬宇引荐法人麦尔甘作报馆"出名人"一事泡汤后，癸卯（1903年）四月初三，"李敬宇来言法人昂利事"。初四，李敬宇又"来言法人昂利事"。随后昂利来遣人，"闻昂之意，锐欲办报，

---

① 方豪.英敛之先生日记遗稿[M]//沈云龙.近代中国史料丛刊续编（第三辑）.台北：文海出版社，1974：539.

② 方豪.英敛之先生日记遗稿[M]//沈云龙.近代中国史料丛刊续编（第三辑）.台北：文海出版社，1974：621-623.

极怂惠其利益"①。英敛之对昂利的"刺刺不休"十分反感,一个"怂惠报刊利益"的人绝非与英敛之志同道合之人,所以"昂利出名事"最终也不了了之。

(三)压迫太甚以请辞相抗

自《大公报》创刊以来,来自法国天主教势力的办报滞阻从未间断。法国天主教势力虽然一定程度上给《大公报》"敢言"带来了"庇护",但这种"庇护"并不是英敛之所期望的形式,它更多的是一种"询问""诘责""干预",而非态度鲜明地维护《大公报》的言论和立场。因此,英敛之时常觉得压抑愤懑。例如,在《大公报》报道天津卫生局尸位素餐时,李敬宇告诉英敛之"法领事说报上来函事",且"颇似有悔意,谓无益且有损也",这让英敛之"亦为大不快,颇有灰心,劳心费力受苦而人不谓然,时时且担虑领事官之诘责,殊可叹也"。②"阅捉康梁法……夜不得寐"③、"托山本以英语译日本公电旅顺战事……卧不成寐"④、"昨夜阅思痛录,夜中两点即醒,不能成寐"⑤。英敛之一心救国,他希望《大公报》成为不谋私利的国民公器。当外来滞阻使报刊偏离"大公"立场时,英敛之妥协之余产生了"主动请辞"之意。"主动请辞"成为英敛之与"外募洋股"抗争最有效的砝码,但这并非虚伪表演,而是发自内心的对外在干预的反抗。正是这种"发自内心"的抗争,使得柴天宠、王祝三、张少秋等股东竭力挽留,也使得法国在华势力对办报的干预力量逐渐减弱。

英敛之第一次萌生"退意"是在报刊初创时期。林主教"嘱以报上不合诸端"等滞阻令英敛之"连日大不快",并向柴天宠等人提出"如有能者,愿推让此席"⑥的建议。他第二次萌生"退意"是在法国领事馆和北京法钦使干预"代德

---

① 方豪.英敛之先生日记遗稿[M]//沈云龙.近代中国史料丛刊续编(第三辑).台北:文海出版社,1974:639-640.
② 方豪.英敛之先生日记遗稿[M]//沈云龙.近代中国史料丛刊续编(第三辑).台北:文海出版社,1974:585-586.
③ 方豪.英敛之先生日记遗稿[M]//沈云龙.近代中国史料丛刊续编(第三辑).台北:文海出版社,1974:272.
④ 方豪.英敛之先生日记遗稿[M]//沈云龙.近代中国史料丛刊续编(第三辑).台北:文海出版社,1974:787.
⑤ 方豪.英敛之先生日记遗稿[M]//沈云龙.近代中国史料丛刊续编(第三辑).台北:文海出版社,1974:916.
⑥ 方豪.英敛之先生日记遗稿[M]//沈云龙.近代中国史料丛刊续编(第三辑).台北:文海出版社,1974:534-551.

木兰印法文报事"之后。此事令英敛之十分气愤。虽然当德木兰再要求印报时,英敛之"暗令工人避去",但他也并非一味妥协。他将法钦使阻止代印报章之事告知了德木兰,致使德木兰扬言要"誓与钦差作对"。而英敛之也因多方掣肘向柴天宠提出"欲辞总办事"①,但未能如愿。第三次萌生"退意"是在甲辰(1904年)五月十四日左右,"近日来,心厌意懒,兴趣毫无"。十六日,"与内人议去就,予迩来以事故极繁溃,去志颇笃,内人亦以为然"。二十四,又"与内人谈去就,近两点睡"。② 此次的"去志颇笃"应与法国领事馆主张的"布某出名事"有关。李敬宇接连引荐法国人麦尔甘、昂利作为"出名人"失败后,法国领事馆并未就此停止控制《大公报》的企图。此时,《大公报》在英敛之的主持下已成为声名显赫的华北大报,而法国领事馆让李敬宇来谈"布某出名事",实际上等于直接干涉英敛之对《大公报》的主持和管理。"主动请辞"也体现出英敛之抗衡发领事馆干涉的一种决心和态度。事情终以"布某出名事"失败而告终,英敛之对《大公报》的主持权进一步加强。

法国领事等人欲通过报刊"出名人"控制报务大权,而英敛之却一再不允,这使双方矛盾隐而待发。但《大公报》屡屡因"敢言"得罪天津府,都由于法国领事"庇护"而过关。因此,英敛之虽然想摆脱法人对报务的控制,却没有贸然行动,而是在寻求合适的时机。"拒俄运动"恰好为英敛之提供了这一时机。

第四节 "亲日疏法":找准时机摆脱干预

《大公报》创刊后,英敛之"报刊救国"的办报理想与法国在华势力培植《大公报》为在华利益代言人的企图产生了激烈冲突。为摆脱法国人对《大公报》的干预,英敛之为《大公报》寻求新的言论支持。日俄战争后期,日本在华领事极力拉拢持主张相同的英敛之并力邀英敛之访日,以获得《大公报》更多的舆论支持。"亲日"后的英敛之与法国在华势力渐行渐远,并最终将《大公报》从法租界搬入日租界。

---

① 方豪.英敛之先生日记遗稿[M]//沈云龙.近代中国史料丛刊续编(第三辑).台北:文海出版社,1974:765-768.

② 方豪.英敛之先生日记遗稿[M]//沈云龙.近代中国史料丛刊续编(第三辑).台北:文海出版社,1974:846-850.

一、"亲日疏法"的导火索——"拒俄运动"

虽然英敛之因法国在华势力屡屡干涉报务而多次请辞,但在柴天宠、王郅隆等股东的劝解下选择隐忍坚持。"拒俄运动"涉及国家领土主权完整。爱国救国是英敛之办报的初衷,法国在华势力触碰英敛之底线的做法使得他不再选择让步,大力倡导"拒俄运动"。虽然曾两次被法国领事馆高级翻译李敬宇提醒"勿倡言俄事",英敛之均未予理会。

1903年4月,沙俄不但拒绝从东三省撤兵,还向清政府提出企图独占东三省利权的七项要求,胁迫清政府签订协约。消息传出,国内舆论沸腾,"拒俄运动"轰轰烈烈地发展起来。英敛之对沙俄的侵略行径十分愤怒,《大公报》全面报道了英、美、日三国"拒俄"情形及国内外爱国学生"拒俄运动"的最新进展,以"专件""专件代论"等形式全文刊载《京师大学堂师范仕学两馆学生上管学大臣请代奏拒俄书》《京师大学堂师范馆全班学生请政务处代奏书》《八旗生员上外务部王大臣书》等"拒俄"奏陈。《大公报》还发表多篇论说,揭露俄国侵略面目,号召国人合群爱国。仅1903年5月《大公报》就集中刊载了《满洲论》《哭告同胞》《说退》等十余篇主张"拒俄"言论,成为北方倡导"拒俄"的一面旗帜。

因为《大公报》力倡"拒俄运动",导致癸卯(1903年)四月初六,俄提督德西挪给英敛之来信一函,"函邀于明日下午后至李顺德一谈"[①]。作为俄国的政治盟友[②],法国是"拒俄运动"的反对者。此时《大公报》上泛滥的"拒俄"报道与言论显然不为法国领事所容。与俄使约谈后,英敛之仍旧坚持原来的做法,这使得作为法国领事与英敛之之间传声筒的法国高级翻译、《大公报》股东李敬宇十分苦恼,直"言报无益事"。英敛之也十分生气,认为李敬宇"见甚低下"[③]。

英敛之于癸卯(1903年)四月二十八日"灯下书爱国心一篇"[④],继续呼吁

---

① 方豪.英敛之先生日记遗稿[M]//沈云龙.近代中国史料丛刊续编(第三辑).台北:文海出版社,1974:641.

② 庚子事变后列强之间因为瓜分不均而引起的矛盾越来越深。1902年,英日不满俄国独占东北首先结盟,俄法随即结盟以对抗英日。

③ 方豪.英敛之先生日记遗稿[M]//沈云龙.近代中国史料丛刊续编(第三辑).台北:文海出版社,1974:642-649.

④ 方豪.英敛之先生日记遗稿[M]//沈云龙.近代中国史料丛刊续编(第三辑).台北:文海出版社,1974:651.

国人发起爱国心抵抗俄国侵略,还与"拒俄运动"发起人、日本拒俄义勇队领袖过往较密。癸卯(1903年)五月十二日,"日本留学钮铁生(永健),汤樵尔现由日本来津",午后,汤氏来见英敛之;十三日,英敛之"至佛照楼答拜汤尔儒,并晤钮铁生,话有时归"。癸卯(1903年)五月二十二日,"日本人传述及《北清新报》载汤、钮二人在津正法",英敛之"闻之愕然"且"明日拟急回津"被妻子淑仲阻留。二十四日,"得津来函,知平安无事,杀汤、钮者谣传耳"①才使英敛之心稍安。由此可见英敛之对"拒俄运动"的支持。

英敛之主持下的《大公报》于"拒俄"问题上立场坚定,大力声讨俄国人侵略野心。1903年6月18日,《大公报》发表论说《论中国之外交家》批评我国外交家"以为中国之最可亲者莫俄国","恐将我全国四万万人同入于俄国之势力圈中而莫能自拔"。② 1903年8月至12月,《大公报》集中发表了《论俄皇之敕谕》《论俄人新密约之用意》《论政府会议拒俄事》《论俄人侵略亚洲之野心》《合群以御外辱说》《悲中国》等十多篇控诉俄国侵略、主张团结御辱的论说。《大公报》的"拒俄"报道激怒了作为俄国盟友的法国。癸卯(1903年)九月二十四日,"李敬宇来谈报事,欲阻止倡言俄事",英敛之"闻之大不快"。③ 至此,英敛之与法国在华政治势力的矛盾逐渐加深。

俄国企图独占东三省于日本在华政治利益有损害,因此日本极力反对,日人报刊上出现大量"拒俄"言论。此时,英敛之于《大公报》上大量转载日本报刊的"拒俄"论说。1903年5月3、4日,"译稿代论"栏连载《满洲论(译日本报)》,1903年5月18、19、20日"论说"栏连载《对清政策(译自日本朝日新闻)》,论说俄国侵略中国之策略。1903年7月至8月,《大公报》又集中译载了来自日本报刊的《论俄人占满洲之本意》(7月28日,译自《日本朝日新闻》)、《清俄一种之奇观》(8月20日,译自《北支那每日新闻》)、《论俄兵目今之动静》(8月21日,译自《大阪朝日新闻》)、《论俄国之东方移民》(8月28、29两日连载,译自日本《北清新报》)等多篇"拒俄"论说。

英敛之主持下的《大公报》大量转载日本"拒俄"论说的举动引起了日本人的注意。《大公报》创刊之初,英敛之虽因和日本《日日新闻社》社长方药雨的

---

① 方豪.英敛之先生日记遗稿[M]//沈云龙.近代中国史料丛刊续编(第三辑).台北:文海出版社,1974:664-665.
② 论中国之外交家[N].大公报,1903-06-18.
③ 方豪.英敛之先生日记遗稿[M]//沈云龙.近代中国史料丛刊续编(第三辑).台北:文海出版社,1974:728.

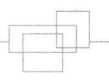

私谊而与日本领事馆人员有过交往,但多为浅淡应酬,并不亲密。然而,"拒俄运动"时期,双方之间的联络逐渐增多。癸卯(1903年)闰五月初八,日本领事高尾亨来《大公报》馆"送博览请帖为张森楷君"。十七日,英敛之主动至日本领事馆晤高尾亨"邀其夫妇明晚品升楼饭"①。二十五日,英敛之同内人车至日本领事署晤高尾亨及其夫人,"高尾拍小照……后客厅坐,晤伊集院领事,谈良久……"②癸卯六月(1903年7月)发生了震惊中外的"沈荩案",英敛之亲"至日本领事署晤高尾亨君,询沈荩被刑确否……"③。因为共同的"拒俄"立场,英敛之与日本人交往渐密,而与"亲俄"的法国人则日渐疏远。坚定的爱国立场使英敛之和法国在华势力分道扬镳。

二、日俄战争期间《大公报》的舆论立场及馆址迁移

日俄战争爆发后,英敛之经常到日本领事馆打探战争消息,双方的交往越发密切。日俄战争后期,日本国内盛行"中东联盟协保东亚"的"兴亚论",日本在华领事也因此极力拉拢持相同主张的英敛之并力邀英敛之访日,以期借助《大公报》宣扬其政治主张。访日归来的英敛之大力宣扬"中东联盟",激怒法国领事,直接导致"馆房转主、李敬宇撤股"的决裂。英敛之则顺势将《大公报》馆址由法租界迁入日租界,开启独立办报阶段。

(一)日俄战争期间英敛之的"亲日"面向

由于日俄在华侵略利益上的矛盾无法调和,1904年2月10日,日俄战争爆发。英敛之因打探战事消息与日本领事频繁往来。甲辰(1904年)正月二十八日,英敛之"同少秋至新松昌,托山本以英语译日本公电旅顺战事"④。甲辰(1904年)二月初七,"高尾君来,检去岁本报日俄协约事"。此间,英敛之请日本领事代聘"译东报者",甲辰(1904年)三月二十日,日本领事"速水来言,

---

① 方豪.英敛之先生日记遗稿[M]//沈云龙.近代中国史料丛刊续编(第三辑).台北:文海出版社,1974:673.

② 方豪.英敛之先生日记遗稿[M]//沈云龙.近代中国史料丛刊续编(第三辑).台北:文海出版社,1974:681.

③ 方豪.英敛之先生日记遗稿[M]//沈云龙.近代中国史料丛刊续编(第三辑).台北:文海出版社,1974:689.

④ 方豪.英敛之先生日记遗稿[M]//沈云龙.近代中国史料丛刊续编(第三辑).台北:文海出版社,1974:787.

代觅译东报者已妥,足立传一郎"①。二十一日,速水便偕足立传一郎来见。日俄战争爆发后,《大公报》"时事要闻""译件""紧要译件"等栏目频繁转载日本《朝日新闻》《北清新报》的战事报道,"时事要闻"栏甚至专辟"日本官电照登"登载日本官电。

但英敛之对日俄战争有着清晰的民族立场。这一时期,《大公报》集中刊载了《中国对于日俄战争之问题》《甲辰新年之感情》《论局外中立难》《论中国当着想于日俄战争之终局》等多篇论说,强调日俄战争无论"孰胜孰败","中国皆不能瓦全",挽回之策惟"急起直追,力行改革"②。日俄战争中,日本国内一度盛行"兴亚论",主张日本战胜后归还东三省,与中国联盟"协保东亚大局",日本领事此时也不断释放"中日联盟协保东亚"的立场信号。自日俄开战以来,英敛之最担心的事是日俄战争导致东三省被列强侵吞,"中东联盟"是英敛之认为最好的保存国家的方法,因此开始宣扬"中东联盟"。1904 年 7 月 16 日起《大公报》连载了日本人鼓吹中日友善的来稿《清帝国之将来》。甲辰(1904 年)七月十七日,英敛之"闻日占旅顺耗,至日本领事府探寻询",随后英敛之于《大公报》上连刊《忠告日本》《预拟日据满洲后之八大问题》《中国衰弱非日本之福》《申明忠告日本之宗旨》等论说忠告日本战后归还东三省,强调"中日合则东亚安,中日分则东亚危",呼吁日本"宜急与中国联盟,协保东亚大局"③。

(二)英敛之东游日本后的"亲日"言论与《大公报》馆迁移

经过"拒俄运动"、日俄战争等重大政治事件历练和沉淀后的《大公报》在北方报界已"首屈一指",且英敛之宣扬"中东联盟"的做法恰好契合了日本在华领事的政治主张,因此,日本在华领事极力拉拢英敛之。这从英敛之日记中的一件小事可见一斑。

甲辰(1904 年)十一月初六,"近七点偕内人同碧城二姊妹赴日本领事府西食约……同席有三原少佐与仓少佐及某总领事伊集院君主席",众人之中,竟"推予首座"④,可见日本人对英敛之的看重。今时不同往日,英敛之对法国

---

① 方豪.英敛之先生日记遗稿[M]//沈云龙.近代中国史料丛刊续编(第三辑).台北:文海出版社,1974:787-817.
② 日俄战后之亚东变态[N].大公报,1904-04-01.
③ 中国衰弱非日本之福说[N].大公报,1904-09-11.
④ 方豪.英敛之先生日记遗稿[M]//沈云龙.近代中国史料丛刊续编(第三辑).台北:文海出版社,1974:929-931.

领事人员的态度也出现微妙变化。甲辰(1904年)十二月十二日,法国巡捕头"为登希士告白事,势甚汹汹",英敛之"以硬语却之"。由办报初期"时时担心领事诘责"到此时以"硬语"退却领事派来的洋捕头,英敛之实现了"完美蜕变"。在这蜕变背后,除自身名望外,日本领事府的支持是不可忽略的重要原因。

英氏愈发"亲日"的举动导致法租界报馆"馆房转主、李敬宇撤股"。丙午(1906年)二月十二日,"柴先生遣人来唤,晤,告以馆房转主事,李敬宇撤股事,王祝三在,遂商订移居建房事"①。由此可见,英敛之等人并未因此事惊慌失措。被告知"馆房转主"后的第二天,英敛之"至方药雨处"商谈。之后,英敛之便"与高谈建造事"。随后日记中多处提到"速水来谈建造事""自送房图于日本领事馆""偕西田建筑会社立租地约"②等记载。由此可见,英敛之等人之所以敢与法国领事馆决裂而不乱阵脚,与日本领事馆的支持密不可分。"亲日"成为英敛之"疏法"的原因,也是其"疏法"的筹码。英敛之吸纳洋股的根本目的仍然是为报刊寻求言论庇护,从而实现"报刊救国"的理想。

(三) 报馆迁移后英敛之的办报倾向

1906年夏,《大公报》由法租界迁至日租界。据《英敛之先生日记遗稿》记载,英敛之与日本领事馆的交往频次日渐减少,《大公报》言论也未出现明显的"亲日"倾向。这在一定程度上说明无论"亲法"还是"亲日"都只是英敛之在晚清严酷的新闻环境下借助外力办报,以实现"报刊救国"理想的一种策略。由于对《大公报》没有股本投入,日本人对《大公报》报务没有直接干预权和控制权。因此,《大公报》迁入日租界后,《英敛之先生日记遗稿》中并未出现日本领事人员干预英敛之办报的记录,英敛之至此获得了理想的办报环境——托庇于租界而免受清政府管制且拥有自主办报权。由"亲法"到"亲日",英敛之顺利借助日本在华势力摆脱了法国在华势力对《大公报》的干预,实现了对《大公报》报务的全面掌控,《大公报》从此进入了相对自主的办报时代。

---

① 方豪.英敛之先生日记遗稿[M]//沈云龙.近代中国史料丛刊续编(第三辑).台北:文海出版社,1974:1018.

② 方豪.英敛之先生日记遗稿[M]//沈云龙.近代中国史料丛刊续编(第三辑).台北:文海出版社,1974:1023-1054.

本章小结

在创办《大公报》时期,为规避清政府对国人自办报刊的迫害,英敛之接受了来自法国在华天主教会、法国领事馆等法国在华天主教势力的多方支持,顺利将《大公报》创刊于天津法租界,并获得法国领事的多次"言论庇护",使得《大公报》因为"有特色、有新论",很快在北方报界崭露头角。随着办报的深入,他所坚持的"报刊救国"理想与法国人意欲培植《大公报》为在华利益工具的企图产生了激烈冲突。为摆脱法国人对《大公报》的干预,英敛之借"拒俄运动"主动拉近与日本在华势力的关系,最终将《大公报》从法租界搬入日租界,为《大公报》寻求新的支持。

英敛之创办和主持《大公报》期间由"亲法"到"亲日"的态度转变是晚清租界华报报人办报历程的一个缩影。受晚清危亡时局的刺激,深受儒家"修齐治平"思想影响的爱国知识分子开始借助近代报刊建言救国。但清末"言禁"环境下,国人自办报刊须借助于租界洋人的庇护才能获得生存。因此,晚清时期,诞生了一批"以租界为依托,以洋人为庇护"的租界华人报刊。但也正因与租界洋人势力的密切关系,租界华报不可避免地受到洋人势力的影响和干预。在清朝统治集团和洋人势力的双重压力下生存,晚清报人为实现"言论救国"的报刊理想必须努力借助一切有利因素为己所用,在调适、平衡、取舍中寻求生存的夹缝。这是早期报人在清末封建专制环境中面临的两难困境。面对这样的困境,租界报人在努力利用洋人势力摆脱清廷言论控制的同时,也在不断探索减少洋人势力干预办报的有效途径。《大公报》搬入日租界后,英敛之及时吸取了与法国在华势力相处过程中的经验教训,与日本在华势力保持亲疏适中的交往"距离"。没有日本人入股《大公报》且有意保持距离,这体现出英敛之在处理与租界洋人势力关系方面的成熟和高明。租界华报摆脱洋人势力控制的道路虽然注定坎坷和曲折,但英敛之的努力和尝试无疑为其他租界华报进行了有益实践和探索,在中国近代报人独立办报的历史进程中留下了浓墨重彩的一笔。

分析英敛之在《大公报》上提倡天主教信仰的文章可以发现,"宗教救国"思想是英敛之笃信和宣传天主教的根本原因。英敛之为中国的救亡图存设计了两种策略:政治层面必须进行政治改革,采用君主立宪政体实现君民公治;

道德层面必须提倡天主教以"改造人心",培育公德。两种策略相辅相成、交织进行,缺一不可。英敛之认为宗教是政治改革得以进行的前提和基础。因为"误中国在一私字",中国"非变法难实变心难"。若想改革收到实效必须培育公德,使得上下一心,"合群保国"。正是出于"宗教救国"的考量,英敛之才会在《大公报》上大力宣传天主教。从这一角度上来讲,报刊、宗教甚至是西方宪政制度都是英敛之实行救国理想的工具。

值得注意的是,梳理英敛之借力创办《大公报》和"亲日疏法"的态度转向可以发现,无论"亲法"还是"亲日",均是英敛之为实现"报刊救国"初衷的途径。为此,他借助法国在华天主教势力创办《大公报》并为维持、发展《大公报》一度向法国在华天主教势力妥协。但当日俄战争中,作为俄国盟友的法国想要通过法国领事馆施压英敛之及《大公报》放弃宣扬"拒俄运动"时,英敛之果断拒绝。英敛之羡慕日本君主立宪政体改革的成功,认为中国想要富强可仿日立宪,并因此与日本在华势力逐渐亲近,最后借机将报馆从法租界牵制日租界,彻底摆脱法国在华天主教势力对报务的干涉。从"亲法"到"亲日"的态度转变背后折射的是风雨飘摇的清末,爱国知识分子"报刊救国""言论救国"的拳拳爱国之心。

第四章　英敛之与清末政治革新

英敛之创办《大公报》目的在于"建言论政""报刊救国"。由于其满族旗人身份且与皇族后裔爱新觉罗·淑仲联姻并一度"承差颐和园",其对清廷有着异于普通报人的忠诚和期盼,其爱国思想里便多了几分"效忠清廷"的宗族情结。这不可避免地影响其办报活动中的政治倾向。他在《大公报》上真诚地称颂清廷,并为清末新政、清末预备立宪的推行广设征文活动,摇旗呐喊、建言献策,在成为"北方清议之望"的同时也展现出"保清廷"的政治初衷。

第一节　英敛之与"清末新政"①

庚子事变后,清廷迫于内忧外患实行以"雪耻图强"为目的的"清末新政",后随着国内外形势发展推行预备立宪。英敛之对"清末新政"抱有极大希望,认为这是清廷巩固统治、富国强民的一个良机。他主持下的《大公报》成为新政推行的报道者和支持者,在"来稿代论""专件""要折选录""紧要公文"栏刊登政府推行新政的最新政策,官员劝行改革的具体要折,各地民间社会、官方创办新式学堂,练兵,派遣留学生,商部推广工艺等众多内容并借助《大公报》为完善清政府统治致使国富民强而出谋划策。

一、主张改革社会政治生态

英敛之一直认为中国政治改革不得实效的原因主要在于官员"意见不齐,

---

① 这里的"清末新政"主要指清政府推行的清末新政运动和预备立宪运动。

各怀私心"[1],新旧两党"互相骂詈,互相倾陷,胸愤戾而口叫嚣,性凶残而手毒辣,安见其能爱群也"[2]。"清末新政"等改革若想落到实处、得到实效就必须改革清廷现有的政治生态,廓清政党偏私、官员贪腐。政治生态良好,政治才能清明,新政才能切实推行,国家才能真正富强。

(一)调和新旧两党

清朝末年,外患剧烈,光绪帝在康梁维新派的影响下诏变法,触顽固亲贵大臣之怒,慈禧太后发动政变,"举朝中主张变法及赞助变法诸臣,皆处以诛戮放逐禁锢之刑,幽帝于瀛台"[3]。戊戌变法以来,便形成了以光绪帝为首的维新党和以慈禧太后为首的守旧党,帝后党争日渐升温。戊戌变法时期,维新派受重用,守旧党遭排斥;戊戌政变后,维新派失势,守旧派重新掌握政权。庚子事变后,慈禧太后在内忧外患中宣布雪耻革新,推行新政,维新官员复受重用,守旧势力再被贬斥。新旧两党之争绵延不绝、相互掣肘,导致朝廷政令不行,新政也因此因循敷衍,徒饰皮毛。英敛之认为若想顺利推行新政,必须调和新旧两党,净化清廷政治生态,于是其竭力呼吁新旧两党致力于齐心救国。

《大公报》创刊仅月余,英敛之便于 1902 年 7 月 20 日在《大公报附张》刊登《本馆特白》,发起征文活动并开列议题:开官智法、开民智法、和新旧两党论、和民教策、信教自由合群报国说、中学为体西学为用辨……征文主题就英敛之最关心的时事政治问题而开展,"和新旧两党论"开列征文告白中,可见英敛之对此问题的重视。随后《大公报》上登载了众多关于"调和新旧两党"的论说文章。

征文告白第三天,英敛之在"附件"栏刊载白话文章《廉颇蔺相如》,以廉颇蔺相如搁置争议、同保国家的行为暗喻当下新旧两党应消除党见,以国事为重,勿因一党一人之私见而贻误国家。征文结束后,1902 年 8 月 25 日《大公报》"论说"栏首先刊载了《和新旧两党论(侯官林砥中稿)》,阐发党祸之害并呼吁"今宜平新旧之争,化新旧之迹",群策群力保种保国。9 月 3 日,《大公报》再次刊发论说《和新旧两党论(绩溪胡协仲稿)》,同样认为中国外患不能御、内政不能修主要是"由于廷臣之不能睦","廷臣之不能睦由于新旧之不能和"。

---

[1] 英敛之.不是老生常谈[M]//周萍萍.英敛之集(上).桂林:广西师范大学出版社,2013:221-223.

[2] 英敛之.今世之人材果足今世之用乎续昨稿[N].大公报,1904-07-26.

[3] 王桐龄.中国历代党争史[M].上海:上海书店出版社,2012:150-151.

建议朝廷设立议院,新旧两党之议论付之公议,以杜党私。"议院立则民权伸,民权伸则新旧睦,新旧睦则国事振,国势振则外辱消,因公成愤,因愤成强……"①

新旧两党"相互攻讦者私也,各执一见者亦私也"②。如何化党争,调和新旧两党?英敛之1902年10月25日撰写论说《以爱化争说》,明确将调和新旧两党的方法归结为"以爱化私"。"爱人必思利人,利人必求其所以真能利人之道。"只要发仁爱之心,杜绝偏私,保国救民,"新固好,旧亦无妨",呼吁仁人志士"宣布此仁爱,膨胀此仁爱,淫滥此仁爱而救我四万万同胞也"。③从这篇文章可以看出,英敛之将天主教的"仁爱合群"思想作为化解政治党争的良方,这一定程度上体现了天主教信仰、维新立宪在英敛之思想深处的交融和贯通,而这种交融和贯通虽然是为清政府出谋划策,但根本目的是爱国救民。

英敛之虽然赞同维新,但并非一味排斥守旧党。他认为守旧虽然误国,但维新党也问题多多。他认为应破除新旧之名,切行改良之实。1903年2月15、16日《大公报》刊发论说《守旧维新之真伪(天津科学馆阜东氏来稿)》④指出,中国维新因循敷衍的主要原因即在于"守旧者非真守旧,维新者非真维新也",两派相互推诿攻击,贻害国家。次日,英敛之撰写论说《书守旧维新之真伪论后》,同样指出"旧者固不如新",但"新者实无殊于旧",中国欲强国保种必须化新旧之间,除新旧之名,公而忘私,"不然此击彼攻,各逞私意,守旧伪,维新亦伪",中国必不能强盛。⑤

(二) 倡开官智

"开官智思潮是中国传统'吏为民师'观念与近代中国特殊际遇相结合的产物。"士为四民之表,几千年的封建政教文化使得官员无限尊荣,庶民对"父母官"唯命是从。"当近代中国遭逢前所未有的打击与挑战时,人们便自然而然地将官员视作挽救时局的希望。可是,智识低下、愚昧保守的封建官员群体不能承担救国纾难的重任,于是开官智便进入人们的视野。"⑥在启蒙大背景

---

① 胡协仲.和新旧两党论[N].大公报,1902-09-03.
② 胡协仲.和新旧两党论[N].大公报,1902-09-03.
③ 英敛之.以爱化争说[N].大公报,1902-10-25.
④ 据方豪老师编录的《英敛之先生日记遗稿》记载,英敛之有校阅报纸之习惯,能够刊载于《大公报》的论说和来稿均与其观点契合。
⑤ 英敛之.书守旧维新之真伪论后[N].大公报,1903-02-17.
⑥ 崔军伟,徐保安.晚清开官智思潮述论[J].江淮论坛,2006(5):177.

下和开民智的历史场景中,舆论界呼吁"开官智尤急于开民智"。

"开官智"一词最先见于梁启超。梁启超在《论湖南应办之事》中提到"欲开民智开绅智,而假手于官力者,尚不知凡几也",所以"开官智,又为万事之起点"。经过戊戌变法的酝酿,到清末新政前,"开官智"、让官员接受再教育已经成为大清政坛时常议论的课题。清廷大员袁世凯、张之洞等人纷纷主张"西学开官智"。袁世凯1901年应诏陈言,提出以"本国史学、掌故、政治、律例"、各国约章公法及"一切西政、西史"来"教官吏"的主张。① 同年,张之洞、刘坤一联衔会奏的《江楚变法三折》中建议在"京城设仕学院,外省均设教吏馆",令候补各员与"实缺各官员"入馆学习,并提出派官员游历"以供我之采择而仿行"②的建议。1902年1月10日,张之洞奏准在京师大学堂设仕学馆,教育"京官五品以下八品以上以及外官候选暨因事留京者,道员以下教职以上"各官③。

清末新政时期民间对于"开官智"的关注得益于英敛之主持下的《大公报》的大力倡议。"虽然吾尝闻风俗与教化移易也,苟无先锋谁为后劲,苟无崇尚谁肯步趋?"④受儒家"士为四民之表"观念和晚清民智昏蒙、识字人少的现实状况的影响,英敛之认为开智必须"先进"带"后进",于是将开智的责任放在了"贤者"身上。"开民智"固然重要,但中国的风俗传统即"君子德风,小人德草",上行下效,官智不开,民智无从开启,政治改革、国富民强也将无从谈起。因此"开官智"为中国首要问题。英敛之1902年7月20日于"大公报附张"刊登的征文启事中即有"开官智法"一条,且位列征文议题之首,可见英敛之对"开官智"问题的重视。

1902年7月22日"中外近事·江苏"栏刊载《吴中醮会志盛》消息一则,委婉批评了吴中人举办迎神赛会时苏州"恩中丞建醮极为诚敬,道士有来迟及不诚者非罚跪一枝香即责手心数十"的举动。该消息后记者按语称:"丁此盲世,居斯暗界欲状,其丑万犀不足,吾不解华人何以冥顽不灵若此,此开官智所以尤急于开民智也。"⑤随后,《大公报》于1902年7月29日至31日刊载"寓津

---

① 袁世凯.遵旨敬行管见上备甄择折[M]//天津图书馆.袁世凯奏议(上册).天津:天津古籍出版社,1987:270、272.
② 张之洞.遵旨筹议变法谨拟整顿中法十二条折[M]//苑书义,等编.张之洞全集(第2册).石家庄:河北人民出版社,1998:1411-1431.
③ 沈桐生.光绪政要第3册卷二十八[M].上海:崇文堂,1909:2.
④ 英敛之.论某报馆设计倾陷报馆之苦心[M]//周萍萍.英敛之集(上).桂林:广西师范大学出版社,2013:302.
⑤ 吴中醮会志盛[N].大公报,1902-07-22.

绩溪胡协仲"的《开官智法》一文,发起了《大公报》关于"开官智"的讨论。胡协仲在这篇论说中认为:官员"自大自是,自私自利","不知强存弱亡为何解,不知国计民生为何事",因而"开官智其难百倍于开民智"。文章进一步指出"若夫和新旧两党、和民教尤为当务之急,然官智不开,新旧两党不能和,民智不开,民教之嫌亦不能泯",因此"开官智"为改善清末社会政治生态、推行新政的前提。英敛之在文末附"本馆按":"开官智尤急于开民智,以其风行草偃,上行下效也。开大官之智尤要于开小官之智,以其行使止泥、政令所由出也。"[①]对于"开官智急于开民智",时人均无异议,但对于"开官智"之法并不一致。英敛之对此也并无定见。所以他发起征文活动,让仁人志士各抒己见。

为倡议"开官智"这一话题,英敛之采用让来函作者相互辩论的方法来引起社会关注。1902年7月29日至31日《大公报》连载"寓津绩溪胡协仲未定稿"《开官智法》,1902年8月2日,又刊登清醒居士的《开官智法》一文。虽然二者都认为"开官智"是中国推行新政的当务之急,但对于"开官智"之法二人各有见解并由此展开辩论。胡协仲提出了"严课吏、设官报、裁差役、禁吸烟",而清醒居士则开列出"皇上亲政""起用戊戌废员""厚俸禄以养廉耻""阅日报以去隔阂""开仕学院""游历后再任实官"等办法。对此,胡协仲又撰文指出清醒居士的开智办法不可行。由于胡协仲与清醒居士的辩论,"开官智"成了引人注目的议题。随后,8月10日、8月19日、9月25日、9月30日的《大公报》又陆续刊发"热心热血生""先忧后乐生""瓯山金四郎稿""蒿目生"等人的《开官智法》。其中,瓯山金四郎的《开官智法》一文之后有本馆附注:

> 本馆不避位卑言高之罪……日皇皇焉哓哓焉,掇拾逆耳之言,触忌之事,而演说之,而宣布之,妄欲挽已坏之人心,支将倾之大厦,其不自量力又岂仅蚍蜉撼之大树已哉……鄙人再拜祷祝凡身系国家治安者幸毋顽固自恣而自误误国并累及四万万蚩蚩之氓也,倘能从此力返积习,急起直追,拯吾民于水火,跻吾国于富强……[②]

从按语可以看出,英敛之三番五次提倡"开官智",其目的在于借报刊舆论影响"身系国家治安者幸毋顽固自恣而自误误国",应幡然革新,变法自强。

---

① 开官智法[N].大公报,1902-07-31.
② 开官智法[N].大公报,1902-09-25.

(三) 建议清廷解除党禁、宽赦党人

除调和新旧两党之外,英敛之认为解除党禁、宽赦党人也是清廷改革的当务之急。因为只有这样才可以收聚人心,上下一体,国家才能日臻强盛。这符合英敛之倡议的"合群爱国"本意,也暗合英敛之"仁爱合群"的天主教思想。

自戊戌政变后,慈禧太后下令对所有参与或牵连于戊戌变法的官绅人士实行查抄、革职、通缉,时称"戊戌党禁"。随着国内外立宪潮流的发展,清廷为了缓和内部矛盾,在官员[①]和民间的多次呼吁下,"戊戌党禁"开始出现松动。1904年6月,清政府下诏解除党禁,除康、梁改良派首要外全部获赦。民间舆论中,英敛之对"开除党禁"的提倡不遗余力,这集中体现在其对"王照案"的态度上。王照原本是四品候补京堂,后来因戊戌案受牵连而列于"戊戌党禁"名单,被清廷处以"革职拿办,查抄家产"。1904年4月28日《大公报》以《王照忽列康党》为标题报道了王照投案却被列为康党永远监禁的新闻,指出朝廷此举令"东西官商闻之颇为震动,纷纷发电本国报知其事,以为拿办新党即仇视外人之先声",并认为王照"虽革职在逃而并无罪名","今忽以康党名之,未免于党派太觉茫然",极力为王照开脱。4月29、30日"要件代论"栏全文刊载《王照戊戌呈请礼部代奏条陈原稿》并附按语"此呈稿系已革职候补京堂王照于戊戌六月二十八日呈请礼部代奏某尚书……王虽蒙不次优擢而所陈之事并未允许,原稿亦未发钞",力证王照并非康党,也并未因康党被定罪。4月29日至5月4日"时事要闻"栏头条均是"王照要案"纪要。5月1日,《大公报》发表英敛之的论说《王照案之慨言》,紧随文后刊登《王照自首呈请代奏原稿》,同日"时事要闻"栏头条刊发《王照案四纪》,密切关注王照案进展并为王照开脱。英敛之关注"王照案"的三个重点在于:一,屡陈王照自首之义;二,王照并非康梁党,"其实王照当戊戌以前本无名望,颇欲仰攀康梁而康梁始终不屑与伍,数载流离,仅编书授读借以糊口,使康辈稍肯接济何至贫困至此?";三,朝廷永禁王照系"拿办新党即仇视外人之先声"。英敛之试图通过上述三点营造朝廷惩办自首投案的王照不合情理的舆论,以反对清廷重开"戊戌党禁"。

对于"王照案",除《大公报》外,《中外日报》《申报》等有影响力的报刊均给予了较多关注。英敛之十分注重借助其他报刊的言论来扩大"开除党禁"的舆论影响力,进而试图影响清政府"开除党禁"的决策。5月9日《大公报》转载

[①] 端方在梁启超的运动下密陈慈禧太后;刘士骥与康有为私交甚好,上书陈请开除党禁。

《中外日报》的论说《论王照永禁事》，批评朝廷内忧外患之时本应开诚布公，不可"将众所引重之人乘其自首之时处以永禁止罪"，不然，势必舆论哗然、众叛亲离。就在王照被判永久监禁后不久，朝廷在朝野舆论的压力下，于1904年6月23日颁布上谕："……其余戊戌案内各员均着宽其既往，予以自新，曾经革职指责俱着开复，其通饬缉逸并现在监禁及交地方管束者着即一体开释，事犯在此次恩旨以前者概行免究……"①清廷宣布"开除党禁"后的次日，《大公报》便发表论说《恭读五月八日上谕谨注》，英敛之认为："中国之党祸即胎于戊戌一案"，今朝廷降谕宽赦戊戌党人，"新旧两党或从此想和不复争，数年之党祸一日解释"，"我中国之前途似大有转机焉"。②

（四）揭露新政弊端

清末新政推行后，虽在政治、经济、军事、学界等各方面有所革新，但因未在根本上进行政体革新，所以官员敷衍泄沓如故，新政改革有名无实。英敛之在《大公报》上提出了严正批评。

力倡戒空谈，尚践行。清末官场积习和政界风气腐化堕落，新政推行空谈无补。英敛之认为"法无论新旧，事无论巨细非实力不足以兴之，而实践之人又非有吐握之好者不足以收之"。③ 他专门撰写《强之本果在兵乎》《践行》等文章痛斥"中国的积习，往往有可行之法而绝无行法之人；有绝妙之言而断无践言之事"④。1902年9月22日，《浮文何益》一文更是一针见血地指出：国人认为"中国是文明之国，礼仪之邦"，西洋人却认为"中国是虚文之国，是欺骗之邦"，凡事善作表面文章，不尚实行。1902年10月10日，英敛之在《大公报》刊发白话文章《利用即是真学问》，劝诫变法措施应实心实力推行，不可因循敷衍。在此基础上思考"中国言不顾行，行不顾言的毛病"出现的深层原因："这个毛病在于文法太深"，将批评的矛头指向了科举制度——凡事总是作文言说，却"不在躬行实践上教训他"，整个社会"拿空谈当学问，拿办事当没身分，拿因循无能当道德，拿振作有为当小器"⑤。1906年以后，预备立宪诏旨虽下，

---

① 上谕恭录[N].大公报，1904 - 06 - 23.
② 英敛之.恭读五月八日上谕谨注[N].大公报，1904 - 06 - 24.
③ 胡长年.政治卮言[M].大公报，1902 - 10 - 20.
④ 英敛之.践行[M].大公报，1902 - 09 - 07.
⑤ 英敛之.讲中国文法太深的弊病[M]//周萍萍.英敛之集(上).桂林：广西师范大学出版社，2013：68 - 72.

而中国新政却日益丛脞,"近者竞言变法矣,顾相与胶执辩论者虚言多,实事少"①。英敛之对清廷的一纸空谈十分失望,撰写《说假》《光荣乎羞辱乎》等文批评官员擅威作福,改革"虚伪无实"。

呼吁戒虚骄,虚心学习西方。晚清时期,中国虽一再受辱,但国民固守千年旧观念而常自诩为"文明之国,礼仪之邦",鄙夷洋人为"野蛮无礼"之人,并未有实心向西方学习变革之心;因循敷衍,凡事但求可以,不求精益。针对国人这种骄傲自大的社会心理,英敛之撰写白话文《败坏的缘故》《可以》《皮毛》等文,呼吁国人戒掉"这糊涂骄傲的根子",不要"专在虚体面上瞎争论",劝诫国人懂谦逊,知羞耻,"把可以二字改成追求二字,总求精微"②,同时认为新政改革不应只关注在立学堂、练洋操等西法的皮毛而失其精髓,应从"财赋政权兵权"等制度性层面入手③。英敛之将其归结为两点:一是制度层面,改行立宪政体,"必由朝廷重颁维新之诏,致力于根本之间"④;二是风俗人心层面,求诸"公心",培育爱德。1907年英敛之撰写《中国火柴即仿效西法之代表》一文指出"国家之根本何在?曰兴学也,练兵也,劝工也,通商也,皆为富强之根本也","惟其心法不讲,根本既失也,故大者法度朝章、用人行政无不有名无实,粉饰因循"。这是英敛之政治革新与天主教信仰相结合的再次体现。

揭露官场腐败捐纳之弊,呼吁澄清吏治。英敛之认为官员腐败是新政改革最大的阻力,澄清吏治、惩治贪腐成为改善清廷政治生态重点关注的问题。1904年2月4、5、6日,《大公报》"来稿代论"栏连载《节录江西浮梁汪勉齐孝廉上淮监督销总办欧阳观察书》,批评保举捐纳之弊。1904年3月2日,英敛之撰写论说《论今日中国之三大怪相》,揭露"官场之大怪相"——腐败。1904年2月21日,英敛之发表论说《甲辰新年之感情》,强调中国自强必须"开除党禁,登进贤良"⑤,同日"附件"栏又刊载《恭贺新年》再次企盼官府开诚布公,"推贤荐能,除暴安良"。两篇文章均提出中国推行新政必须"贤者在位,能者在职",可见英敛之认为澄清吏治、惩治贪腐是中国实现宪政理想的必要条件。英敛之还于1904年5月4、5日连发论说《说情面》《官场九如颂》两篇文章批

---

① 英敛之.公利织布工艺厂创办序[M]//周萍萍.英敛之集(上).桂林:广西师范大学出版社,2013:3652.
② 英敛之.可以[M]//周萍萍.英敛之集(上).桂林:广西师范大学出版社,2013:55-58.
③ 英敛之.皮毛[N].大公报,1902-10-08.
④ 论今日中国之六大难[N].大公报,1904-04-13.
⑤ 英敛之.甲辰新年之感情[N].大公报,1904-02-21.

评中国官场腐败。《说情面》一文指出，中国"用人行政、察吏选将无不以情面出之"，导致中国"人心漓，风俗坏"；《官场九如颂》一文认为导致中国"政治之坏，民格之低"的原因"实为官场之腐败"，并揭露官场丑状"如虎之猛""如狐之媚""如蛇之狡""如蛊之毒""如无知之偶""如钻泥之鳅""如黑暗之洞""如无底之渊"。

英敛之等人的呼吁引起了清廷统治者的关注。1904年6月21日，清廷发布上谕破除官员中饱虚糜之风、裁汰冗员、缩减宫廷用度以度时艰。英敛之十分受鼓舞，1904年6月23日"上谕恭录"栏全文刊发谕旨，24、25日又连载论说《恭读五月初八日上谕谨注》，称颂"朝廷为民司牧非以天下奉一人"的谕旨"私心不禁为之一快"，指出"中国之大弊即在上下隔绝、中饱虚糜"，并趁机向朝廷提出"立宪法、开议院"以通上下之气而绝中饱虚糜之风、停贡献之风作为厉行节俭具体措施的建议。1904年6月27日，清廷再颁谕旨称"民为邦本，国家用人行政无非为民"，破除情面裁汰冗员、澄清吏治。1904年6月29日，《大公报》上谕恭录栏登载了五月十四日上谕。6月30日，《大公报》便发表论说《恭读五月十四日上谕谨注》；称颂朝廷祛除"官民隔绝痼习"、徇私舞弊、鱼肉百姓等官场风气的谕旨"扬民气挫官威"，振奋人心，呼吁朝廷势力推行，各官激发天良。1904年7月10日，朝廷又连下两谕，下令"裁汰冗员""停办万寿及停免进献"。这两谕旨更是令英敛之欣喜不已，尤其是"停免进献"之风，英敛之认为此"一若特因本报而发者"，因为"日前本报谨注五月初八日上谕节省宫廷服御一节"曾提出"穷以为须将供献之风深恶痛绝，凡有供献品物者不惟不收且加之罪，谁复敢以身尝试云云"的建议，认为清廷"懿旨之语气直与日前本报所注之言针锋相对"。备受鼓舞之余，期盼"朝廷以力除积习为心"，用人行政"一秉至公，破除情面，为内外各衙门树之风声"，并进一步呼吁朝廷"今后于各报所论列之事皆虚心采择、见诸实行，于强国之道不无裨补"[①]。由上述朝廷颁发的谕旨和英敛之对之所作谕旨谨注及朝廷后续的反应可以看出，在清末内忧外患的历史背景下，民间报刊舆论对晚清政治产生了一定影响，清廷为巩固自身统治开始有选择地采纳民间报刊言论。

二、致力开智化俗为新政奠基

英敛之认为若想顺利推行新政，仅"开官智"是不行的，还要有推行新政的

---

① 供献之风从此遂决断乎[N].大公报，1904-07-13.

民智基础。"中国贫穷软弱,不足为忧,可忧的就是糊涂,没有真见识,专信那异端邪说,牢不可破。"①因此,若要国富民强就必须开民智化愚顽,若要推行新政致国富民强也必须开民智化愚顽。国民为何迷信邪说呢?英敛之认为根本原因在于为己谋私。祛私则须培育公心,而作为虔诚的天主教徒,他认为世界上最讲求培育公心的就是以"仁爱合群"为宗旨的天主教。因此英敛之认为"开民智、化愚顽"最根本的方法即劝国人信仰天主教。但在民教矛盾冲突不断的历史背景下,让国人皆信仰天主教是不切实际的。作为开明维新人士,英敛之开民智的药方中除去治本的"培育爱德"外,还有更切合实用的治标之法,即开办近代教育和报馆,以西方近代人文科技文明来解释和破除国人的迷信。宗教、近代学堂教育、报馆在开民智方面相互补充,构成了英敛之开智化俗的"三驾马车"。

(一) 培育国民公德心

天主教信仰使英敛之本就十分看重"人心"对个人行为和社会风气的影响,"要变法非变心不可,要变心没有真正的宗教是万万不能的"②,直接反映出英敛之将天主教信仰与政治变革联系起来。"变心"是中国一切社会政治革新的根基。英敛之撰写《年终赠言》《中国火柴即仿效西法之代表》《非变法难实变心难》《没有道理国不能强》等文章,强调"万事万理的根子……就是这个心"③。如何"变心"?英敛之认为中国一切弊政的根源即在于"自私自利"④。因此"变化人心"的根本在于祛除"私心",培育"公心"。

如何培育"公心"?英敛之开出的药方是信仰真正的宗教来约束和化导人心。依循这一逻辑,英敛之将"教化人心"与倡导天主教的"爱德合群"联系起来,在《大公报》上刊发了多篇宣扬天主教"博爱合群"的论说和白话文章。其中《没有道理国不能强》一文集中体现了英敛之以天主教教化人心的主要原因。文章指出"中国败坏的根子就是没有教化的缘故",单懂得自私自利、任意野蛮的自由,"不懂得诚实无妄爱群合群的道理"。"自私自利是人的本性",但

---

① 英敛之.讲妄信风水有坏无益[M]//周萍萍.英敛之集(上).桂林:广西师范大学出版社,2013:159.

② 英敛之.没有道理国不能强[M]//周萍萍.英敛之集(上).桂林:广西师范大学出版社,2013:120.

③ 英敛之.年终赠言[N].大公报,1903-01-23.

④ 英敛之.国之要素曰爱与信[M]//周萍萍.英敛之集(上).桂林:广西师范大学出版社,2013:321.

一个人的自私自利是不能长久的,"必要想个法子叫大家都能自私自利",这就要"变私成公"。要变私成公"非合群不可,非有爱德不可,要有爱德能合群,非有真正的宗教不可"。原因何在呢?宗教可以压制私欲,管束人心,同时"能鼓励人的勇敢,能发挥人的善念,能坚固人的德行"。"中国最缺的就是公德","若不振兴起来真正宗教,讲明了公德爱群的道理认真实做,是万不能强盛的"。① 由此可见,英敛之宣扬天主教的根本原因是他认为天主教可以收束人心、培育公德,而天主教的这一功能也是英敛之"宗教救国"思想的核心观念。

1907年5月16日,英敛之在《大公报》上发表《说快乐与痛苦》一文,指出宗教在培育国民精神、合群强国方面与近代教育具有相互补充的作用。英敛之认为,宗教是开化民智必不可少的手段。若想要培育国民精神"以补教育之不足者,必自建设宗教始矣"。

(二)积极提倡发展近代学堂教育

英敛之是晚清救亡思潮中最早意识到"人才强国"观念的知识分子之一。他在《大公报》发表的论说中反复强调"中国这些年来外侮内乱,岌岌可危"的根源"总是民智不开的缘故"。于此"全球大通、天演竞争、强存弱亡"之际,不免有亡国灭种之危。"夫欲为巨室则必求工师,欲善其工则必先利器。"②西方"致富强隆教养诸端无不蒸蒸日上",其根本"不过贤者在位,能者在职,朝无倖位,野无遗贤",中国富国强民首要问题即在"造育人材"。基于这种观念,英敛之十分重视推广近代教育,以为新政助力,为救国奠基。

宗教重在精神教化,是从道德层面来培育国民爱国心;学校是运用近代自然科学和人文科学来培育人才。学堂教育与宗教信仰一实一虚,相互补充。为此英敛之大声疾呼:

> 想法子多立学堂,教他们学习有用的学问,开他们的正经知识,叫他们知道作人的道理,爱国的益处。③

---

① 英敛之.没有道理国不能强[M]//周萍萍.英敛之集(上).桂林:广西师范大学出版社,2013:130.

② 英敛之.论出洋考求政治要在得人[M]//周萍萍.英敛之集(上).桂林:广西师范大学出版社,2013:335.

③ 英敛之.苦口良药[M]//周萍萍.英敛之集(上).桂林:广西师范大学出版社,2013:225.

在当时民教矛盾冲突屡屡出现的情况下,信仰西方宗教并非人人认可,而西方近代科技文化的先进已逐渐被世人认知,开办近代教育对于培育人才更具成效,因而英敛之十分重视提倡兴办近代学堂教育。

首先,《大公报》在"中外近事"栏大量报道了各地兴办大中小学堂的消息,且经常在"专件"栏刊发清廷及地方政府制定的公立学堂章程,以显示朝廷对学堂的重视和提倡。如 1903 年 4 月 18、21、24 日连载《山东周中丞劝学告示》;4 月 23 日"专件"栏刊发《法国商务学堂规则》《江南商业学社专章》;4 月 29 日刊发《广东嘉应务本学堂章程十二条》;6 月 1、2、3 日连刊《京师大学堂译学馆章程 学生规则》;6 月 4 日刊发《京师大学堂译学馆章程 附学》;6 月 5、6、7 日刊发《金陵思益小学堂章程》;6 月 10 至 12 日"专件"栏又连载《江南早丰商业学社规约》。英敛之之所以热衷于刊发政府部门的学堂章程,主要是因为其意识到,兴办近代学堂等创新举动必须由政府提倡才能产生影响。

在"德育""智育""体育"三个方面,英敛之将"德育"放在国民教育的第一位,这和英敛之"重视人心"的宗教观念有关。英敛之认为精英人才有高道德,才能"修身齐家治国平天下";普通民众拥有真道德,才能化私为公、合群爱国。为此《大公报》刊发了《论中国教育当定宗旨》《论中国应重德育》等文章强调德育的重要性。1902 年 11 月 7、8 日《论中国教育当定宗旨》指出,"中国教育之宗旨曰,当提起人人独立自治之精神,当养成人人合群爱国之血性"。1903 年 8 月 26 日论说《论中国应重德育》再次强调"今日维新者日渐加多而风俗人心竟日形浇薄……无他,德育政治未修而道德之心薄弱也"。"道德者人格之要点也",中国"欲求强国必自人人知爱国始,于人人知爱国必自人人知合群始,欲人人知合群必自人人各自修养其道德始,夫欲使人人各自修养其道德,舍德育其又奚由?操教育权者其留意焉"。

其次,重视兴女学。

> 国民程度之高卑视女子之贤愚为枢纽。女子为诞育国民之母,有贤女而后有贤母,有贤母而后有贤子,凡人之聪明血气率根蒂其母而来,母既不学而愚,安望子为程度最高之国民乎?[①]

在近代开智启蒙的话语体系中,"开女智"被时人提上议程。以康梁为首的近代启蒙思想家认为女性为国人之母,相夫教子,责任重大。英敛之曾在白

---

① 论进化宜兴女学[N].大公报,1904-06-19.

话文《讲女学堂大有关系》一文中开宗明义地指出,"开女智"可以使女子成为男子的贤内助,培育国家未来的希望,也正因如此,他明确反对"女子无才便是德"的观点。"外国女人,精明能干,敢作敢为"均是从念书识字里得的好处。英敛之对于兴办女学的思考集中体现在《就中国现势筹划女学初起办法》一文中。第一,英敛之强调兴女学要尚实际,弃空谈。第二,强调兴女学应从在上者入手。建议"皇太后先在宫里立一座女学堂",同时"明降谕旨,令京里的王公大臣与各省的文武官员,每家宅里立一个女学",还可以下诏鼓动"各省富商巨贾随便立学"①。英敛之的兴女学思想并未超出培育"男子贤内助"的范围。他强调蒙学的课本"宗旨不外乎妇德妇言妇工,先认带图的实字,如尺剪熨斗、刀勺杯盏、衣服鞋袜等类,如天地风云日月及数目等类,由浅而深,由近而远,新法旧面,新事旧题"。这表明,英敛之的"开女智"思想并未摆脱男权意识的影响。

英敛之提倡女学的一个重要策略是通过《大公报》树立女学界的代表性人物吕氏三姐妹。吕碧城是中国近代新闻传播史上"中国第一位女性撰稿人"和"中国新闻史上第一个女编辑";教育史上,吕碧城是"中国女子教育的先驱者""中国女权运动首创者""近代教育史上女子执掌校政第一人""北洋女子师范学校第一位女校长"。②吕碧城能够获得如此璀璨的头衔与英敛之的知遇和宣扬密不可分。英敛之的"伯乐"眼光开启了吕碧城的传奇人生。1904年5月8日,吕碧城冲破家庭的藩篱北上天津求学,巧遇英敛之。英敛之对吕碧城的才学钦佩不已,因为吕碧城的思想观念与自己积极主张的"伸女权""开女智"思想十分契合,所以英敛之便聘吕碧城为《大公报》第一位女编辑,大量刊载吕碧城"宣传女权""提倡女学"的诗词和文章,并多次刊发编者按,刊载名人名家与吕碧城唱和的诗词文章,将其打造为女权人物形象代言人。1904年5月10日即吕碧城来津第三天,《大公报》就在"杂俎"栏发表了吕碧城词作《满江红》,文末附跋语:"……昨蒙碧城女史辱临,以敝廛索书,对客挥毫,极淋漓慷慨之致,夫女中豪杰也……"5月11日《大公报》发表论说《读碧城女史诗词有感》,"杂俎"栏发表"碧城女史"的七绝《舟过渤海偶成》,随后附载英敛之《读碧城女史奉呈一律》,称赞吕碧城"须眉设有如君辈,肯使陵园委虎狼"。1904年5月18日《大公报》"杂俎"栏载"铁花馆主"诗,题曰《昨承碧城女史见过,谈

---

① 英敛之.就中国现势筹划女学初起办法[M]//周萍萍.英敛之集(上).桂林:广西师范大学出版社,2013:84-90.

② 车晓勤.女性生命的明悟抑或悖论?——探究女性主义先驱吕碧城[J].江淮论坛,2007(3):108-115.

次佩其才识明通,志气英敏,谨赋两律,以志钦仰,借以赠行》。5月20日起至6月连续刊载《论提倡女学之宗旨》《碧城女史论提倡女学之宗旨书后》《敬告中国女同胞》《兴女权贵有坚忍之志》《教育为立国之本》等多篇文章,将吕碧城"包装"成德才兼备的女权形象代表。1905年英敛之撰写《吕氏三姊妹集序》《吕氏三姊妹集跋》,称赞吕氏姐妹"祥麟威凤不世见者",感叹"天地灵淑之气独钟于吕氏一门"①。

英敛之借助《大公报》进行的持续宣传将吕碧城推向社会公共空间与公共视野,将其塑造成"为吾国女学之先导,树吾国女界之标的"②的杰出女权人物,引起了巨大的社会反响。秋瑾甚至为吕碧城专程从北京赶至天津,"与碧同屋宿"③。英敛之还将吕碧城推荐给中国近代著名启蒙思想家严复,著名诗人樊增祥、易顺鼎,扩大吕碧城的社交圈,提高其声望。英敛之一直有志于创办近代女子学校,这正契合了吕碧城的想法。为创办女学,英敛之积极带领吕碧城结交近代著名教育家傅增湘、严范孙,并通过二人获得直隶总督袁世凯和天津道唐绍仪等官员的支持,1904年11月17日开办了"北洋女子公学",傅增湘任校长,吕碧城任总教习。英敛之通过《大公报》将吕碧城打造成近代女权人物形象的代表,收到了"绛帷独拥人争羡,到处咸推吕碧城"的效果,成为20世纪初期中国报界、文界、女界及整个社交界的一大奇观。

英敛之之所以如此推崇吕碧城,根本原因在于"欲铸造国民,必先铸造国民母始"的观念和意识。④ 但英敛之的男性精英意识和功利主义色彩,与吕碧城女性权利平等和个性解放的女权思想并不相同,这为二人后来的分道扬镳埋下了隐患。但英敛之对兴女学、"开女智"的努力在当时具有进步意义,应予以肯定。

(三)大力倡办报馆和推广阅报社

英敛之在新闻实践中认识到:

---

① 英敛之.吕氏三姊妹集序[M]//周萍萍.英敛之集(上).桂林:广西师范大学出版社,2013:372-374.
② 英敛之.吕氏三姊妹集跋[M]//周萍萍.英敛之集(上).桂林:广西师范大学出版社,2013:375.
③ 桑农.深闺有愿作新民——关于吕碧城[J].书屋,2005(12):74-76.
④ 王忍之,等.辛亥革命前十年间时论选集(第一卷)[M].北京:生活·读书·新知三联书店,1960:53.

新闻纸者，近世文明之一大原动力也，其笔锋之所至，则有利用人类所禀有之喜怒哀乐爱憎以左右之，非宗教之大力所能及也。其记述之所及，则有陶冶国家所固有之政治风俗人情以转移之，非帝王之权势所能比也。凡势力所能及，感化所必到者，皆莫非新闻纸活动范围之内。①

他认为，西方之所以强盛是因为"男女大小富贵贫贱莫不识字，莫不阅报"②。《文明野蛮全在有无教育》又强调："少习若天性，习惯成自然"，"教育是兴亡强弱文明野蛮的关头"，而"报馆有风化之责"③，可以唤醒国民，开启民智。

正因为对报纸功能的清醒认识，英敛之撰写了《说报》《续说报》《大同日报发刊词》《天津日日新闻三千号祝词》《大公报千号祝辞》等众多论说以阐述报纸强大的社会功能，提倡国家和社会各界兴办报刊。为了使得报界能相互交流、相互学习、相互扶翼，英敛之于1906年7月在天津发起成立了"报馆俱乐部"并定期开会。这是中国第一个新闻工作团体，具有开创性意义。此举受到了时人一些质疑，1906年7月29日，英敛之发表《报馆俱乐部第二次开会小启》一文，针对时人认为建立报刊俱乐部"为时尚早，以中国各报时尚幼稚也""品类太杂""此会初次聚集，毫无条理者，纷纷藉藉，莫衷一是"等质疑进行辩解：

　　大凡天下事，未办之先，无不觉其时尚早者，及既办之后，则转每恨其迟，亦往往然也。至品类太杂一言，未免范围太隘，夫士各有志，不能相强，各人宗旨，原不能划之使一，观摩思齐，量长较短，亦社会因竞争而进步之要图也。……至办事之条理，亦因随时改良，方能日臻完善，断非一蹴，即能纯粹美伦者也。条理不伦，杂乱无章，此亦办事者应历之阶级，吾为此言。④

---

① 英敛之.论新闻纸之势力[N].大公报，1908-08-24.
② 英敛之.原报[N].大公报，1902-06-22.
③ 英敛之.文明野蛮全在有无教育[M]//周萍萍.英敛之集（上）.桂林：广西师范大学出版社，2013：149-151.
④ 英敛之.报馆俱乐部第二次开会小启[N].大公报，1906-07-29.

从此文可看出英敛之对报纸的推崇和"敢为天下先"的魄力和勇气。在其影响下，1906年10月，《汉江报》《汉口中西报》《汉报》《公论报》《公论新报》等报馆联合组建"汉口报界总发行所"，由《汉口中西报》王华轩、《公论新报》宦海之、《汉报》郑江灏三人主持，这是武汉第一个新闻团体。① 随后全国各地的新闻行业团体逐渐成立，对于促进新闻行业的发展起到了重要作用。

虽然晚清的报纸售价并不昂贵，但当时民生凋敝，普通民众仍旧没有闲钱去购买报纸。为扩大《大公报》开智化俗的功能，英敛之曾贱价发售以开启下层民智为宗旨的白话文《敝帚千金》，但获益之人仍很有限。

为了能够使广大民众都可以阅报开智，英敛之开始提倡广泛建立阅报社。阅报社的雏形脱胎于维新运动时期维新派在各类学会、新式学堂中开辟的藏书楼，其中除了有大量的图书供人阅览外，还有定期更新的各种报刊。② 阅报社不仅有助于启迪民智，培养民众阅报风气，而且对于报刊发展也有促进作用，广大普通民众或囿于知识素养，或限于经济状况，大多缺乏主动购报、读报意识。③ 阅报社不仅能够减少民众购报资费，阅报讲报的方式也比报纸更加灵活、自由、多元，因此深受民众欢迎。英敛之十分重视阅报社的发展，大量报道阅报社成立的消息并鼓励民众进入阅报社阅报，使得官员阶层、知识分子、下层民众能够形成紧凑的宣传网络。1905年，英敛之在"附件"栏撰写白话文章呼吁天津的有志之士"仿照北京的办法，多立阅报处"以收获"开智的益处"。④ 英敛之提倡设立阅报社引起广泛关注和支持，读者纷纷来函，强调"报不可不看，阅报社不可不立……无知的人明白最难，若有了阅报社，听人家说看报好，他必去看看听听，到底好不好"，耳濡目染，智识渐开，且听取的知识又可以一传十、十传百，"明白的人越来越多"。⑤ 还有读者对设立阅报社提出：阅报社于"认字而无余款买报者有益……而不识字者，尚难知其风气"，建议"请学理老师或请老学究"宣讲近期白话报。⑥ 英敛之将自身对阅报社的提倡和读者对此问题的赞同态度交互呈现、相互印证，促进了社会各界对设立阅报

---

① 刘望龄.黑血·金鼓——辛亥前后湖北报刊史事长编[M].武汉：湖北教育出版社版，1991:106.
② 蒋梦婷.近代中国阅报社发展概述[J].文学教育（下），2016(6):40.
③ 杨莲霞.媒体视野下的清末阅报社：以《北洋官报》为中心的考察[J].史学月刊，2018(2):67.
④ 天津也当设立阅报处[N].大公报，1905-05-30.
⑤ 说看报的好处[N].大公报，1905-07-07.
⑥ 来函[N].大公报，1905-06-06.

社问题的重视，推动了阅报社的发展。

为更好地促进阅报社发展，英敛之借助《大公报》大力报道了天津、北京、保定、山东潍县、泰安、湖南湘乡、江苏扬州、四川乐山县等地设立阅报社的情况。例如1905年天津启文阅报社创办前，英敛之便在《大公报》上刊发启文阅报社章程为其宣传，天津益智阅报社、启智阅报社等均是如此。英敛之十分关注阅报社遇到的困难，并为之宣传或出谋划策。例如，"至其中藏书之富，以河东施粥厂日新阅报社为最。惟该处地匪通衢，人迹罕到，未免有负苦心耳，尚望阅报诸君不吝玉趾是幸"①。通过英敛之和《大公报》的宣传提倡，京津地区兴起了一股创办阅报社和阅报讲报的热潮。热心志士、公益社会团体甚至官绅也逐渐加入设立阅报社的行列中来。阅报社大大增加了人们对阅报、讲报的兴趣，报纸与阅报社相互助益、相互补充，共同构筑了晚清开智化俗的舆论网络。当然英敛之大力提倡阅报社有自己的目的，即开启民智，为宪政改革肇基。

> 至若阅报、讲报之益，……一可知世界变迁之大局与各地、各国之要事，一可见政府官吏及地方士绅之规划，自能化其固陋暗昧之旧见，而晓然于国家发号施令之原由。则后此关于宪政事项之施行，庶皆舞蹈而欢迎之，不致因误会而妄生阻扰乎。否则非常之原，黎民惧焉。各省之因新政而起风潮、酿民变者已屡有所闻……然则借报纸以开通民智实为今日之要途，而亦为唯一之捷径。②

英敛之在《大公报》上开启民智的一个显著特点是内容侧重点跟随社会风俗及时事变幻发展演变，由侧重讲风俗逐渐演变为开政识。民智未开，民众不解何为立宪，所以英敛之日俄战争前一直致力于开国民智识，提高国民程度。受日俄战争后"立宪小国战胜专制大国"的舆论刺激，国人开始意识到立宪政体的优越，此后英敛之借机大力宣扬立宪政体，着重培育国民的公民资格和国民意识。1904年1月14日论说《压制释放利弊论》文后附"本馆附志"称：

> 国民之程度由野蛮而递进至文明为高点，一国之政体由专制而递进至共和为极，则进化之阶级宜曾累而上，躐等则颠国政之改革，

---

① 北直农话报开办简章[N].大公报,1905-10-21.
② 压制释放利弊论[N].大公报,1910-04-02.

当因时制宜,躐等则弊,故就国民之程度而言,固以文明为高点,然我国民尚难一蹴而跻就,一国之政体而言,固以共和为极,则然我中国尚难一变而至。

因此英敛之在1905年日俄战争结束前未将开民智的重点放在宣扬立宪政体上,而侧重于培育立宪所必需的国民程度、国民资格。

需要指出的是,受其宗教信仰的影响,英敛之开民智的思想体系存在一定唯心性和理想主义色彩,有些不切实际。但其兴办女学、推广阅报社等举措在很大程度上推进了近代教育和近代报业的发展,为下层民众智识的开启作出了一定贡献。通过上述分析可以发现,通过宗教培育公心、兴办女学、推广阅报社均是英敛之为了达到推行君主立宪富国强民以挽救国家危亡的救国理想而进行的不懈努力。

第二节　英敛之与"预备立宪"

受日俄战争日本大败俄国的刺激,朝野立宪的呼声越来越高。清政府于1905年派遣五大臣出洋考察宪政,并于1906年9月宣布仿行立宪,开始清廷最后一次改革自救运动。作为坚定的立宪派,英敛之在呼吁推行预备立宪方面进行了大量的舆论宣传努力,敦促清政府通过实行宪政,挽救国家,巩固自身统治。

一、借助《大公报》呼吁"预备立宪"

为使清政府能够放弃专制制度实行政治改良,英敛之借助日俄战争极力宣扬实行宪政为挽救中国之唯一法门,并以《大公报》出版千号庆典活动为契机广造社会舆论。

(一) 借日俄战争呼吁"仿日立宪"

1904年2月,日俄战争爆发。1904年7月,日本陆军战胜俄国后,国内仿效日本立宪强国的声音开始高涨。英敛之因与日本领事人员的私谊及对日本宪政强国的倾慕表现出一定的"亲日"面向。1904年7月16日起,《大公报》

连载日本《太阳报》论说《清帝国之将来》,鼓吹中日"因人种相近,文明相同、风俗相似、地理历史更有密切之关系",呼吁清政府仿行日本立宪改革。同时刊发《忠告日本》《中国之衰弱非日本之福说》等论说忠告日本归还东三省、中日联盟共保东亚大局。

随着日本在日俄战争中的节节胜利,南北报纸开始鼓吹日本战胜俄国是"立宪国对专制国的战胜",国内呼吁仿行立宪的声音逐渐高涨。清廷官员将仿行立宪推上日程,驻法钦使孙宝琦首先上奏清廷"恳请仿英德日本之制,定为立宪政体之国之先行,以宣布中外与以固结民心保全邦本"。1904年8月7日至11日,《大公报》"紧要公文"栏全文连载《驻法孙钦使上政务处王大臣书》。9月22日《大公报》发表论说《敬告政府诸公》,指出"日俄两国谁胜谁败及其战罢之后,我中国必有以大变动",呼吁政府诸公急应"奏请宣布天下改为立宪政体",中国方有转危为安之转机。随后,大公报连续刊发了《中国立宪的希望 录万国公报》(1904年9月2日)、《论立宪政体必与国会相维持 录时报》(1904年10月2日)、《惟立宪而后有教育》(1904年10月8日)、《立宪平议 录时报》(1904年10月10日)、《惟立宪而后可以救中国》(1904年10月14至16日)等多篇呼吁立宪的论说。其中《惟立宪而后可以救中国》一文更是强调"中国今日之现象非立宪实不足以救治"。祛除强国的三大障碍革命党仇满、无治外法权、筹款艰难"非立宪不为功,盖立宪可以免革命之祸,可以收回治外法权且易于筹集巨款……"①。

1905年,在日本领事高尾亨等人安排下东游日本后的英敛之更加主张中日联盟,立倡"仿日立宪"。1905年4月2日至7日,《大公报》刊发来稿《强华策》,提出"除烟患""修军政"等强国之策。4月8日,英敛之撰写《书强华策后》一文指出,"朝廷屡下恤民之诏而今政何一不病民?非政之果病民也,奉行者非其人,善政亦为作弊之地实缘上下隔阂、君民之情谊不通","据今日而求强国之道必以宪法为体而诸策为用",只有"宪法立则君民之情谊可通,中间之隔阂尽去;设议院以重政要、伸民气以保国权……政体既定,国本自坚",强华策才能收诸实效,"若不揣其本,虽有良策犹空谈耳"②。此文是英敛之君主立宪思想的集中体现,他认为中国贫弱的根本原因在于专制政体导致上下不通、君民隔绝、政令不行。

立宪仿行的对象英敛之首推日本。英敛之对日本人宣扬的中日同文同种

---

① 惟立宪而后可以救中国[N].大公报,1904-10-14.
② 英敛之.书强华策后[N].大公报,1905-04-08.

宜实行联盟共保东亚大局的说法深信不疑,这一定程度反映了知识分子的理想主义色彩和政治幼稚成分。1905 年 6 月 6 日《大公报》"代论"栏发表了《日本法学博士高田早苗演说》,声称中日两国或因交还满洲一事"有利害相反以致阻害邦交之说"不过杞人之忧耳,"我日本毫无私占满洲之意"①,呼吁中日亲善。1905 年 7 月 28 日,光绪帝万寿节,英敛之撰写论说《今上皇帝万寿祝辞》,明确指出"中日合则东亚安,中日分则东亚危;东亚安则黄种存,东亚危则黄种殆。中日相依为命而东亚又视中日为存亡",呼吁"中日宜联盟";同时指出应"宣布立宪年限","以安人心而定国是"。英敛之之所以强调中日联盟、仿行立宪是因为:"中日联盟则外援固,宣布立宪则内界安,此为中国今日图存之要道,舍此必不能立于世界……"②由此可见,英敛之呼吁中日联盟、仿日立宪的根本目的仍在于立宪救国。

(二) 举办千号征文活动呼吁立宪

为了使立宪议论形成风潮以影响政府决策,英敛之举办《大公报》出版千号庆典征文活动,开列立宪议题以扩大社会影响,助推中国宪政进程。

1. 振兴中国立宪为当务之急

1905 年 3 月 30 日《大公报》发起千号庆典征文活动,罗列论题"中国不亡是无天理,中国若亡是无地理""日俄战后中国所受之影响若何""中国宜划一兵制说""清宦途策""振兴中国何者为当务之急""中俄内政之比较""中国重兴海军当以何处为根据地""筹款不病民策"等。

1905 年 4 月 13 日为大公报出报满一千号之日。该日《大公报》报首登英敛之撰写的《大公报千号祝辞》,并增出《大公报千号增刊》刊发获奖征文。当日共刊登征文七篇,其中《振兴中国何者为当务之急》刊发三篇,两篇为一等获奖征文,一篇为三等获奖征文,三篇均认为立宪为振兴中国当务之急。署名"信民"的三等奖征文《日俄战后中国所受之影响若何》也认为中国应实行立宪,"此新中国之上策也"。庆典当天刊发的七篇获奖征文四篇主张振兴中国立宪为当务之急,且两篇获得一等奖荣誉,可见英敛之对立宪的重视和宣扬。英敛之在日记中也记载千号征文中数篇论说立宪的文章透彻详细,甚得其心。1905 年 4 月 21 日至 24 日,《大公报》"论说"栏每日刊发一篇征文文章《振兴中国何者为当务之急》以宣扬立宪。1905 年 4 月 27 日,署名"大悲"的来稿人

---

① 日本法学博士高田早苗演说[N].大公报,1905-06-06.
② 今上皇帝万寿祝辞[N].大公报,1905-07-28.

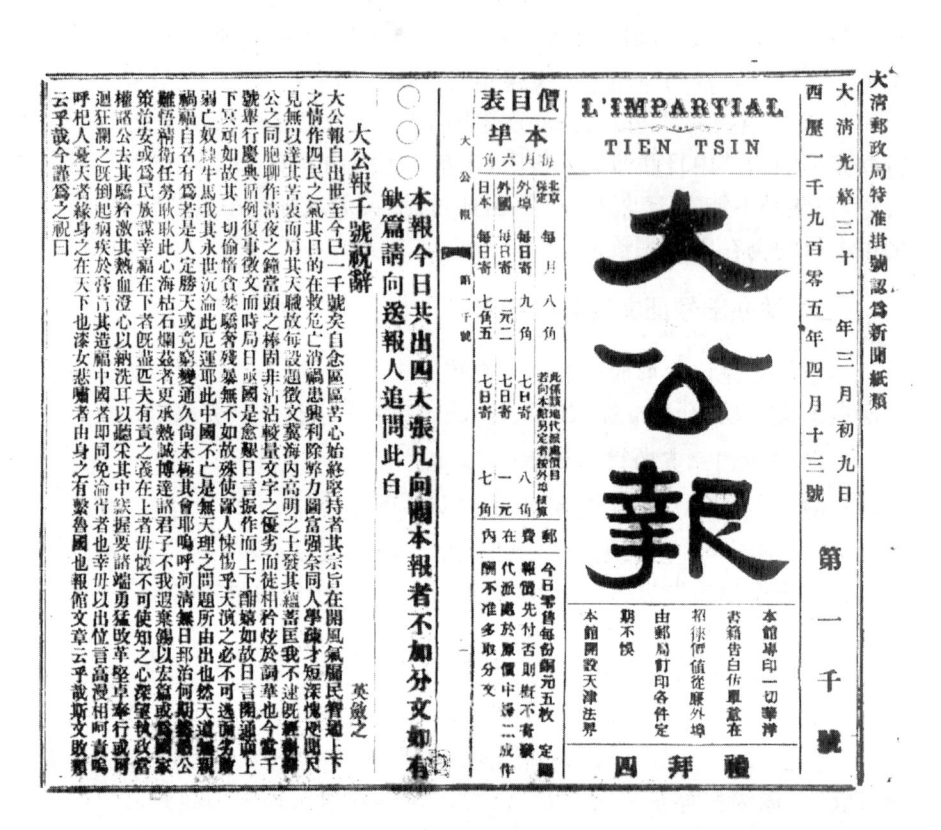

《大公报》千号祝辞

在《振兴中国何者为当务之急》一文中提出以教育实业为当务之急,英敛之在文后附注:"以教育实业为当务之急说亦极有理……但政体不改,根本不坚,教育实业虽兴,其如上下之隔阂如故,官场之沓泄如故",虽然"改革政体之事言之固未必果行",但"空言为实事之母",力主建言宪政以促成政府改良政体,保国救国。

虽然"振兴中国立宪为当务之急"是英敛之的坚定想法,不过受天演论思想影响,英敛之认为政治改革要循序渐进,不可操之过急,所以主张立宪须经过预备。1905年4月25日论说《振兴中国何者为当务之急》之后,英敛之按语称:"改立宪政未有仓猝立办者,必须预为宣告,限若干年改立宪政,日本之前鉴未远也",他主张以十年为限颁行宪法,"国民之程度必已增高",立宪必水到渠成。① 清廷宣布仿行立宪后,1906年9月4日《大公报》"言论"栏刊载"傲霜窟陈人"来稿《论立宪制度》同样认为立宪不可操之过急,应"广揽通才,详度国势……开发民智,使通国皆知人权可贵、民族最优,而后始可议及宪政之实行也"。

英敛之举办《大公报》千号庆典征文活动为立宪鼓吹的意图和成果在英敛之撰写的《大公报》两千号征文广告中得到充分体现。1908年2月9日,英敛之撰写《本报两千号征文广告》,明确指出:"吾报当千号之时所拟征文之题即预盼中国亟应改为立宪政体者而所取一等之文亦皆痛陈立宪之安危利害者,维时先于预备立宪诏旨前一年有半,然则谓吾报之告千数正所以为启发立宪之前驱固非诬罔之冒功矣。"这份自我评价可谓贴切,反映了英敛之对清廷立宪所费心力和成绩的欣慰,也折射出清廷宣告仿行立宪一定程度上是朝野呼吁的结果。尽管如此,"然阅时既久,当切实施行,不可徒托空言,致蹈玩愒之咎而取灭亡之道也",于是发起《大公报》两千号征文活动以持续推动宪政实行,所列议题:一实行立宪之政体如何;二妥筹八旗生计之良策;三苏杭甬路如何而为相当之办法;四今日所为尊经复古果能否挽风俗正人先且徵其往效;五强迫教育先从天津试办之方法;六新学服平议;七中国商业不发达之原因;八麻雀牌与鸦片烟利害之比较……②督促清廷立宪勿托空言。"实行立宪政体如何"位列议题首位,可见英敛之对中国改行立宪的渴盼和极力鼓吹,也从中得见其渴望清廷立宪救国的殷切期盼。

2. 实行宪政要在得人

英敛之十分清楚实行宪政要在得人,千号征文中专门开列"清宦途策"一

---

① 振兴中国何者为当务之急[N].大公报,1905-04-25.
② 英敛之.本报两千号征文广告[N].大公报,1908-02-09.

题。1905年4月14日至20日,"论说"栏每日刊载一篇《清宦途策》获奖征文,这些文章从宦途腐败原因等人手提出"停捐纳""广甄别""严举劾""讲政法"等多种清宦途的方法。这一征文论题和集中刊载、连续刊载等措施使得该议题成为时人议论的热点。1905年7月16日,在朝野强烈呼吁下,清政府颁布谕旨"特简载泽、戴鸿慈、徐世昌端方等随带人员分赴东西洋各国考求一切政治,以期择善而从"①。7月24日《大公报》发表论说《中国简派大臣出洋随带人员之问题》指出,考察政治要在得人,"我中国之前途之或兴或衰或强或弱实惟四大臣系之"。为了"考得各国政治之精意",英敛之主张"必有得力之随员以辅翼之"。② 8月10日,英敛之撰写论说《论出洋考察政治要在得人》,指出政府应破格用人出洋考察宪政才能收有实效。文章认为中国日益阽危,"肉食诸公不贤不材也必矣","夫欲为巨室则必求工师,欲善其工则必先利器",任选贤才为重中之重。然而,"我政府诸公果真有图富强救危亡之心,即当痛革相沿之陋,破格用人,但问其才品长短,不拘其官职尊卑",并力荐"侯官严又陵,丹徒马相伯,南海何沃生,三水胡翼南"。③

1907年,清政府又简派于式枚等人去日本考察政治。此时,清廷预备立宪诏旨已下,官制改革也已推行,但均有名无实。英敛之开始对清廷立宪诚意提出质疑,坚决认为清廷果欲考察宪政必须破格用人,否则徒耗资财,于事无补。1907年9月25、26日"言论栏"刊发署名"究竟"的来稿《论续派五大臣出洋考察政治事》,文后有英敛之撰写的本馆附志:"我国改行宪政为中国开国以来未有之创举",但要探寻别国政治精要"非素知各国政要者不能办",质疑达寿、汪大燮、于式枚三大臣能当此重任,"不如破格用贤,选用侯官严又陵、丹徒马相伯、南海何沃生、三水胡翼南等诸公","优其礼而重用之"。④

(三)借五大臣出洋考察被炸事件督促清廷速行立宪

清廷腐败使革命排满风潮日益高涨。在五大臣出洋考察宪政临行的当天(1905年9月24日),革命党人吴樾在火车站实施暗杀五大臣行动,导致五大臣中的载泽受轻伤,绍英受重伤。事件发生后,《大公报》第二天便在"要闻"栏头条"详记出使大臣火车被炸情形",随后两日的《大公报》"要闻"栏头条持续

---

① 上谕恭录[N].大公报,1905-07-18.
② 中国简派大臣出洋随带人员之问题[N].大公报,1905-07-24.
③ 英敛之.论出洋考察政治要在得人[N].大公报,1905-08-10.
④ 论续派五大臣出洋考察政治事[N].大公报,1907-09-26.

关注"续记出使大臣火车被炸情形"。除对"五大臣被炸"事件进行连续报道外,26 日还在论说《论出洋五大臣临行遇险事》中督促清廷速行立宪以消弭革命:

> 我中国近来政治维新力图整顿,于是钦派五大臣出洋考求政治以为将来改良取法之资,中外人民无不额手称庆……乃竟有匪党于火车开行时混迹人丛掷以炸弹希图谋害,此真出乎人情之外而莫能索解者矣。……今见朝政有更新之象,民情有固结之形,乃径行其急进之政策,挫抑其方长之机……我政府即迎其机而速行改革,以绝彼党之望,宣布立宪以固其内力,剪发易服以改其外观,当兴者兴,当革者革,急行其志,无俟踌躇,不然瞻顾迟疑,遇阻辄退,则革命党之势力必日益膨胀,中国之前途必将不可问矣……①

1905 年 10 月 9 日论说《论立宪》以政府简派五大臣出国考察政治"为实行立宪之举"剖析了立宪的原因、立宪之基础(开议院)及预测立宪之结果(平内忧外患)。1905 年 11 月 13、15 日又发论说《祝速行》和《中国当鉴俄内乱亟宜立宪论》。朝廷于 1905 年简派五大臣出洋考察宪政,使英敛之对政府充满冀望。1906 年 1 月 18 日言论《岁暮感言》、1 月 20 日言论《新春颂》称赞两宫"悟专制之政体不足以为尊,毅然以变政为目的,其精神气魄足以颉颃毕士麦而追逐拿破仑"②,朝廷简派大臣出国考察政治,修订刑法,遍立学堂等举措"为宪政肇基";而国民争路权、行国民捐,立宪国民资格渐具,"事甫萌芽",期望上下奋起直追。1906 年 7 月,考察宪政大臣陆续回国,《大公报》1906 年 7 月 24 日刊发言论《考政大臣归国后之问题》,强调"此次考查政治之问题实于国际之存亡安危,民族之兴灭继绝有紧要密切间不容发之关系"③,翘首盼望清廷于考政诸大臣回国后早日宣布立宪日期。

二、英敛之支持清廷推行预备立宪

1906 年 9 月 1 日,清廷颁布谕旨宣布仿行立宪,立宪派人士欢欣鼓舞。

---

① 论出洋五大臣临行遇险事[N].大公报,1905-09-26.
② 新春颂[N].大公报,1906-01-20.
③ 考政大臣归国后之问题[N].大公报,1906-07-24.

1906年9月3日《大公报》刊载清廷仿行立宪上谕。期盼并呼吁多年的政治景象初现使英敛之非常兴奋,《大公报》及时报道各界的庆祝活动。9月15日广告栏刊登了津郡学界开贺立宪大会的公启和章程——《约诸君开特别大会》。10月21至28日《大公报》"代论"栏发表了《马相伯先生兵警商学界庆祝立宪说》庆贺预备立宪;10月28、29日"专件"栏刊载《北洋陆军学堂庆贺立宪之演说》。然而,随着清廷内官改制有名无实,外交事件屡屡失败,英敛之对清廷预备立宪的诚意和举措开始心生质疑,规劝政府实行立宪以挽救国家于危亡。英敛之的亡国之忧、爱国之切溢于言表。

(一) 要求廓清官场腐败以适应"预备立宪"

"预备立宪"诏旨颁发后,清廷从官制改革入手为预备立宪肇基。官场腐败一直为英敛之所痛恨,因此他在《大公报》上大力指斥仿行立宪中的各种弊政,力求廓清官场不正之风,为清廷"预备立宪"的推行创造条件。

1. 指责内官改革徒具形式尽失精神

1906年11月16日,清廷颁布《厘定官制上谕》,宣布改定官制"以为立宪始基",宣布将原有的吏、户、礼、兵、刑、工六部改造为民政部、外务部、度支部、吏部、礼部、学部、法部、农工商部、理藩部、邮传部等十一部和大理院、都察院两院,"分之为各部,合之皆为政府"①,掌管全国行政事务。大理院成为最高审判机关,以法部作为监督,联合行使司法权。这样的官制结构表面上"几乎就是西方立宪政体之下行政、司法分权对抗原则的具体体现"②,实则徒有其名,未见其实,不过是将原有各部打乱分散,换换招牌,可谓"换汤不换药",与西方立宪政体的政府架构有着本质区别。官制改革是一次政治权力再分配,涉事官员各谋己私,致使内官改革弊端百出。

英敛之一直认为"官者介于君民之间者也","为君上作股肱,为民庶作保障,致君泽民担于一身,安内攘外惟彼是赖",责任极重且大。然而"为官者不任其重,但侈其尊",诌媚君主、欺压百姓。所以英敛之坚信朝廷果欲立宪,必须于"司政当权之人一洗涤刮磨之",必须"以拔凶邪登俊良为开宗明义第一章"。③1906年11月15日,《大公报》"要件"栏刊发了《民政部官制清单》,指

---

① 朱寿朋.光绪朝东华录[M].北京:中华书局,1958:5577.
② 徐爽.旧王朝与新制度——清末立宪改革(1901—1911)纪事[M].北京:法律出版社,2010:98.
③ 英敛之.说官[M]//周萍萍.英敛之集(上).桂林:广西师范大学出版社,2013:342.

出世人热切瞩望预备立宪,然而"及拭目以观新政,不特于实行立宪相去甚远,甚至成一反比例"。厘定官制"不外于君民共治之主义而已",但清政府的官制改革"一若立宪自立宪,官制自官制,若有道不同不相为谋之势"①。英敛之冀望朝廷能借官制改革选贤任能、大事刮磨,没想到政府却仍旧从原有百官中寻吏且多数官员"执破格用人之例任意私情援引",直令其慨叹官制"改如未改""改转不如不改"②。为此《大公报》在"专件""议奏""要件"等栏集中刊载了《民政部官制清单》(11月15日)、《奏为厘定官制先将京官编定折》(11月16日)、《拟设资政院节略》(11月17日)、《资政院官制清单》(11月18、19日)、《审计院官制清单》(11月27日)、《理藩部官制清单》(11月28日)、《吏部官制清单》(11月30日)等众多官制改革的清单内容,密切关注官制改革的进展。

除持续关注朝廷官制改革动向外,英敛之还注重为朝廷官制改革出谋划策。11月30日,《大公报》刊发言论《论改官制亟宜清仕途》,批评官场仕途庞杂腐败,呼吁朝廷应择贤而举,力除捐纳保荐之流弊、锢蔽人才之陋习。1907年,邮传部尚书张百熙、侍郎唐绍仪对于官制改革中的官员调动不满,两人时常意见相左且出现任用私人的情况。朝廷下旨斥责:"张百熙、唐绍仪著传旨严行申饬……倘再稍有私情贻误公事,定惟该尚书侍郎等是问。"③1月16日《大公报》发表言论《恭读十一月十九日谕旨严责张唐两大臣谨系以论》,指出"我国政界近日之腐败至达极点","二三大臣往往各持一见",意气用事,贻误国事,劝诫张尚书与唐侍郎"慨念时艰,捐除意气,开诚布公,和衷共济",不可再"任用私人,耽徇情面"。④

为了通过社会舆论引起朝廷对内官改革利弊的关注,英敛之又在《大公报》上发起征文活动,专门针对内官改革开列议题"内官改制之利弊平议""厘定官制平议"。1907年1月下旬,《大公报》"言论"栏陆续刊发"光黄三人乾齐氏"的来稿《内官改制之利弊平议》、"宛平许义秦"来稿《厘定官制平议》、涵文大学堂吴玉昆的二等获奖征文《内官改制之利弊平议稿》、"焦琴山人"的二等获奖征文《内官改制之利弊平议》等文章,批评朝廷内官改制虽仿西方宪政国家设立各民政部、度支部等各部,但有名无实,"听其名则欣然喜,核其实则哑然笑";指责朝廷大员明目张胆借破格需才之例引用私人,呼吁力除陋习、选用

---

① 民政部官制清单[N].大公报,1906-11-15.
② 内官改制之利弊平议[N].大公报,1907-02-02.
③ 大公报[N].1907-01-14.
④ 恭读十一月十九日谕旨严责张唐两大臣谨系以论[N].大公报,1907-01-16.

良才。2月1日,《大公报》刊载刘仲元的三等获奖征文《内官改制利弊平议》一文,指出官制改革应平满汉界限且要坚持"官无滥设,人有专事,事无委托,权限分明"的改革原则;2月2日署名"隐公"《内官改制之利弊平议》则提出了国家早日设立内阁、早设议院、早订宪法的解决方法。

虽然英敛之为官制改革"倾之全情",然而清政府的官制改革泄沓如故,毫无起色。1907年2月18日,英敛之撰写《新年颂》一文,痛斥清政府的预备立宪和官制改革举措"变虚名并未变实事,袭皮相而竟遗精神,百罅千孔,敷衍因循"。透过官制改革,英敛之对清廷预备立宪的诚意和信心开始表现出失望和质疑。尽管他说"知争约而抵制美货矣,知国债而纳国民捐矣,抗取缔而全体罢学矣,悯灾难而踊跃输捐矣",但"凡此云云是皆在下而不在上,且更无与承上启下之官也"①,失望之情跃然纸上。2月20日,英敛之再撰《说假》一文,讽刺清政府宪政改革全无实事、尽失人心。

内官改制不顺,御史赵启霖又以江皖水灾为借口请缓改外省官制,朝廷竟予以采纳,裁撤编制馆,将赵折抄咨各省查照。针对停止官制改革的做法,《大公报》1907年4月15日发表《读赵侍御请缓行外省官制折书后》一文并且标题字体加粗加黑,十分醒目。文章指出:"编制局之所以设立者以预备立宪而设也。立宪之所以必改官制者又系全年七月十三日煌煌上谕中之言也",官制改革为立宪之基础,"今日之停止官制者即他日停止立宪之先声也"。②深知内官改制弊端丛生、外官改制又被搁置皆是朝廷官员利益分配不均的矛盾结果,其中包含着太多的官员私欲和腐败,为此英敛之1907年5月17日撰写《说情面》一文,淋漓尽致地讽刺政府用人行政全讲情面,不顾公理公益。英敛之一直期盼清廷能够诚心立宪而自救危亡,但令其失望的是朝廷并无真心立宪诚意,官制改革只是被逼无奈之举。更令人痛心的是,一群腐朽官员见利忘义各为己私,使得官制改革背离了原本宣布的轨道,英敛之对清政府的"哀其不幸怒其不争"的情绪自此不断加剧。

2. 抨击清廷内部

清政府官制改革的核心问题是组建统领各部的新内阁。因官制改革涉及官员的裁汰升迁,一些官员出于自身利益考虑极力反对官制改革。新内阁中形成了以袁世凯、奕劻为代表的袁奕集团和以外务部尚书兼军机大臣的瞿鸿禨为代表的反袁集团。瞿鸿禨原本积极推行立宪,但"忌于袁世凯与奕劻的深

---

① 英敛之.新年颂[N].大公报,1907-02-18.
② 读赵侍御请缓行外省官制折书后[N].大公报,1907-04-15.

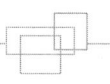

相结纳,更担心袁奕在官制改革中趁势扩权……一变为反对新官制方案的主帅"。袁世凯在官制改革中影响力甚大,官制起草委员会杨士琦、章宗祥等人皆是他的亲信,裁撤军机处、设立责任内阁的官制改革方案也"皆其一手起草",①为此引得御史言官对其大加挞伐。总司核定新官制方案的军机瞿鸿禨在《复核官制说贴》中力陈"废军机、建内阁",一切用人行政归于总理大臣无疑是将"国柄拱手让与总理大臣",②清廷采纳瞿鸿禨建议,在《厘定官制上谕》中规定军机处为行政总汇,"勿庸编改内阁","一切规制,著照旧行"。③ 袁奕集团的丙午官制改革方案以失败告终。袁世凯因锋芒太露,清廷"颇有疑心",④罢免了其多项兼差,袁成为官制改革中的失败者,袁奕集团和瞿鸿禨的矛盾逐渐表面化。

1907年,袁奕集团与瞿鸿禨的政争进一步激化,以致酿成清末统治集团内部最大规模的倾轧——"丁未政潮"。为了击败袁奕集团,瞿鸿禨1907年4月底将慈禧太后的宠臣岑春煊从外省引入京城。岑春煊面参奕劻"贪渎误国,请予罢黜"。5月7日,御史赵启霖参劾段芝贵以十万两白银和歌妓杨翠喜贿赂奕劻之子、农工商部部长载振获黑龙江巡抚一职。朝廷命载沣、孙家鼐彻查此案。袁奕销毁证据,此案最终以证据不足结案,清廷在撤销载振官职的同时,御史赵启霖也被革职。袁奕集团开始报复瞿鸿禨。1907年6月,恽毓鼎奏参瞿鸿禨"暗通报馆,授意言官、阴结外援、分布党羽",朝廷派孙家鼐、铁良查办。随后余肇康被革职,瞿鸿禨被开缺回籍"永不叙用"。⑤"暗通报馆、授意言官"是指瞿鸿禨将慈禧有意罢免奕劻的消息透露给学生汪康年,汪康年在报纸上刊发后致使英美使臣纷纷过问此事;"'阴结外援'影射瞿鸿禨曾三次犯颜直谏、密请赦还康梁;而'分布党羽'则指涉瞿以及女婿余肇康、门生汪康年、盟友岑春煊与海外保皇党人往来已久,拟推翻戊戌旧案,归政光绪"⑥。上述指控牵涉戊戌旧案,触犯慈禧忌讳,招招致命,瞿鸿禨被彻底扳倒。

瞿鸿禨开缺事涉及清廷"庶政公之舆论"的立宪诚意、报馆言论自由且因对康梁心有推崇,所以英敛之全力为瞿鸿禨辩解。《大公报》6月18日的"谕

---

① 杜春和,林斌生.北洋军阀史料选辑(上册)[M].北京:中国社会科学出版社,1981:61.
② 瞿宣颖.长沙瞿氏家乘(十卷)[M].北京:京城书局,1934:59.
③ 宪档(上册)[M].北京:中华书局,1979:471-472.
④ 陈旭麓.辛亥革命前后[M].上海:上海人民出版社,1979:31.
⑤ 朱寿朋.光绪朝东华录[M].北京:中华书局,1958:5681.
⑥ 徐爽.旧王朝与新制度——清末立宪改革(1901—1911)纪事[M].北京:法律出版社,2010:98.

旨"栏报道了瞿鸿禨开缺的消息,6月19日便发表言论《恭读五月初七日上谕谨注》一文指责朝廷惩处不明,抨击恽毓鼎"所称暗通报馆、授意言官、阴结外援、分布党羽等辞"非但"不足以服瞿协揆之心而反足启天下人民之疑"。"朝廷庶政公之舆论固见煌煌之明诏而所谓报馆者舆论之所寄也",朝廷想要宣布德意和政见,非借报馆宣传不为功,因此瞿鸿禨"无所讳饰,亦无所暗通";对于"授意言官",该文反问道"今日所参劾瞿之言官又出于何人之所指使?"①,立场鲜明地为瞿鸿禨鸣冤。6月22日,《大公报》再次发表《论参劾枢臣暗通报馆事》,认为瞿鸿禨"被罪以暗通报馆,期间情实所在真难令人释然也",着重从报馆与立宪国家之关系入手辩驳"暗通报馆"无罪。"政府与报馆暗通,非惟与政府无害,而实立宪政治家于是作务本图也。"朝廷政见"欲得舆论之赞成,必先利用报章之权借以宣布其政见,辨明其理由,使通国人士皆闻知之而后舆论有据也……故世界各列邦其政党有欲自行其是者莫不创办报馆于先"②。6月22、24日,《大公报》又发表《危言》一文,强调"中国危亡之现象所在皆是,尤可危者在人心已死";国家宣布立宪国民称颂,"谓我国民对国家无望治之心不可也"。然而,报章为国民舆论之代表,为"国民心理与社会心理之声",呼吁国家要重视民心和舆论,切勿再忌讳官员"暗通报馆"。③

英敛之之所以旗帜鲜明地为瞿鸿禨开脱,表面看是为争取立宪国民的言论自由权利,深层原因是英敛之主张解除党禁、反对党同伐异。英敛之一直为戊戌变法的失败而痛心疾首,声称若戊戌变法顺利推行,中国现如今已享立宪国之福祉。解除"党禁"一直是英敛之心中所愿,所以当瞿鸿禨因戊戌党人而被革职永不叙用时,英敛之全力反对是毋庸置疑的,他在言论中不能明目张胆地提出拥护康梁、反对"党禁"的主张,只能从言论自由与立宪国家的关系角度来为瞿鸿禨开脱。

3. 反对党祸株连,呼吁宽赦党人

1907年7月,皖抚被革命党人徐锡麟刺死,一时间朝野上下舆论哗然,"南北大吏咸有戒心而一般趋承小人邀宠冒功,多方株逮,风声鹤唳,举国骚然"④。英敛之借此事大力呼吁朝廷速行立宪、开诚布公以消弭祸乱。7月16日,英敛之于"闲评"栏发表短评,称皖抚被刺值得庆贺,贺朝廷因此而速行立

---

① 恭读五月初七日上谕谨注[N].大公报,1907-06-19.
② 论参劾枢臣暗通报馆事[N].大公报,1907-06-22.
③ 危言[N].大公报,1907-06-22.
④ 党祸株连实为促国之命脉[N].大公报,1907-07-30.

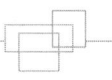

宪,因为立宪是"消隐患遏乱萌之顶门针对症药"。然而"皖抚被刺事"后,清政府大肆株连、手段残忍。7月30、31日,英敛之撰写《党祸株连实为促国之命脉》一文抨击朝廷当权诸公"杀徐锡麟而剖心啖肉,污秋瑾为革命党",无凭无据遽处斩刑,做法野蛮至极,与预备立宪绝不相符。革命党铤而走险、排满革命的根本原因在于"昏庸贪鄙之百官斁法营私,残贼剥削",呼吁朝廷惩治贪官污吏、选用贤能,认为"政府用人行政果能从此扫除私意一秉大公",革命自然消弭。① 8月6日,《大公报》发表《感时》一文反对清廷杀戮株连,致使党祸积怨越深,呼吁政府速行立宪开诚布公,消祸弭乱。当天"附件"栏又刊载英敛之撰写的《廉颇蔺相如》一文,借廉颇、蔺相如的故事反对朝廷官员党同伐异,"盼望在位的人不要妄自分门别户,彼此攻击,自相残害,要以大公为怀,以仁爱存心,大局合群出一份公力",致使国富民强。② 8月21日,《大公报》再次刊载"遇知氏"来稿《读查缉党人勿妄株连折注稿》,指出"自徐锡麟枪毙恩抚一事起"朝廷上下草木皆兵,大肆缉拿党人,"大通学堂被骚,秋瑾女士遭惨",劝诫朝廷万勿以党祸株连酿成亡国危机。

英敛之认为革命党排满主要原因在于清政府用人行政不能一秉大公,给革命党排满留下口实。若政府实行宪政、与民更始则革命排满之理由不复存在、革命祸乱自弭。然而,清政府并未采纳他的建言,更没有实行立宪之心。为此,1908年1月29日,英敛之撰写《岁暮感言》指责"以皖抚被杀之案而株累几遍全浙,秋雨秋风致逞惨狱,天下冤之";认为预备立宪之诏旨虽下,而朝廷"解散会社、禁止演说,钳制言论,锢蔽学界"的做法无异于"不准人民干涉国家之政治而已矣,质而言之不准人民言立宪而已矣"。黑龙江巡抚献妓谋官、"岑春煊之忽京忽外终以罢歇""厘定学服古训是尊,求招贤才额数是限",种种政治举措令英敛之直叹"此非感言也直痛哭耳"③。这是英敛之对清廷立宪诚意的更深的质疑和失望。1907年和1908年,英敛之在《大公报》上称颂的"光绪帝万寿节祝辞"不再出现,这表明,英敛之对清王朝的统治者已逐渐不抱希望,此后开始由责望政府转向责望国民,支持在野立宪派发起的各种立宪请愿运动,意图以国民力量推动上层政治革新。

除反对党祸株连外,英敛之还力言宽赦党人。戊戌政变后,康梁一直以国事犯流亡海外。慈禧太后去世,摄政王辅政之初下令举荐人才,康梁认为事情

---

① 英敛之.党祸株连实为促国之命脉[N].大公报,1907-07-30、31.
② 英敛之.廉颇蔺相如[N].大公报,1907-08-06.
③ 英敛之.岁暮感言[N].大公报,1908-01-29.

出现转机,便积极运动解除党禁、宽赦党人。清廷新政权建立后,英敛之的希望之火逐渐复燃。借摄政王"广揽贤才"之机,在《大公报》上发表多篇论说,主张宽赦康梁立宪党,破格用才。1909年1月31日,《大公报》刊发言论《论宽赦党人之利害》,指出立宪党"自明诏立宪,政治日有改良",建言立说期盼朝廷采纳,朝廷"一旦大赦其党,采其政见",立宪党必"感激涕零,一变而为忠实之良臣者"。该文将原本被清廷看作"乱臣贼子"的立宪党人称为立宪时代"国家之功臣",并声称"在立宪时代,立宪党之罪不赦则宪政之阻力甚多",敦促政府宽赦党人。① 1909年3月7日,《大公报》发表论说《论党人无不可赦之理由》,指责某相国以宽赦党人"足以彰孝钦显皇后之短"的说辞蒙蔽摄政王且"使举朝大吏不复敢有进言",痛斥该相国"以一人之私见上违王命、下失人心而置国家之利害于不顾",欺君误国,罪大恶极。② 为了促使清政府解除党禁,英敛之1909年5月15日发起征文广告,"开党禁议"即列为征文议题之一。6月8日起,《大公报》陆续刊载了头等第二名"夏雨生"、二等第五名"天囚生"、三等第四名"不惑"的三等获奖征文《开党禁议》,为宽赦党人、开除党禁造势,指出"党禁不开,将与唐之清流、汉之党锢,同为历史之污点"。不但主张让康梁回国参政议政,甚至认为革命党人也可以"赦而用之"。③ 英敛之竭力呼吁开除党禁的根本目的在于敦促政府实心立宪、各界人士团结一致共同致力于救亡图存的时代主题,其中彰显的仍是其拳拳爱国心。

(二)借外交失败呼吁清廷速开国会助力外交

列强入侵和清政府腐败无能使得国人对清廷失望至极,革命党在全国范围内开展反清运动,清王朝统治摇摇欲坠。为巩固清王朝统治、挽救国家危亡,英敛之借助《大公报》积极为清廷出谋划策。

1907年,苏杭甬铁路借款事件、西江捕权事件以及二辰丸事件相继爆发,国民虽竭力抵制,但清政府软弱无能,三次外交事件皆以清廷失败而告终。英敛之在国民抵制运动中认识到国民运动助力外交、挽回国权的必要性和重要性,同时意识到,若想借助国民助力外交,必须给予国民参政议政权,而开国会则是国民参政的最佳选择。

苏杭甬铁路借款事件中,英敛之在《大公报》发表了许多支持民众反对苏

---

① 论宽赦党人之利害[N].大公报,1909-01-31.
② 论党人无不可赦之理由[N].大公报,1909-03-07.
③ 天囚生.开党禁议[N].大公报,1909-06-18.

杭甬铁路借款的言论。1907年11月12、13日代论栏刊发《论外债之借得不偿失而于苏杭甬铁路尤为显而易见》外,又登载了《关于苏杭甬铁路借款事汇录》,"专件"栏同时登载《为苏杭甬铁路借款事警告江苏同乡书》。"政治之所以不良,实由政府不负责任;政府所以不负责任,实由无国会"①,苏杭甬铁路借款事件中的清政府不作为使国人极其愤慨,纷纷呼吁开国会参与政事。1907年秋,湖南宪政公会首次上书,请开民选议院,在全国激起强烈反响。继此之后,各省立宪人士在当地政团的组织之下纷纷要求从速召开国会。② 国会请愿运动在国内发起后,英敛之积极响应。《大公报》发表1907年11月15日《速开国会以为外交助力说》,指出苏杭甬铁路借款事件中"民气甚盛,团体甚坚,若不速开国会以为之归束,恐膨胀之极,成为爆裂"③。

1908年初发生"西江捕权"事件。是年2月3日,《大公报》转载《时报》论说《论外部不当以西江缉捕权许外人》斥责外交部将西江缉捕权让于列强。清廷外交的失败使民情激愤,开国会振国权的呼声一浪高过一浪。时人认为江浙因苏杭甬借款与英抗争,广东因二辰丸交涉同日抵制,数千人奔走呼号"终不敌有势力者之一语",原因即在于"国会未开,我辈无自主之权利"。④ 1908年2月,上海预备立宪公会发起"速开国会"签名请愿活动,随后湖南宪政公会、政闻社及鲁、豫、皖、直隶等省立宪人士纷纷响应,联合组成"国会期成会"⑤,进京要求清廷速开国会。一时间,各立宪团体、进步人士纷纷以电请或上奏的方式请求清廷速开国会,掀起了第一次全国规模的国会请愿运动。第一次国会请愿运动开始后,《大公报》发表了诸多宣传开国会、挽国权的论说文章。1908年2月21日,《大公报》发表《速开国会为救亡之惟一要素》,该文标题加黑加粗,十分引人注目。文章指出:"欲拯垂亡之国家不可不先改造无责任之政府;改造政府亦有道乎? 曰有急谋建设国会而已矣……一旦国会之成立,其能组织政府者必得国会多数之信任,其所行之政策必负连带之责任。"⑥3月3日,《大公报》又转载《时报》论说《论今年国民当全力为国会请愿一事》呼吁速开国会助力外交。

---

① 国会期成会意见书[N].政论,1908-06-18.
② 徐爽.旧王朝与新制度——清末立宪改革(1901—1911)纪事[M].北京:法律出版社,2010:130.
③ 速开国会以为外交助力说[N].大公报,1907-11-15.
④ 赞成要求国会同乡书[N].大公报,1908-04-16.
⑤ 张玉法.清季的立宪团体[M].北京:北京大学出版社,2011:256.
⑥ 速开国会为救亡之惟一要素[N].大公报,1908-02-21.

1908年3月,"二辰丸事件"爆发,"日本政府为强硬之交涉",清政府"不得不俯就范围一如其所要求"。针对政府外交一再失败的情形,英敛之认为:"今日之外交非口舌所能争,必须有强大之兵力盾夫其后","所谓兵力者非他即民力而已"。国民为政府之后援,"举全国之力以对外"则外交必可强硬。因此"外交势力之基础在于国民",政府应懂得利用民气与列强政权,"不敢复肆其恫吓凭凌之惯技"。① 3月20日,《大公报》再发《为辰丸事敬告国民》一文,以"二辰丸事件"呼吁国民力争设立监督政府、责问外部之机关——国会。4月初,日本"二辰丸事件"因"外交部已屈于强邻而和平了结",《大公报》连发"闽县刘崇佑"的来稿《论第二辰丸案敬告我国人》(4月11日)、《赞成要求国会同乡书》(4月16日)、《所谓国民的外交者何》(4月21日)、《论民气之妙用》(4月23日)痛斥政府软弱失权,大力呼吁开国会,"利用民气改良政治、战胜外交"②;其中《所谓国民的外交者何》一文指出外交非"政府一方应决之问题"而"关系于人民公共之问题",强邻逼迫之下,"断非政府三数人之能力所可挽回既失之主权",欲求外交胜利必须"使政府的外交变而为国利民的外交"。③

开国会成为英敛之此时关注的重点。1908年5月3日至5日,《大公报》"言论"栏连载《国会期成会意见书》,指出中国"政治之所以不良实由政府不负责任,政府所以不负责任实由无国会",开国会为"今日根本之要图"。5月11日至13日,《大公报》"言论"栏又刊发署名"资抗"的来稿《论政府急宜召集国会》,强调人民程度已渐进文明,爱国之思想逐渐发达,呼吁急开国会以坚定国民爱国心。随后的6月和7月,《大公报》集中刊发预备立宪公会领袖孟昭常的来稿《论中国今日有可用速开国会之理由》(6月2日)、白话演说《开国会真正好》(6月2日)、《开设国会年限缓急问题》(7月15日)、《读二十四日上谕恭注》(7月25日)呼吁早日开国会。就在呼吁召开国会之时,官员陈景仁奏请清廷速开国会,于式枚趁机参劾陈景仁,陈因奏开国会被革。陈景仁事件后,《大公报》1908年8月1日发表言论《呜呼中国之前途》一文,斥责清政府一面搪塞国民速开国会请求,一面革斥陈景仁的顽固举动。上述内容中英敛之借外交失败呼吁清廷速开国会助力外交的努力可见一斑。

---

① 为辰丸事敬告政府[N].大公报,1908-03-18.
② 论民气之妙用[N].大公报,1908-04-23.
③ 所谓国民的外交者何[N].大公报,1908-04-21.

（三）反对朝廷钳制舆论破坏国民议政权

清廷 1906 年 9 月颁布仿行立宪以来，官制改革失败、苏杭甬铁路借款事件失败、西江警察权外交失败，谴责和批评政府的报刊舆论甚嚣尘上。政府钳制国民言论自由、限制报馆，制定报律等行为使英敛之思想发生了转变，由"责望政府"转向"责望国民"，主张国民自主争取国民权利促成立宪实行，这是英敛之对清廷失望的一个明确标志。

1907 年 6 月 8 日，《大公报》发表论说《论责望政府》，指责朝廷内官官制仅得改头换面、外官官制规格"改头换面者亦不可得"，规劝政府不可失去民心。随后，接连发表《论责望国民》《狂言》等论说指出宪政改革"政府其不可望矣，其望之我国民"[1]，"今日危迫之现象如此，国其终可救乎是在我国民，我国民救之则存，我国民不欲救之则亡"[2]。1908 年更在《论立宪之责任全在国民》（2 月 20 日）、《论国民宜跃起为政治之运动》（4 月 8 日）等文章中指出"若吾国民不自谋立宪而日希望政府之立宪"[3]不过是黄粱一梦。数篇论说皆在于激起国民意识、国家思想，主张国民自行争取和推进立宪进程。

1907 年，苏杭甬铁路借款事件、西江捕权事件等事件相继爆发，"苏浙路款之问题而绅商学界群起力争，而政府通饬各学堂不准学生干预政事"，辛杭斋"因招路股复入狱事"[4]，报馆频频发表言论揭露和抨击政府软弱无能。清廷十分恼怒，下令压制舆论。1907 年 12 月 4 日，英敛之《大公报》发表论说《此之谓预备立宪时代》指出言论自由、出版自由、集会自由是立宪国民的权利，也是"立宪国之真精神"，朝廷既已下诏"庶政公诸舆论且准士民上书言事"，官府不可再以压制为手段对待国民。12 月 15、16 日《大公报》连载《论近日民情之观感》一文称赞"近日民气日作，民心复齐"，"正其忠君爱国之念诚于中而形于外"，指责在上者"惟以压制大力施行专权"，敬告政府"窃恐民怨沸腾"，一发不可收拾。[5]

日益高涨的国民爱国情绪使清廷不胜其烦。1907 年 12 月 24 日，清廷颁布上谕禁止报刊"胥动浮言，扰乱治安"，1907 年 12 月 25 日清廷再传谕旨颁

---

[1] 责望国民[N].大公报,1907-06-09.
[2] 狂言[N].大公报,1907-06-25.
[3] 论立宪之责任全在国民[N].大公报,1908-02-20.
[4] 此之谓预备立宪时代[N].大公报,1907-12-04.
[5] 论近日民情之观感[N].大公报,1907-12-16.

布学堂章程,学堂学生"干预国家政治及离经叛道联盟纠众立会演说等事均经悬为厉禁"。针对清廷打压社会舆论的举动,英敛之在《大公报》于1907年12月30日发表言论《恭读十一月二十一日谕旨谨系以论》,指出"今开通风气之利器有三,曰学习曰报纸曰演说",禁止集会演说"于国民进化之前途生莫大之阻力敢断言也",批评政府钳制国民舆论。1908年1月,《大公报》刊载录稿《舆论与外交之关系》《国家与国民交涉之开始》《东报论近日朝旨之专制》等文章,强调"舆论者主张公理者也,对于政府则代表国民之意思而贡献之,对于外界则为政府之后盾而拥护之"①,质问"清国政府于十一月二十日颁发压制言论集会之上谕,其翌日复继以钳制学生之上谕,务取压制民心摧残士气之策,是与丧心病狂亦何以异?"②。1908年2月7日,《大公报》"时事·北京"栏报道了"北京时报因记载归政奉谕暂行停刊"的消息;2月8日,英敛之撰写论说《戊申新年之祝词》强调"报纸为舆论之代表兮固立宪时代所应享有之自由",南北报社之相继惨遭蹂躏,"致足可慨也",③期盼朝廷收回成命以慰天下望治之思。随后英敛之在《大公报》上集中刊载《闻定报律之感言》(2月9日)、《民政部新订之报律》(2月13日)、《欢迎新报律》(2月17日)、《新结社集会律》(3月22日)等论说批评政府钳制舆论。4月14日再次刊发《论宜要求改订结社集会律》并亲自撰写《说报》和《答问》,强调言论、出版、集会结社为立宪国民之三大自由,政府不可压制。

　　英敛之激烈反对政府钳制舆论。一是他认为清廷既宣布仿行立宪,就应给予国民参政议政之自由权利,而国民参政议政的有效手段之一即报刊论政。二是他认为国民舆论是"政府之有利后援",对于保全国家主权有着密切关系。1908年,英敛之撰写的《岁暮感言》中指出预备立宪诏旨颁布后举国集会结社呼吁立宪,"此其民气之膨胀为何如","西江之捕权、江浙之路款民知争而拒之也",国民爱国舆论成为政府外交的有力后援。④ 三是英敛之认为立宪必须使国民有宪政思想,而促成国民宪政思想之发达则必须靠健全之舆论。1908年8月30日,英敛之再次撰写言论《读上谕恭注》一文,指出环球各国立宪均依赖"民党之运动民气之勃兴",立宪"最可恃者莫如国民之能力","今日果欲筹备立宪,与其戒政府之因循使之勉强从事,诚不如促国民之进步使之自然发达

---

① 舆论与外交之关系[N].大公报,1908-01-19.
② 东报论近日朝旨之专制[N].大公报,1908-01-28.
③ 英敛之.戊申新年之祝词[N].大公报,1908-02-08.
④ 英敛之.岁暮感言[N].大公报,1908-01-29.

也"。"言论者事实之母也,凡欲改良一代之政治必先造成一代之言论",筹备立宪事宜必使人民有言论自由,"促社会进步而立宪政之基础"。① 由此可见英敛之对宪政与国民、报刊舆论三者关系的认知。

(四)支持立宪派组织政党为宪政肇基

清廷宣布仿行立宪后,在野立宪派人士纷纷组织立宪团体(即英敛之所谓的"政党"),以推进清廷立宪进程。一时间,预备立宪公会、湖南宪政公会、帝国宪政会、政闻社等相继成立。这些立宪团体借助报刊、演说、上奏等方式鼓吹实行宪政、开国会。随着清政府内官改制的失败、苏杭甬铁路借款事件等外交事件的失败以及清政府的软弱腐朽,英敛之意识到推动宪政改革除"责望政府"外,更得"责望国民",以国民呼吁立宪的社会舆论敦促清廷立宪。于是将发起、引导立宪舆论的在野立宪团体视作政党之胚胎,认为这些立宪"政党"对于实行宪政举足轻重,宣扬"不有政党何足以云立宪"的主张。

1908年3月13、17日"代论"栏刊发《马相伯先生于政闻社披露会席上演词》,指出"以政党之力要求立宪"是"我国根本上之救治法门也"。② 这是《大公报》宣传组织政党促成立宪活动的开端。1908年4月15《大公报》发表《政党之意义》一文认为"政党者人民为国家之利益,以平和之手段,实行怀抱之主义而结合之政治团体也……"③。虽然"中国政党方在萌芽时代",然"不有政党何足以云立宪",今日预备立宪公会、政闻社等"政党"即昔日党派之进化者而异日完全政党之胚胎也。④ 英敛之着重强调政党为国会之基础。1908年4月28日,《大公报》发表《论政党》一文指出:"立宪国家以何者为最重之要素乎?曰国会。国会之成立以何者为最重之要素乎?曰政党。""政党者性质公而无私,以国家为目的","政党者由国民之先觉组织而成,以国利民福为前提",因此国会可以达成共识,监督政府。为达到共同政治目的,他呼吁政党"以二党或三党为最相宜",虽主张不能尽同,但都以"发达国家改良政治为唯一不二之目的";主张政党间合作"以冀达改良政治之公共目的",进而"可以摧专制之余焰,扶立宪之新声",反对政党间"相互排挤相互构陷",酿成社会骚乱

---

① 英敛之.新闻纸之势力[N].大公报,1908-08-24.
② 马相伯先生于政闻社披露会席上演词[N].大公报,1908-03-14.
③ 政党之意义[N].大公报,1908-04-15.
④ 政党之意义[N].大公报,1908-04-18.

而致国家灭亡。①

英敛之十分注意政党与选举的密切关系。代表性言论即1908年10月15日《大公报》发表的《政党与选举之关系》一文。该文指出一国之选举制度"与其谓之代表选举者之意思,不如谓之利用被举者之政见耳"。若被举之人没有政见,选举之人将无从择别是非。"政党者有一定之政见",是"一国舆论之导线,即可以为选举之标准者也","其政见为社会所欢迎者必得多数"进而代表民众意见,"此则当选举之事不可以无政党也可以明矣"。文章强调"我国今日欲断行立宪"必须组织政党。无政党则无宪政形式,"而于宪政之精神终不可得"。②1909年各省谘议局已纷纷设立,但弊端百出,难得实效。1909年4月19日,《大公报》为此再发表言论《政党与选举之关系》,强调政党对于国民选举的重要意义。文章指出:当下国民往往有选举资格而无政见思想,而"政党者对于政治上有一定之意见者也,平日以其政见输入于国民之脑中,一届选举之期而国民始有所择别"。筹备立宪、各省谘议局之选举皆须政党,"无政党则舆论不能一致,即宪政难以进行,他者不论,观于今日各省谘议局之选举亦可见一斑矣"。③

(五)支持国会请愿呼吁缩短立宪期限

摄政王辅政后亲贵专权,在野立宪派发起声势巨大的国会请愿运动。英敛之对摄政王政权已十分失望,转而通过报道、宣传、鼓吹中下层社会主导的国会请愿运动争取国民参政权利,推进宪政进程。

首先,配合国会请愿运动,刊载朝野"速开国会"请愿书,发表论说以示支持。1910年1月,各省谘议局代表33人组成国会请愿代表团进京,以直隶代表孙洪伊领衔的国会请愿代表向都察院呈递联名国会请愿书,"期以一年之内召集国会",清廷以速开国会恐致纷扰为由拒绝。孙洪伊等人迅速组织国会请愿同志会,一面宣传鼓动国民,一面向各督抚请愿,一面派代表进京请愿。1910年6月,以直隶、江苏代表为首的十多个国会请愿团体持20余万人签名的国会请愿书向都察院呈递,清政府仍以"宪政至繁""财政困难"为由再次拒绝。1910年9月,直隶、江苏、河南、四川等省先后举行千人集会游行,要求速开国会。清政府于11月4日宣布缩短预备立宪年限为5年,开始着手组织责

---

① 论政党[N].大公报,1908-04-28.
② 政党与选举之关系[N].大公报,1908-10-15.
③ 政党与选举之关系[N].大公报,1909-04-19.

任内阁。

国会请愿运动期间,英敛之主持的《大公报》积极报道,在"专件""要件"栏刊载国会请愿代表团的国会请愿书,还以"代论"方式刊发国会请愿代表团的请愿意见书,可见英敛之对国会请愿活动的重视和支持。具体报道情况如下:

表3-3 《大公报》关于国会请愿运动的报道

日期(1910年)	专栏	名　称	主题内容
1月14、15日	专件	直隶宪政研究会致商法讨论会论速开国会书	速开国会
1月23、24、25日	要件	国会代表请愿书	速开国会
4月26至28、30日	要件	国会请愿同志会意见书	速开国会
5月1日至14日	要件	国会请愿同志会意见书	速开国会
6月12日	代论	政府对于国会代表之回答	庆王奕劻言:国会能否速开朝廷自有权衡,断非人民所得而要求之
6月14至22日	要件	汉口请愿速开国会记事	速开国会
6月21、22日		各直省谘议局议院代表第二次请愿国会书	速开国会
6月27至29日		各省政治团体国会请愿代表余德元等呈请都察院代表书	速开国会
6月30日至7月3日		各省商会国会请愿书代表沈懋招等呈代奏书	速开国会
7月9、10日	要件	江苏上海商务总会代表沈懋昭苏州国会代表杭祖良请速开国会书	速开国会
7月10日	言论	旗籍绅民国会请愿代表文耀直省绅民国会请愿代表李长生等呈请都察院代奏书	速开国会
7月12日		各团体国会请愿代表公上摄政王书、江苏教育会会请愿代表姚文枬等呈请都察院代奏书	速开国会
7月14日		直省教育会国会请愿代表雷奋等呈请都察院代奏书	速开国会

续 表

日期(1910 年)	专栏	名 称	主题内容
8 月 21 日		国会代表团评议会议决事件、福建省城国会请愿同志会开会略记	速开国会
10 月 11 日	代论	国会请愿代表上摄政王书	速开国会
10 月 14、15 日	代论	国会请愿代表孙洪伊等上资政院书	速开国会
10 月 25、26 日	代论	侨寓日本华商请开国会书	速开国会

除全文刊载国会请愿代表代奏书外,英敛之主持的《大公报》发表多篇支持国会请愿活动的言论,鼓励国会请愿一鼓作气,再接再厉。第一次国会请愿活动酝酿和发起时,《大公报》发表《要求速开国会之理由》(1909 年 12 月 24 日)、《朝廷立宪真伪之评决》(1910 年 1 月 16 日)、《论军人宜与闻国会请愿之事》(1910 年 1 月 18 日)、《倡办义捐以促开国会论》(1910 年 1 月 20 至 24 日)等论说为开国会造舆论声势,呼吁政府允准国会请愿代表的请求早开国会。第二次国会请愿运动爆发后,英敛之刊发了众多支持国会请愿人员的来稿。5 月 30、31 日,刊发"黄子康来稿"《敬告第二次请愿国会代表诸君》;6 月 27 日刊发"竹园"的演说文《忠告国会请愿诸代表》,呼吁请愿要不计成败,不计得失,认定宗旨,坚忍前进。6 月 30 日刊发"斯寄"的来稿《读二十一日上谕之感言》呼吁速开国会。7 月 5 日再次刊发"省庐"来稿《忠告国会代表》,忠告国会代表坚持不懈,进行第三次国会请愿。第三次国会请愿活动爆发前,英敛之便刊载了"省庐来稿"《第二次忠告国会代表》(1910 年 9 月 2 日),敦促实行第三次国会请愿;请愿运动爆发后,《大公报》10 月 19 日刊发论说《三次国会请愿之感言》,肯定国会请愿运动,指责政府不顾民意。

英敛之十分重视培养国民宪政常识。虽然开国会已成为广泛的社会风潮,但主要发起者和参与者仍是立宪派人士,普通民众宪政意识和国会常识仍旧缺乏。英敛之认为要成立宪国家必须培育立宪国民资格。《大公报》为此刊载了众多立宪国民常识。1910 年 7 月 9 日,《大公报》刊登《附登国民常识广告》,为志伊斋主人所著,旨在"灌输人民以普通之智识,渐进国家于富强之基础"的《国民常识》作推广宣传,认为"我同胞果能共相研究,与宪政进行大有裨补"[1],该广告连载多日。随后在《大公报》上连载《国民常识》一书中《救中国

---

① 附登国民常识广告[N].大公报,1910-07-09.

之亡》《人人贵有独立之思想》《新官制之将来》等文章。自 8 月 1 日至 9 月 9 日,《大公报》还连载了"沧江"的《中国国会制度私议》,为培育国民宪政思想肇基。

三、推动社会改革以适应"预备立宪"

国民文明程度一直是英敛之担心阻碍宪政的关键问题。民智不开,国民不具备宪政国民资格,宪政终究无法推行。为了能够尽快培育国民宪政思想,英敛之发起了"剪辫易服运动"、批评社会"保存国粹"的陈腐思想,为推行立宪创造条件。

(一)发起剪辫易服征文活动

清朝入关,强制汉人蓄辫,确立了等级森严的冠服制度。辫服作为清朝统治象征被赋予了强烈的政治意义,辫服制度变化实际意味着一场政治性变革。剪辫易服最早起始于康有为戊戌变法时向光绪帝的建议"服制虽细事,然最切于身。今新政行而大臣掣阻,儿戏王言,新政终无效。服制变,大臣褫魄,革面革心,一切新气象自然发现"[①]。中国若要变法中兴,"发尚武之风,趋尚同之俗","身先要断发易服"[②]。剪辫易服自此便被赋予了矢志革新的政治象征意义。万国交通的时代,"一切趋于尚通,而吾以一国衣服独异,则情意不亲,邦交不结矣"[③]。且外辱频仍,中国人长发细辫和满服成为中国人贫弱、屈辱的象征,剪辫易服还成为中国人变法雪耻的愿望。"在野改良派则将剪发易服作为改革的基石和开路先锋,并作为衡量清廷是否痛改前非、实心变法的标志。"[④]新政推行后,京津改良派积极推动清廷主动实行剪辫易服,为改革开辟道路。

因为英敛之时常翻阅《国闻报》等维新报纸,还于"1899 年 6 月在北京获

---

① 赵炳麟.赵柏岩集[M]//沈云龙.近代中国史料丛刊(第 303 号).台北:文海出版社,1966:511 - 512.
② 康有为.请断发易服改元折[M]//汤志钧.康有为集(上册).北京:中华书局,1981:368.
③ 康有为.请断发易服改元折[M]//汤志钧.康有为集(上册).北京:中华书局,1981:370.
④ 樊学庆.辫服风云:剪发易服与清季社会变革[M].北京:生活·读书·新知三联书店,2014:45.

得'康胶州奏稿一张'。11月间，英敛之连日'细阅'康有为奏折……总之，英敛之本人对剪辫易服的来龙去脉和在戊戌变法中的意义可能早有了解。这可能也是其为何选择通过宣传剪辫易服推动新政的一个原因"①。1902年底，《天津日日新闻》率先发布《论断发易服之大利益》，从四个方面阐述了断发易服的好处，率先突破自戊戌政变以来的辫服政治禁区，京津剪辫易服的舆论逐渐兴起。1903年1月14日，《大公报》广告栏登载"爱群社"的征文广告，征文题目为"剪辫易服说"。随后《大公报》对剪辫易服的报道逐渐增多。3月9日，《大公报》刊登"爱群社"启事，宣布征文活动结束，列出征文获奖名单，并于3月15日的头版刊登征文第一名朱志父的《剪辫易服说》，该文从进化论角度提出中国革新必须剪辫易服，并对辫服之变是"变形式而非精神""改易西装会丧失国粹""剪辫易服是变易祖制的大不敬"等观点逐一驳斥，勉励国人速行剪辫易服"孕伟大之体魄，奋尚武之精神"以与西人"共擎国旗，演大话剧于全世界之舞台"。② 这反映了英敛之提倡剪辫易服以形式之变促精神之变的宗旨。新政实行后，清廷辫服之禁虽有松动，但依然十分严厉，且张百熙刚因改装易服遭袁世凯弹劾。由于社会风气不开，虽然延长了征文期限③，并提高奖金额、增加备取名额以鼓励投稿，但参与此次征文者较少，最后评出的获奖者13人或许是全部投稿者。在南北社会中首开征文公开宣传剪辫易服，英敛之的"敢言"令人佩服。

　　日俄战争爆发后，清廷认为"练兵实为急务"，遂迅速整顿兵务加强新军训练④，新军服制问题开始提上日程。1904年9月，练兵处会同兵部以北洋军制为基础奏定陆军营制饷章。新军易服的消息传出后，《大公报》发表论说，认为清廷保留发辫是甘居于文明国之外，以野蛮人类自居，招外人嘲笑，呼吁将发辫毅然剪去以新万方之耳目，以振大众之精神，以示变法革新之决心。⑤ 虽然南北各报对于军队易服的消息和议论众说纷纭，但《大公报》明确提倡剪辫易服。

　　1905年，清廷正式颁布西式陆军服制。随着军队易服，学界易服开始松

---

① 樊学庆.辫服风云:剪发易服与清季社会变革[M].北京:生活·读书·新知三联书店,2014:74-75.
② 朱志父.剪辫易服说[N].大公报,1903-03-15.
③ 2月11日,征文截止日期将至,《大公报》又将征文截止日期延长至3月初.
④ 中国第一历史档案馆.光绪宣统两朝上谕档(第30册)[M].桂林:广西师范大学出版社,1996:67.
⑤ 说发辫[N].大公报,1904-08-25.

动。1905年6月,学堂服制大致厘定。清廷预备立宪前后,剪辫易服潮流在政治、经济、社会舆论等方面掀起新一轮高潮。"作为体制内改革派推行宪政的手段,剪发易服进入清廷预备立宪政策视野,清廷内部围绕这一问题展开激烈争论"①,英敛之又在《大公报》上发起剪辫易服征文活动以推动清政府剪辫易服,以剪辫易服之形式促清廷立宪改革之精神。五大臣出洋考察宪政归来后,清政府于1906年9月1日宣布仿行立宪。五大臣出洋前,考察随员中已有多人剪发易服,出洋时美国华侨亦掀起大规模剪辫行动,留学生亦上书载泽改易服色以平满汉畛域。②回国的考政大臣便奏请实行剪辫易服。载泽、端方等人在颁布预备立宪谕旨当天即联名上奏剪辫易服,但原折留中未发。③随后二人又再次上奏称舆论多质疑朝廷推行新政皆粉饰敷衍不肯振作,现预备立宪宜速改服制使臣民知朝廷改革之决心。英敛之再次发起剪辫易服征文活动,提倡剪辫易服以"为立宪之先声",振剪辫易服之形式,以为培育革新之精神,"力图借剪发易服为宪政改革开辟道路"。④

1906年7月27日,《大公报》报首刊载征文告白《剪辫易服议》,指出"中国之发辫有百害而无一利……见诮于列邦,窒碍于全体",讥讽执政诸公于发辫尚不敢建言,"尚安望其痛除旧习,力布新猷乎",呼吁识时务之俊杰各抒痛切之论以唤醒舆论,"振尚武之精神",培育"立宪之先声"。⑤8月20日,《大公报》开始陆续刊登获奖征文,连续登载的于天泽、沈鄂、湘乡季子、王采五和张兆荫等人的文章,其中获得一等奖的于天泽指出:"今五大臣出洋考察立宪回国以颁新政",此正剪辫易服以图富强的大好时机,剪发易服为"今日宜断宜决宜速行而为立宪政体之发光点者",明确指出剪发易服之利在于"振国民之精神""息列邦之窥伺"。⑥英敛之通过征文明确传达了希望清廷顺应民心,以和平渐进方式推行剪辫易服,振起国民精神,为宪政改革奠基的愿望。

此时,载泽等人奏请剪辫易服受挫的传闻在社会上广为流传,英敛之虽然失望,但仍于10月6日开始连续登载五天征文告白,随后刊载署名"效灵"的

---

① 樊学庆.辫服风云:剪发易服与清季社会变革[M].北京:生活·读书·新知三联书店,2014:164.

② 留法学生上出洋大臣书[N].时报,1906-06-20.

③ 天津专电[N].中外日报,1906-09-05.

④ 樊学庆.辫服风云:剪发易服与清季社会变革[M].北京:生活·读书·新知三联书店,2014:178-179..

⑤ 剪辫易服议[N].大公报,1906-07-27.

⑥ 于天泽.剪发易服议[N].大公报,1906-08-21.

论说,对清廷只准军人易服不准剪辫的做法进行讥讽,强调消除立宪的障碍,改变"顽固之头脑""非剪发易服不为功"。10月29日,英敛之再次发起征文告白,连登六天,从10月31日其开始连载征文,就剪辫一事对清廷展开批评。11月4日,征文连载完毕,英敛之发起的历时三个多月的剪发易服征文活动结束。一周后,《大公报》发表论说《恭读改定官制谕旨谨注》,指责清廷宣布立宪后的新政"不特于实行立宪相去甚远,至诚一反比例"。英敛之发起的"剪辫衣服"征文活动得到众多读者和民众响应,对于改变国民陈腐的发辫服饰观念,振起国民尚武精神和革新精神起到了积极的促进作用。

(二) 反对保存国粹思潮

庚子事变后,清廷意识到非改弦更张不可救国,于是练兵、开矿、废科举、立学堂……新政逐渐推行。虽然科举在1905年已废除,但作为清廷"三纲五常"政教代表的经学仍大行其道。光绪二十九年(1903),张之洞和管学大臣张百熙等奉旨拟定《钦定学堂章程》,《学务纲要》中提出设立通儒院,提倡尊经复古,且"中小学堂宜注重读经以存圣教"。1905年9月2日,张之洞、袁世凯、赵尔巽联衔会奏"请废科举折"。其中张之洞仍强调:

> 今学堂奏定章程,首以经学根柢为重。小学中学,均限定读经讲经温经善刻,不准减少;计中学毕业,共需读过十经,并通大义。而大学堂、通儒院更设有经学专科……盖于保存国粹,尤为兢兢。

他们之所以这样做是因为担心停罢科举后会出现"士人竞谈西学,中学将无人肯讲"的局面,便试图通过强调"无论何等学堂,俱以忠孝为本,以中国经史之学为基"[①]来"缓解废除科举制度将会给中国传统纲常名教带来的颠覆性冲击",希冀以此保存国粹延续中学命脉。士人弃儒学就西学的风潮日盛,张之洞便创办"存古学堂"保存儒学。1906年,他在湖北首创存古学堂,翌年又奏请各省仿建。在《创立存古学堂折》中表示,"中国圣经贤传"等中国"国粹"绝不能"听其衰微,渐归泯灭",而应"保爱护持"以"延正学而固邦基"。[②]

[①] 张之洞.请试办递减科举折[M]//张文襄公全集·奏议六十一.台北:文海出版社,1963:143.

[②] 张之洞.创立存古学堂折[M]//张文襄公全集·奏议六十八.台北:文海出版社,1963:167.

张之洞"仿西法为主""以中学治身心,以西学应世事"这种汇通中西的教育改革理念在现在看来是具有价值的,但在当时急于求新求变的知识分子眼中便显得冥顽不化、不合时宜。英敛之倡导"挹彼欧西学术,启我同胞聪明",认为名教礼仪、三纲五常禁锢人心空谈无补,于是大加挞伐。1906 年 6 月 1 日,《大公报》发表言论《论官场保存国粹之热心》批评官场中某省大吏、顺德某太守等人倡言保存国粹。7 月 6 至 8 日,《大公报》连载英敛之撰写的《论保存国粹》一文,对"今日保存国粹之说政府倡之于上,士夫和之于下,举国皇皇,众口一词"的状况提出批评,认为"世易时移,新理代除",抱残守缺、泥古不化已不足以"与二十世纪列强竞胜于天演旋涡中"。保存国粹非曰不可,但与列强争胜之际,"轻重缓急"应"各得其当"。1906 年英敛之又撰写《砭雅》一文指出,近数十年来中国迭经大辱、幡然变法之际旧学宿竭力提倡保存国粹,然而"赋诗退房、撰文送穷……何一有补于人事何一能救夫危亡",再次强调"事有轻重,时别先后,倘急其所缓,重其所轻,必见蚀于今日之优强种族"。① 从上述两篇文章可以看出,英敛之并非反对保存国学,只是他认为当下更重要的是学习西方政教科技,自强保种。

1907 年,革命党人徐锡麟行刺皖抚之后,朝野哗然。随着"排满革命之风潮日甚一日,当轴者遂谓风俗人心之坏由乎经学衰微,人情厌古喜新,袭外人之皮毛弃祖国之本实,惟有尊经尚孔亟以诗书道义范围而防闲之,庶犹足以挽弊而救偏"②,尊经复古、恢复科举、停办新学的言论日益喧嚣。1907 年 8 月 13 日,《大公报》"言论"栏发表来稿《论科举余孽》一文进行驳斥重兴科举的谬论,1907 年 8 月 14 日,《大公报》"言论"栏又发表了英敛之友人"翠微居士"撰写的论说《论某举人请都察院代奏禁女学感言》,反对守旧党停办女学的奏陈。8 月 16 日,《大公报》发表论说《读周侍读条陈学务书后》,指出"近来我国官场乱相迭承,何其臻于斯极也。既有某举人呈请严禁女学矣寝假,而周侍读条陈东西洋留学生均宜饬令归国矣、停止留学生考试矣、学堂内生徒宜令背诵四书五经极熟矣……",直呼"操政诸公因循敷衍模棱两可,安有转弱为强之望矣?"③。除发表外界来稿外,英敛之亲自撰写《名教功臣》一篇,讽刺前吏部侍郎长萃提出的"中国富强但剔除其积弊足矣,毋徒袭西法以取乱也"的想法"谬

---

① 英敛之.砭雅[M]//周萍萍.英敛之集(上).桂林:广西师范大学出版社,2013:343-345.
② 今日所为尊经复古果否能挽风俗正人心且徵其往效[N].大公报,1908-02-10.
③ 读周侍读条陈学务书后[N].大公报,1906-08-16.

执古义"是摧残国民生机、阻其进步。① 除此之外,英敛之又连写《孝悌探险录》《到底是气数不是呢》《不是气数是什么呢》三篇文章反对泥古不化,反对盲目遵守封建纲常。

在1908年2月9日"本报两千号征文广告",开列的议题中"今日所为尊经复古果能否挽风俗正人先且征其往效"赫然在列。1908年2月10日,《大公报》发表《论议立尊孔学堂之谬》一文,批评学部某某中堂定议于北京立一尊孔学堂一事,"叹我国政府之好整以暇且喜作无益以害有益之竟至于此极也",讽刺立尊孔学堂"不但于尊孔之实际绝不相关……而外增一似是而非之学堂遗神而取貌"。② 当日的《大公报二千号祝典增刊》同时刊登"阳羡长溪潘氏"的三等奖征文《今日所为尊经复古果否能挽风俗正人心且徵其往效》,强调列强环伺之时,尊经复古不能御辱致强,不但"于风俗人心毫无补裨"且"与夫培植人才、宏济艰难之宗旨大反"。此文正合英敛之心意,在文后附"本馆附志":"居今日而犹言尊经复古,何异夏裘冬葛,是本馆主持之宗旨也,作者能痛快言之不顾腐儒咋舌,令人倾佩。"③随后几日,《大公报》又接连刊登多篇《今日所为尊经复古果否能挽风俗正人心且徵其往效》的获奖征文,批判社会上不合时宜的尊经复古之说。

英敛之并非全然否决国学,他只是认为外辱内患之际提倡不能御辱且阻碍改革新机的尊经复古之说不合时宜。他肯定国学精华,反对阻碍中国发展的糟粕,并且提倡以正确的方法保存中国真正有价值的国粹。这从1908年10月25日《大公报》刊登的《论今日提倡文学之必要》一文中可见一斑。该文指出:"一国文学之盛衰关系于他种科学者至谓重要,未有文学不发达而他种科学能以独立进步者",而近年来考试留学及各学堂课程均偏重科学而轻视国文。国学日衰主要在于"讲求不得其法,适足以为新学之阻力而必不能使古学之复兴"。如若要提倡国学必须从以下两点入手:一是"设专门之一科以资研究",二是以"他种之科学以资补助",以杜绝国学人士肆口空谈之弊端。否定政府设立博学鸿词科与通儒院以提倡国学的方法,认为根本"不足以收揽人才

---

① 英敛之.名教功臣[M]//周萍萍.英敛之集(上).桂林:广西师范大学出版社,2013:470-471.
② 论议立尊孔学堂之谬[N].大公报,1908-02-10.
③ 阳羡长溪潘氏.今日所为尊经复古果否能挽风俗正人心且徵其往效[N].大公报,1908-02-10.

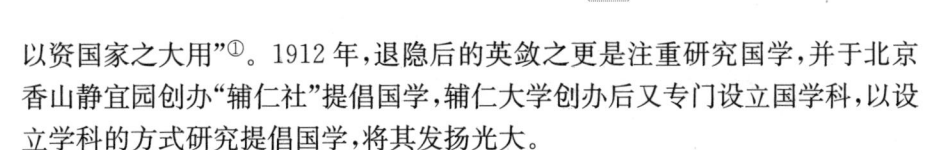

以资国家之大用"①。1912年,退隐后的英敛之更是注重研究国学,并于北京香山静宜园创办"辅仁社"提倡国学,辅仁大学创办后又专门设立国学科,以设立学科的方式研究提倡国学,将其发扬光大。

第三节　英敛之与清朝政府

　　君主立宪政体的两个核心,一个是"君主",一个是"立宪"。英敛之除呼吁立宪革新外,更试图构建清朝统治者勇于革新、仁政爱民的报刊形象,为清廷统治的合理、合法性进行鼓吹。通过英敛之对清朝统治者的报刊形象建构可以看到他对清王朝统治由寄予厚望到逐渐失望直至绝望的演变过程,充分反映了英敛之"哀其不幸怒其不争"却又想为之极力挽回的宗族情结和矛盾心理。英敛之对清政府的失望是一个逐渐演进的过程。预备立宪后的官制改革是英敛之对清廷彻底失望的开端;1907年至1908年的"丁未政潮"和"皖抚被刺"事件而衍生出的党祸株连等弊政是英敛之对清政府失望的继续;摄政王辅政后的亲贵专政是英敛之对清政府失望的高潮。眼看着祖宗基业毁于一旦,英敛之虽然失望但面对清王朝的麻痹、腐朽却又无可奈何。

　　英敛之的君主立宪思想带有"二元君主立宪"制的意味。英敛之提倡君主立宪是想要民权限制君主并辅助君权,而不是要完全"虚君",更不是要消除君权。英敛之理想中的政体即"在上有圣贤之君,在下有忠实之民"②。一方面,他希望皇帝能够开明果敢,广采民间舆论,以便制定和推行有效的政治决策,使得国家上下一心,国富民强。另一方面,受天演论思想的影响,英敛之一直强调政治体制改革要循序渐进,由专制而立宪,由立宪而共和,不可躐等。他认为,几千年封建专制统治,人民已经养成了顺从、依赖政府的心理,立宪国民程度不够。因此国政不可完全交于国民处理,必须由开明君主主持大政,君民共主。待民智发达、民德粹化、民力长进,政治才可不断演进。因此"明君"是英敛之君主立宪思想中最核心的问题。为了维护清廷的统治,英敛之极力宣扬清廷统治者的"明君"形象。

---

① 论今日提倡文学之必要[N].大公报,1908-10-25.
② 今日国民之感情何如[N].大公报,1908-11-19.

一、真诚称颂"英明果敢"的光绪帝

英敛之认为光绪帝毅然发动变法,英明果敢,是理想的"明君"的形象。《大公报》创刊后不久,英敛之便发表《论归政之利》,呼吁慈禧归政于光绪帝并力陈归政光绪帝的诸多利处。虽然呼吁并未奏效,但英敛之一直对这位敢于在内忧外患中发动戊戌变法的光绪帝称颂不已。这种情感集中体现在《大公报》每年在光绪帝万寿圣节时发表的庆祝文章与对各界庆祝光绪万寿圣节的消息报道上。

1902 年 7 月 27 日,"中外近事·本埠"栏以"一人有庆"为标题报道了"各段绅董会议于光绪皇帝万寿之日仿照各国文明仪节,无论铺户民居一律高挂龙旗同申祝贺,拟即会齐禀明假武员通饬举行云"的消息。1902 年 7 月 30 日,光绪帝 33 岁诞辰日,《大公报》报头刊发光绪万寿祝词:"大清国大皇帝一人有庆,万寿无疆,卢牟六合,亭育八荒。"中文祝词后附有日文祝词和法文祝词。紧随其后,刊发《万寿祝辞》称颂光绪帝"忠于国事",戊戌之际毅然革除弊政、变法自强,"其英断实超越乎汉之孝武,虽俄人之大彼得、日本之明治不是过也";极力称赞"我皇上孝于慈亲",信重外交,得列强之敬重;戡定义和团内乱,诏谕南方疆吏与列强订立东南互保合约,"使南方商民无匕首之惊"。文末直呼"我皇上之革故鼎新、顺时布政者三代下殆不可多得"可谓至极。祝辞结尾表明"伏愿我国臣民感激奋发,力洗旧染污俗,咸与维新",以为"我国否极泰来转弱为强之造端"①。

1902 年 8 月 1 日,《大公报》"中外近事·本埠"栏以"庆典志盛"为题记录了本埠商民庆祝光绪帝万寿的场景。此次聚会英敛之夫妇及友人方药雨夫妇、徐龄臣夫妇、杨荫齐夫妇皆到场。众人演说"勉励与会诸君宜合群力扶助皇帝复位,以顺民心"。英敛之及友人连梦青、徐龄臣、杨荫齐等人陆续演说,"或宣皇上仁孝之德,或悲皇上失权之由,或阐发国民之义务或宣扬忠爱之真诠",可见英敛之对光绪帝的推崇之至。8 月 2 日,《大公报》"来函"栏又刊登了上海商民庆祝皇上万寿圣节的情形。8 月 4 日,"译件"栏再次刊载《益闻西报》记录光绪万寿节天津商民庆祝情形。

1903 年 8 月 18 日,《大公报》报首刊登"恭贺大清国大皇帝万寿圣节一人有庆,万寿无疆,宪法早立,国祚绵长";"论说"栏刊发《本日庆贺万寿之感情》。

---

① 英敛之.万寿祝辞[N].大公报,1902-07-30.

1904年8月7日,报首刊登"恭贺大清国皇帝万寿圣节一人有庆,万寿无疆;卢牟六合,亭毒八荒"的报馆祝辞,发表论说《今上皇帝万寿祝辞》一文,"祝早亲政""祝速立宪""祝中国万岁",并最终提出"欲求国之富强必先保国之寿命;欲保国之寿命必自改立宪政治始,欲图改立宪政是必须皇上亲政而后可,果亲政矣,果立宪矣,其国乃可以存而不亡"。英敛之将中国能否立宪与光绪帝能否亲政联系起来,认为"皇上不亲政,虽曰变法,所改之事均属枝节,无补于大局",可见英敛之的君主立宪思想中"明君"的核心地位。随后的1904年、1905年、1906年,《大公报》均在光绪帝万寿圣节时在报首刊登万寿祝辞,并发表贺寿文章。这些贺寿文章均结合当年新政推行情形,提出宪政构想。可见英敛之称颂光绪帝的根本原因在于期冀光绪明君执政,实行宪政。

《大公报》称颂光绪帝的举措力度之大较其他报刊来说可谓绝无仅有。一方面是由于英敛之切望光绪当政、宪政实行,另一方面则体现出英敛之维护清廷的拳拳之心。英敛之切望宪政实行是为了富国强民,但其中也蕴含期望清王朝千秋万代的宗族情结。极力称颂光绪在于为清廷统治树立亲政爱民、革故鼎新的形象,使世人认可清廷,延续和维护清王朝的统治。

二、遵循前朝遗诏支持摄政王辅政

1908年11月16、17日,光绪帝、慈禧太后先后去世,载沣为摄政王辅佐朝政。英敛之迅即将《大公报》的言论重点放置在拥立新君、支持摄政王辅政上,维护清朝统治的正统性和合法性,巩固清朝政权。

1908年11月19日,《大公报》发表《今日国民之感情何如》,肯定光绪、慈禧颁布九年立宪之诏的政绩,仰遵遗旨,支持摄政王辅政:"君主国之立宪视乎人民之爱戴,尤视乎君上之清明。人存政举,人亡政息,自古有同。慨焉今幸也,嗣有冲幼,监国有人",摄政王之"英明果断,人望素孚",将来必能继承大行皇帝之遗愿"手成宪政,嘉惠吾民"。11月20日,发表《君主与国家之关系》,指出"统治之机关虽代有更迭而统治之主体则永久生存",批评"一二浅识之士"煽惑"使君主一旦有变则国家不得不与之俱变"的言论,指责该说"不合于立宪之原理",立宪国君亡而国不亡、政不亡;"圣君冲幼监国有人"属于新旧君主正常嬗递,劝国民不可轻信谣言①。11月23日,《大公报》再发言论《论举国无真感情之害》呼吁臣民勿沉溺于两宫崩逝之伤痛而日渐沉沦,不问政事。11

---

① 君主与国家之关系[N].大公报,1908-11-20.

月24、25日连载言论《立宪国摄政与监国之意义》,11月26日《恭拟大行太皇太后大行皇帝哀词》(江宁谢桂荣)、11月27日《恭读大行太皇天后遗诏谨注》等论说,肯定摄政王谨遵遗旨、监国摄政的合理性和合法性,以维护清王朝帝位禅更的稳定性。除《大公报》自行发表支持摄政王辅政的言论外,英敛之于12月24日和30日还分别转载外国人支持摄政王辅政的论说《论监国摄政王钤章军机大臣署名之制度》《摄政王之地位》,以证明摄政王辅政的合理性和合法性。同时强调,"醇亲王乃先皇帝之胞弟,今皇帝之亲父,以当监国摄政之任,与皇帝合为一体而掌全国至高之统治权则实至极允当,况醇亲王贤名素著,足胜监国之任,此所以国内外莫不欣慰仰望而毫无间然也"①。1909年1月4日,《大公报》再次刊载《论今日之朝局》等文,在称赞摄政王节俭的同时,肯定"摄政王政见之稳固""摄政王处事之明快""摄政王度量之宽宏"②。英敛之通过大量言论营造支持摄政王监国理政的强大舆论氛围,为完成清王朝最高统治权的和平过渡、维护清政权的稳定"鞠躬尽瘁"。

在肯定摄政王监国辅政的合理性和合法性之外,英敛之对摄政王的支持还体现在支持"摄政王开缺袁世凯"事件上。载沣摄政后便任用亲贵,集权于皇族,而当时权倾朝野的袁世凯是载沣最大的政敌。"虽然在慈禧太后去世前袁世凯已被解除直隶总督与北洋大臣的军政大权,仅任军机大臣兼外部尚书之职务,但他在北洋军中遍布党羽"③,首席军机大臣奕劻也"完全听袁的支配"④,因此,"实际上当时的军政大权已操诸袁世凯之手"。为避免大权旁落,载沣准备除去袁世凯,但"由于载沣生性懦弱无能,犹豫不决,便商之于朝廷大臣,遭到奕劻、那桐、张之洞的反对,最后只是于1910年1月以'足疾'令袁世凯'回籍养疴',解除其一切职务"⑤。袁世凯被开缺回籍,袁氏党羽十分不满,大造摄政王"扬满抑汉""推翻新政"的舆论,严重威胁摄政王辅政的稳定性。对此英敛之立即在《大公报》发表言论进行反击。1909年1月7、8日,《大公报》发表《论袁宫保开缺事》一文明确支持摄政王开缺袁世凯,驳斥袁党反对意见。1月10、11日再发论说《袁宫保开缺后之三大问题》,对袁世凯开缺后出现的

---

① 摄政王之地位[N].大公报,1908-12-30.
② 论今日之朝局[N].大公报,1909-01-04.
③ 张海鹏,李细珠.中国近代通史 第五卷:新政、立宪与辛亥革命(1901—1912)[M].南京:江苏人民出版社,2013:259.
④ 梁志安,张文惠.晚清宫廷生活见闻[M].北京:中国文史出版社,2000:79.
⑤ 张海鹏,李细珠.中国近代通史 第五卷:新政、立宪与辛亥革命(1901—1912)[M].南京:江苏人民出版社,2013:260.

"袁党与非袁党之争""满党与汉党之争""新党与旧党之争"等问题提出解决的方法,为摄政王维稳献言建策。1月16日,又刊论说《对于政府退袁宫保之确凭》一文,驳斥朝野上下认为新政乃袁世凯一力促成,罢黜袁世凯等同于"政府之有意掀翻新政"的说法,指出新政正在有序推进,主张"穷袁之罪究袁之恶,明正典刑"。自袁世凯被罢黜,那桐、铁良等重新被重用,扬满抑汉、弃新复旧、推翻新政之"谣诼大兴",一些报馆也"推波助澜"。英敛之于1909年2月12日在《大公报》发表论说《书某报铁尚书论后》,针对"项城罢政,那相继位,于是外交传言报章论说逐有将来尽用满人之疑"的言论批驳道:"朝廷用人不宜有满汉之分,吾辈论人尤不宜存满汉之见";"报馆之责任在主持公道",而报馆痛诋铁尚书"恐阅者不察,误以为别受意指,于报界声名大有关系",且这种报馆舆论"致开党派攻击之端,恐将来影响及于朝列",容易酿成"相疑相激溃败决裂之祸"。

摄政王辅政之初,亲贵一度表现出奋发作为的状态,使得英敛之对亲贵充满期待,因此,对于摄政王任用亲贵,英敛之此时并不反对。2月23日,《大公报》发表论说《论今日亲贵大臣之责任》指出,虽然"东西各国宪政无以亲贵而入政府者",但宪法尚未颁布,"则以亲贵而入政府于今日之政体既无妨碍,于将来之限制仍可进行,未见其有所不可也",并称赞亲贵整顿财政、裁汰冗员等事主持甚力,期望以后"关于宪政应行事宜""亲贵善自为之,勿贻他人以口实,斯可矣"。[①] 为完成光宣政权顺利交接,英敛之极力支持摄政王辅政,支持摄政王开缺袁世凯并认可摄政王任用亲贵,均表露出英敛之维护清廷稳固的"保清"政治倾向。英敛之支持摄政王辅政从根本上是对清廷皇族抱有奋发改良的幻想,期望清廷可以自振而强国,其中蕴含着较为浓郁的宗族情结。

三、失望于摄政王的辅政举措

摄政王辅政之初,下令举荐人才、推行仿行立宪,颇具有大事改革的阵势。但因其忠厚有余、才智不足,只好依仗权贵,导致亲贵专权,立宪无从推行,英敛之对摄政王的辅政举措逐渐失望。

(一)失望于摄政王主持下的亲贵专政

英敛之本来对摄政王政权抱有极大期望,希望摄政王能够秉承光绪帝遗志,推行宪政。让英敛之失望的是,摄政王任用亲贵,顶立宪之名行专制之实,

---

① 论今日亲贵大臣之责任[N].大公报,1909-02-23.

宪政改革每况愈下。英敛之痛心疾首之余,对"亲贵专政"提出猛烈抨击。

1909年9月30日,《大公报》发表言论《论专制力之膨胀》,指出"夫庶政公诸舆论,圣训早煌煌宣布",而国民稍一议论国事即被官吏"坐以莠言煽惑之罪名而禁锢之而罗织之",批判"朝廷日日言论立宪"而专制力却日益膨胀,亲贵日益专横。① 12月6日,《大公报》发表《家庭立宪》讽刺清廷的预备立宪不过是家族立宪,"恐宪政成立之后亦不过一家之福而已"②。随后,12月7日言论《摄政王一年以来之大政》、白话文《治世之能臣乱世之奸雄》,12月10日言论《今日政界之真相》,12月12日言论《论先皇手诏亟应宣布》,12月13日言论《论政府无立宪之能力》,12月14日言论《论贵族政体之害》《对于中国现势有感》,12月18日闲评《盲内政哑外交》,12月21日言论《南北谘议局之比较》《严惩贪官说》,闲评《橄榄型之财政界与葫芦形系外交界》,12月23日言论《对于摄政王关怀民隐之感言》等文章集中表达了对亲贵政治的失望和批判。

(二) 失望于清廷组建皇族内阁

1911年初,摄政王政权不顾舆论反对准备成立皇族内阁。英敛之目睹清政府在倒行逆施路上越走越远,痛心疾首之余开始刊发大量言论批判亲贵组建政党,规劝清政府放弃组建皇族内阁,接连发表1月24日言论《今年宪政之成绩》(无妄)、1月25日言论《庚戌年之大纪念》(梦幻)、2月4日言论《贺新年》(梦幻)、2月5日言论《预祝今年新内阁之成立》(梦幻)、3月22日言论《论亲贵组织政党》(无妄)、3月26日言论《再论资政院之大更动》(梦幻)等多篇反对皇族组建内阁的言论。

1911年5月8日,清政府授庆亲王奕劻为内阁总理大臣,组成"皇族内阁"。皇族内阁成立后随即颁布"铁路国有"政策,导致民怨沸腾,各地保路运动纷纷兴起。对此,英敛之在失望之余通过《大公报》对皇族内阁大加挞伐。1911年5月29日,"要闻"栏曝光了"铁路国有"政策是因内阁协理、邮传大臣盛宣怀预先运动、"通同蒙蔽",奏称保路运动"虽有少数人之鼓动抗拒,然尚无甚关碍"③朝廷才坚持初议收归国有。而5月30日朝廷颁发的"抗拒官收干路者从严承办,其有聚众滋扰者格杀勿论"的谕旨实际上又"实因阁臣一言"。④

---

① 论专制力之膨胀[N].大公报,1909-09-30.
② 家庭立宪[N].大公报,1909-12-06.
③ 某协理之通同蒙蔽[N].大公报,1911-05-29.
④ 要闻[N].大公报,1911-06-05.

6月上旬，各省谘议局联合会《关于亲贵不宜充任内阁总理之奏折》投递都察院代递。6月11、12日《大公报》刊发论说《朝廷应成全庆内阁之退志》支持谘议局的奏请；6月23日《大公报》又发表《鲁抚反对皇族内阁之卓识》一文，指出"皇族内阁以立宪之名行专制之实"，"皇族政治之阶级不破，立宪之真谛以为根本之取消"。① 7月15日《读庆内阁演说词有感》一文揭露皇族内阁"除搜括民财、剥夺民权纯用积极主义，收回国有、大借外债一以进取为之宗以外"，其他行政、宪政问题"徒恃纸片之粉饰"均不能积极推行，贻误国政民依。②

　　1911年8月，《大公报》"闲评"栏以幽默辛辣的短评讽刺新内阁政府。8月1日"闲评二"栏发表短评讥讽"近来政府对于各种社会无一不用取缔之法"；8月2日"闲评一"又讽刺政府"自改良官制以来实际上无丝毫之改革，只是把几个旧衙门的牌子换得五光十色，把几个老钻头的官衔闹得乱七八糟……"；8月8、9日"闲评一"栏讽刺政府组建的新内阁、新政府、新法制院、新军谘府等实则新瓶装旧酒，换汤不换药；8月20日"闲评一"栏发文讽刺，"政府敷衍新政之方法有四字诀曰从容筹议；政府保存旧政治方法亦有四字诀曰变通办理……有此无新非旧之政府遂以造成不新不旧之中国"。8月27日"闲评一"栏更是一针见血地讥讽道："内阁大臣职任重要，非皇族不得与焉；军谘府大臣职任重要，非皇族不得与焉……凡系职任重要者无一不用皇族……"全国各督抚等职何不尽用皇族，"就使弄坏不至于抱怨他人。"这些集中刊载的辛辣闲评犹如抨击皇族内阁的"匕首""投枪"痛快淋漓。

（三）失望于清廷四川保路事件的处理方式及结果

　　1911年5月，清政府铁路收归国有的消息传出后，鄂、湘两省民众首先发起抵制运动，四川随即跟进。1911年5月16日，川汉铁路董事局致电邮传部，恳求"俯顺民情"维持铁路商办，但并未得到允准。5月17日，《大公报》"言论"栏便刊发主笔唐梦幻的论说《论邮传部收回铁路之辣手》指责朝廷因借外债"将历年各省集股商办之干路尽数收回"，又"以不顾大局、故意扰乱路政、煽惑抵抗等词借上谕以压制之"，"非但不为民兴利，反欲与民争利"。③

　　川、鄂、粤、湘抗路运动日益激烈，但政府受盛宣怀和内阁大臣鼓动仍然要

---

① 鲁抚反对皇族内阁之卓识[N].大公报，1911-06-23.
② 读庆内阁演说词有感[N].大公报，1911-07-15.
③ 论邮传部收回铁路之辣手[N].大公报，1911-05-17.

求川鄂两督及湘抚晓谕绅民"抗拒官收干路者从严承办,其有聚众滋扰者格杀勿论"①。政府野蛮的收路政策使民众十分愤慨:"格杀勿论四字在专制时代止准施诸巨盗乱匪,乃立宪时代竟一施诸江苏饥民再施诸浙江饥民,今且施诸铁路股东,岂立宪国之对于饥民股东固当与巨盗乱匪一律看待乎",敬告政府"民犹水也官犹舟也……水能载舟亦能覆舟,万一激之过甚,怒涛骇浪席卷而来,薿薿枯槎不遭淹没者几希"。②"五月底,四川谘议局、川汉铁路公司、川汉铁路董事局相继呈文护理四川总督王人文,恳请代奏收回铁路国有成命"③,朝廷却发谕斥责商民修路亏空无效而王人文"竟率行代奏殊属不合","著传旨严行申饬"。④ 此后,保路运动愈激愈烈。

英敛之虽然对清政府的倒行逆施十分失望,却依然尽力为清政府挽回民心出谋划策。6月5、6日《大公报》"言论"栏刊发《论政府对待湘鄂等省争路之风潮》,在批评政府铁路国有政策致使"四省人民为山九仞功亏一篑"的同时,告诫政府国内"灾荒迭告"、革命党蠢动之际,"复以强迫收路之事",是不啻为"欲弭乱而速乱也"并为政府献上治标和治本的弭乱政策两则:治本之策在于"以强硬手段易为平和手段","俯顺民情奏请,收回成命或改为官督商办以促其成",而当下治标之策"惟有密饬各该督抚善言劝解不得妄施加压力,一面速颁谕旨"补偿商民损失,切勿"以强迫从事"致大局糜烂。由此可见,对于清政府,英敛之虽然怒其不争,但仍旧十分希望其能够力挽民心、巩固统治。

(四)失望于武昌起义后清廷起用袁世凯

清政府继续对四川保路运动以武力镇压。革命人士带领民众发起与四川总督赵尔丰的武力冲突,为推翻清王朝统治的武昌起义点燃了导火索。武昌起义爆发后,清政府派遣陆军大臣荫昌督师前往湖北剿办并由海军提督萨镇冰率兵轮赴援。但"荫昌督师,在当时已有点勉强,荫虽德国陆军学生,未曾经过战役"且"此项军队,均是北洋旧部,人人心目中只知有'我们袁宫保'"⑤,而"其时只有一个人可以应付时局,只有一个人能在与南方军对垒时可以使北方

---

① 从严对待抗收干路之由来[N].大公报,1911-05-31.
② 闲评一[N].大公报,1911-05-31.
③ 张海鹏,李细珠.中国近代通史 第五卷:新政、立宪与辛亥革命(1901—1912)[M].南京:江苏人民出版社,2013:3673.
④ 谕旨[N].大公报,1911-06-03.
⑤ 张国淦.辛亥革命史料[M].香港:大东图书公司,1980:108.

军队服从,这个人就是被贬的袁世凯"①。1911年10月14,袁世凯的同党庆亲王奕劻、军机大臣那桐、徐世昌等开始劝谏摄政王载沣起用被开缺回籍的袁世凯收拾残局。迫于无奈,清廷谕令袁世凯为湖广总督,负责剿办事宜。但袁并不为所动,称"足疾未愈"施行拖延。清廷派徐世昌亲劝出山,袁提出开国会实行立宪、开放党禁、组织责任内阁、宽容于事变党人、掌握水陆军权、给予充足军费②等六项条件方自出山。继武昌起义成功和湖北军政府建立后,湖南、陕西、江西等地纷纷宣布独立,其余各省也蠢蠢欲动。迫于形势,清廷同意袁世凯的要求,颁布谕旨,宽赦起义人员;清帝下罪己诏,开除党禁,实行宪政,组建完全内阁。

　　袁世凯任职直隶总督期间,曾在1905年《大公报》大力提倡"抵制美货"运动时下令禁邮、禁阅《大公报》,并使用卑劣手段挖走《大公报》主笔刘孟扬。英敛之本就对其痛恨不已,加之以强硬手段干预《大公报》倡导"抵制美货运动",英袁二人间的私仇公恨有加无已。摄政王辅政后袁世凯被开缺,英敛之欢欣鼓舞,曾在《大公报》发表多篇言论支持摄政王罢免袁世凯。而清廷又起用袁世凯,让英敛之十分失望。10月25日,《大公报》发表《对于政府之敦促岑袁制感言(选)》,认为政府用人"平时溺佛头,急时抱佛脚"并质疑袁世凯"果能受命? 果能戡乱? 果能不招外人干涉"。③ 11月6日,《大公报》再次发表闲评辛辣抨击袁世凯:"天发杀机龙蛇并起,于尸山血海之中涌出一旧店新招牌之人物焉曰袁世凯。武昌陷而袁世凯总督湖广;长沙陷而袁世凯钦差大臣,山陕陷而袁世凯总理内阁,是大清帝国之命运与袁世凯之命运适成一反例……袁真时会之骄儿哉……"④袁世凯出山后起用和安插亲信,朝廷成了袁家王朝。11月8日《大公报》"闲评二"栏一针见血地抨击"袁世凯一出而赵秉钧署民政大臣矣,唐绍怡(仪)补邮传大臣矣……凡系袁之旧人如段芝贵等皆有一人成仙鸡犬皆升之概……如果确实则是由皇族内阁进而为袁世凯内阁矣,此之谓完全内阁"⑤。对袁世凯的抨击反映出英敛之此时对清廷的失望,但却又无可奈何,此时放眼朝野,唯有袁世凯能够与革命军对抗,这一定程度上显示出文人

---

① 埃德温·丁格尔.辛亥革命目击记:《大陆报》特派员的现场报道[M].陈红民,等译.北京:中国青年出版社,2002:156.
② 蔡寄鸥.鄂州血史[M].上海:龙门联合书局,1958:124.
③ 对于政府之敦促岑袁制感言(选)[N].大公报,1911-10-25.
④ 闲评二[N].大公报,1911-11-06.
⑤ 闲评二[N].大公报,1911-11-08.

论政的无力感。

1911年12月6日,在袁世凯的压力之下,清廷被迫下诏谕令监国摄政王载沣退归藩邸,不再辅政。英敛之对摄政王的态度和评价集中在1911年12月8日《大公报》发表的论说《监国摄政王退位箴言》一文中。该文虽然认为摄政王"优柔寡断,为十数亲贵所钳制,为三五权奸所玩弄"酿成武昌起义之乱,祸国殃民,但仍旧肯定了摄政王"居摄政大位以来兢兢业业,日昃不遑",只可惜"德有余而才不足,为人用而不善用人",但"一旦幡然悔悟,躬自引咎……较诸怙过不悛,揽权自恣者,其贤不诚远"。①将祸乱主要责任归结于亲贵权臣当道,反映了英敛之维护清廷统治者之意。不过,英敛之对清廷统治者的失望是显而易见的,先帝"谆谆以监国之重任、摄政之大权委之于王……尔时立宪之诏已颁,民权之基已建,王既手握大权,缪承前烈,乘国民请愿之时,慨然俯纳众议,立开国会,协订宪法",但摄政王优柔寡断被权贵架空,"明知误国殃民,而以畏祸徇情之故,不得不违心出之;名为摄政,而大权之旁落"。这种失望之情伴着惋惜之意,体现出英敛之对清廷的眷恋和爱莫能助。

四、默认隆裕太后降"退位"旨以保全国家

辛亥起义爆发后,各省纷纷宣布独立,清王朝统治已摇摇欲坠。清政府和革命党人开始进行和谈。革命党人坚持民主共和政体,要求宣统帝退位。摄政王退居宅邸之后,隆裕太后成为清廷的实际主政者,但隆裕太后对于和战问题十分倚重袁世凯,"因处于深宫不晓外间情形,万难邃决大计"②。1912年1月初,袁世凯以革命党人坚持共和政体绝不罢休、各省已纷纷独立、清政府财政空虚、不堪一战等为由不断游说隆裕太后同意宣统帝下诏退位。清廷此时已是穷途末路,在袁世凯的运动下,隆裕太后同意宣统帝退位并劝谕反对共和政体的亲贵大臣不要妄生枝节。英敛之此时明白清王朝已无力回天,但其仍着重宣扬了隆裕太后、清宣统帝顾全大局,退位以保中国和平统一的"慷慨大义"。

1912年1月6日,《大公报》以"皇太后面谕各亲贵""皇太后再颁内币之详志"为标题报道了隆裕太后面谕清廷亲贵毁家纾难、颁发内币资助军饷的消息;同时以"皇上不愿停止进讲"为标题报道了宣统帝"奋志读书"的情形。此

---

① 监国摄政王退位箴言[N].大公报,1911-12-08.
② 慈宫倚重袁世凯[N].大公报,1912-01-17.

后,《大公报》大量报道了"皇太后怜念八旗孤寡"(1月7日)、"深宫廑念疾苦商民"(1月8日)、"深宫体念穷黎"(1月19日)、"皇太后允再颁内币"以备军需(1月24日)的消息。1月15日,双方停战再延期半月,此间袁世凯加紧游说隆裕太后令清廷同意清帝退位。此时《大公报》着重报道了隆裕太后因为体恤国民而同意宣统帝退位的消息。1月25日《大公报》"要闻"栏以"皇太后始终注重国民"为标题阐述了隆裕太后同意承认共和的缘由:"予之主持共和实为顾全大局,不忍商民涂炭起见,倘能保卫宗舍与皇室之安全,是为予之所至望,否则予即为国殉身亦所不计。"①在袁世凯的蒙蔽下,对于蒙古王公和亲贵中力主与革命党人背水一战者,隆裕太后竟多方规劝。1月27日,"慈宫传谕蒙古王公","对于此次和议务须平心静气以待解决,万勿拘执己见,多所争执,致使中国无和平之日云云"②;2月初,皇太后又召开御前会议公决大计,肃亲王等亲贵多数皆认为大局糜烂,"除将所有紧要问题委任袁世凯俟其办理外别无良策可施,闻各王公均皆唯诺,慈宫亦有不得已允准之意"③,至此,清廷已大致决定允认退位。2月5日,《大公报》"要闻"栏报道了隆裕太后颁布密旨,"授袁为全权大臣,与民军妥订优待条件"。随后,皇帝退位谕旨拟妥,优待皇室条件也逐渐商定。2月7日,《大公报》"要闻"栏以"退政懿旨已交内阁"为标题报道了皇太后"俯顺舆情","不忍以一家一姓之尊荣而使天下涂炭,着派袁世凯为全权大臣"与民军商定退位条件,并刊发了优待皇室条件全文。同日"北京"栏报道了"皇太后渴望和平""皇太后劝慰各亲贵"并颁布电召因不满清帝退位而出京的亲贵回京于清帝退位协议上签字。

此时的英敛之知道清廷已无力回天,于是逐渐赞成南北早日和议以避免双方决裂招致列强瓜分。2月12日《大公报》"闲评一"栏发表主笔唐梦幻撰写的短评,针对东三省人民反对共和的不满情绪,指出"吾深愿政府顾全大局,勿轻弃东三省土地人民也,吾尤深愿东三省同胞仰体慈意,勿破坏共和将成之局也",认为"虚君共和若能办到,于宪法十九信条所差无几",劝诫东北人民勿"执一不化"。④ 2月12日,清帝宣布退位,次日《大公报》在"谕旨"栏全文刊载了清帝退位谕旨。当天,唐梦幻发表《辛亥年回顾录》一文,指出:南北议和辗转多日,"政府知非改建共和不足以挽回人心、保全国

---

① 要闻[N].大公报,1912-01-25.
② 北京[N].大公报,1912-01-27.
③ 要闻[N].大公报,1912-02-01.
④ 闲评一[N].大公报,1912-02-12.

土,皇太后亦力顾大局,不忍以一姓之尊荣陷生灵于涂炭,慨然允行虚君共和国体,以政权让之国民","今年为专制共和过渡之年","兹当本报年假之期,适值宣布共和之日,敬援笔而为之颂曰辛亥年万岁,新中国万岁"。[1] 唐梦幻作为《大公报》的主笔,其言论思想可谓是英敛之政治态度的代表和体现,这两篇论说说明英敛之已默认了隆裕太后顾全大局、允许清帝退位的现实。"顾全大局""保全国土"、使国民免受"生灵涂炭"等一定程度上可以反映出英敛之默认共和的原因——"牺牲清廷"以"保全国家",这体现了其浓郁的爱国情怀。

但英敛之的"忠君"立场并未改变,这从《大公报》对忠于清廷、毁家纾难的世伯轩太保的多次赞誉中可见一斑。辛亥革命后,清廷为筹集军费发起爱国公债并晓谕亲贵劝捐。亲贵中不少人对此不予支持,《大公报》多次报道世太保变卖房产、珠宝助捐的情形,且1月26日"北京"栏以"世太保之孤忠"为标题报道了世太保不但慷慨捐款且"尤以保卫圣躬仔肩基重、每日于宫中当值"的情形。这一细节既显示出《大公报》对于"忠君"之臣的肯定,也一定程度上显示了英敛之的"忠君"立场。

本章小结

报人是生活在具体的社会环境中的,其思想、行为"可以被政治、法律乃至种族、性别、宗教束缚"[2]。英敛之是爱国的,甲午中日战争、庚子事变、辛丑条约……累累的国家之殇让身在其中的英敛之多次体会到了国将不国的伤痛,也激发了其为振兴国家而奔走的决心。他遍寻儒释道,最终选择天主教的根本目的就在于寻找一条救国救民之路。受知识分子的阶级性和社会环境、成长经历的影响,英敛之认为"革新"(政治改革)和"革心"(开智化俗)是救国的关键。于是他一方面呼吁推行新政,另一方面呼吁开智化俗为新政奠基。"欲拯垂亡之国家不可不先改造无责任之政府",透过英敛之在清末新政和预备立宪过程发表的言论、举办的征文活动和各类报刊活动可以窥见,英敛之一切立宪宣传和呼吁均是为了实现"拯垂亡之国家",这是其办报活动的根本和旨归。

---

[1] 辛亥年回顾录[N].大公报,1912-02-13.
[2] 许纪霖.20世纪中国知识分子史论[M].北京:新星出版社,2005:5.

英敛之在清廷推行新政和仿行立宪等清王朝最后十年的政治改革中一直尽心尽力地充当建言者、呼吁者、报道者、支持者和批评者、劝谏者。从新政推行时为改善政治生态环境而呼吁开官智、调和新旧两党、批评官场陋习，到日俄战争中发起征文活动呼吁清廷立宪、催促五大臣出国考察宪政以消弭革命，再到清廷宣布仿行立宪后的建议解除党禁、宽赦党人、批评内官改制弊端、呼吁速开国会助力外交；进而到发起剪辫易服运动促成立宪国民形式以振起国民立宪精神、反对保存国粹以力促学习西方大力革新……英敛之为清政府的自我革新作出了巨大的言论努力。受儒家思想"忠君爱国"和"修齐治平"思想的影响，对于英敛之来说，"忠君"就是"爱国"，无权无势的他怀抱一腔爱国热情，希冀通过"言论救国"的方式洗涤国人思想，改革腐败政治，推行君主立宪政体以富国强民。我们从中可以觉察到英敛之浓郁且迫切的救国爱国之情。

英敛之满族旗人的出身使其拥有强烈的宗族情结，这一宗族情结令英敛之一直为延续清王朝统治而努力，也影响了其政治立场和态度——推行君主立宪。清末危亡时局刺激下，英敛之意识到了变革政治体制的重要性和必要性，但受清末民智昏蒙等客观条件的影响，更由于其与清廷千丝万缕的联系，英敛之在政体改革中一直主张君主立宪政体。他期冀清政府能够采用西方的君主立宪政体，在保存君主的前提下实现国民参政议政，使得上下一心、国力蒸蒸日上。在日本的君主立宪政体中，皇帝拥有绝对的实权同时给予国民参政议政权，是英敛之心目中最理想的既能"保国权"又可"保清廷"的不二政体选择。也正因这一考量，英敛之一度和日本领事关系亲近，并在日本领事的邀请下赴日本考察宪政，这清晰地展现了英敛之在晚清动荡的历史时局中为既保存国家又延续清廷统治而贡献心力的报人形象。

为了促使清廷加速政治变革，英敛之以《大公报》为"武器"，主动参与并积极领导国内的爱国运动，以爱国运动刺激清政府改革，又以清政府的改革举措进一步激起国民爱国心，试图以报纸舆论的力量引导清政府和国民这改革力量的双方。清廷在日俄战争的刺激和朝野呼吁下宣布预备立宪后，英敛之对清廷改革充满信心，但随着清廷"假立宪"面目的曝光，英敛之对清廷的态度逐渐由力挺转为失望，将政体改革的期望由"责望政府"逐渐转为"责望国民"，借助《大公报》大力宣扬民间发起的预备立宪活动、国会请愿运动。政治改革与清廷逐渐分离的过程也是英敛之从传统的"忠君爱国"的士人知识分子转向现代独立报人的过程。但是由于英敛之与清廷统治者氏族情感上的纠葛难分，这一转化过程并不彻底，并在辛亥革命爆发、清廷被迫实行宪政后出现态度回转——继续以《大公报》为媒介平台，为挽回清廷统治作最后的呐喊。即使是在袁世凯逼迫清帝退位之时,英敛之仍突出隆裕太后体恤民情、为免生灵涂炭和保存国家而同意宣统帝退位的民族大义。作为满族后裔,英敛之希望清王朝可以通过政体改革收复民心,稳固统治,纵览英敛之自创刊到辛亥革命前的新闻活动历程可以发现,《大公报》犹如一幅清廷政治改革演进图,淋漓尽致地展现了清廷新政改革的进程、得失、前景,也可窥视到英敛之渴望清廷通过自我改良而振起祖宗基业、重拾皇朝雄风的宗族情绪和期望。

但需要指出的是,不能因为英敛之"保清廷"的宗族情结而忽略英敛之的爱国底色。爱国是英敛之一生最显著的形象特征。"拒俄运动"、"抵制美货运动"、四川保路运动……在涉及国家利益的重大事件中,英敛之均将国家利益放在第一位,哪怕触当道之怒、得罪朝廷开罪权贵也在所不惜;英敛之曾因为赞成"仿日立宪"而一度和日本在华人员关系亲近,但在日本胁迫清政府让渡国家权益时,英敛之照旧在《大公报》抨击揭露日本的侵略野心并呼吁国民自强救国;多次发起赈灾义捐、隐退之后创办公益女学,英敛之用自己的一生践行了"忘己之为大,无私之为公"的"大公"精神和爱国情怀。

第五章　英敛之与辛亥革命

英敛之虽然一直为清朝统治呕心沥血,但清政府却已"老态龙钟""充耳不闻",致使英敛之对清朝统治一再失望。然而当辛亥首义爆发,清朝政权岌岌可危的时候,英敛之又奋起为维护清朝统治进行最后的挣扎。尤其是当清政府宣布实行宪政与民更始、开除党禁、组建责任内阁、同意国民协赞宪法并颁布《宪法重信十九信条》等一系列措施后,多年的立宪呐喊似乎一朝实现,英敛之欢欣鼓舞之余又开始全力为维护清廷统治进行最后一搏。不过,英敛之虽然具有浓郁的宗族情结,期冀清廷能够改革自新,拯救国家于危亡,但当清政府与革命军拉锯战导致虚耗国力、列强虎视眈眈危及国家安全时,英敛之最终选择"保清廷"让位于"保国家",宗族情结让位于爱国情愫,爱国报人形象跃然纸上。

第一节　三重势力与辛亥革命

辛亥革命爆发并迅速席卷整个中国,最终推翻清王朝统治,是内外多重势力在革命形势迅猛发展的情况下交互作用的结果。革命党、立宪派和西方列强这三种政治力量共同作用,影响了辛亥革命的最终走向。

一、资产阶级革命党人与辛亥革命

辛亥革命爆发的最主要动力是孙中山领导的资产阶级革命党人多年的积累、谋划和布局。四川保路运动是辛亥革命爆发的导火索。清政府命令端方带兵进川剿办川民变乱的谕旨使川民十分惊恐,派保路代表与川督赵尔丰商榷,不料赵尔丰下令逮捕川民代表、枪杀川民,四川保路运动爆发。随后,革命党人发动武昌起义。武昌起义成功后,革命军建立湖北军政府,推举黎元洪为湖北军政府总督并迅速采取措施维持经济秩序和社会治安,免致革命运动遭列强干涉。随后,全国十多个省陆续光复。

列强为维护在中国的既得利益,又暗中支持和协助袁世凯策划南北双方和谈。12月初,交战双方在武汉签订停战协议,英国代总领事作为中间人在协议上正式签字。12月20日,南北议和在上海举行。南北和谈中,革命军坚持民主共和政体毫不松懈,并在和议期间抓住时机成立中华民国,选举孙中山为民国临时大总统。这一举动使得全国革命士气大振,革命思想深入人心并给清王朝以巨大的打击。中华民国的成立使得打算胁迫革命军赞成君主立宪政体的袁世凯和西方列强瞬间陷入被动局面。

为更快地推举利益代言人袁世凯上台,列强被迫承认民主共和政体。革命党人顺利实现了在中国实行共和政体的政治愿望,同时迫使袁世凯加紧谋划和逼迫清帝退位。

革命党人对辛亥革命的发起、引导和持续推进,不但使得列强和袁世凯作出让步,也使得原本处于观望态度的立宪派和封建官僚纷纷反水。辛亥革命取得成功,革命党人的不懈努力和人民群众的纷纷响应是根本原因。辛亥革命爆发前,全国经济凋敝、民生困顿、工人失业,加之水灾、风灾,数百万灾民流离失所,饥民暴动到处发生,湘鄂川等地保路运动中清政府的铁血手段更使得百姓怨声载道。因此革命党人登高一呼,全国各界群起响应。革命党人的努力推动着辛亥革命不断向纵深发展,最终彻底推翻了清王朝的统治,创建了民主共和国家。

二、立宪派与辛亥革命

在革命形势推动下,武昌起义后的立宪派发生分化,立宪派人士纷纷倒向革命阵营。究其根本原因,在于清政府的倒行逆施使得立宪派十分失望。正如梁启超在1906年所说:"革命党何以生?生于政治腐败",而"现政府者,制造革命党之一大工场也"[①]。清政府自宣布仿行立宪开始便借立宪之名行专制之实,宣布预备立宪长达9年,至1917年才召开国会,立宪派人士为此发起国会请愿运动,要求1911年速开国会,实行宪政。第三次请愿后,清政府除同意提前至1913年召开国会外,严谕不许立宪派再请愿并将请愿代表发配到新

---

① 梁启超.饮冰室合集[M].北京:中华书局,1989:45-46.

疆以儆效尤。1911年5月,皇族内阁成立更使舆论哗然。第二届各省谘议局联合会呈请都察院代奏关于推翻皇族内阁的议案,清政府竟不予理会。非但如此,清政府还强制把四川请愿代表、四川谘议局议长蒲殿俊押解回籍,蒲氏心灰意冷之余告诫湖南立宪派人士"国内政治,已无可为……吾人欲救中国,舍革命无他法,我川人已有相当准备,望联络各省,共策进行"①。湖南立宪派也因此加紧准备,同革命党人焦达峰、陈作新联系,达成共识,"定期召集党徒会议,共策进行"②。这才出现了武昌起义打响之后立宪派人士纷纷响应的局面。

　　最早实行倒戈的是湖北谘议议长汤化龙和全体议员。1911年10月中旬,湖北谘议局发出《致各省谘议局》电,号召全国谘议局"和平独立"。③ 紧随其后,谭延闿在湖南提出"文明革命"相呼应,规劝巡防营统领黄忠浩和巡抚余诚格"革命"。1911年11月1日夜,立宪派人士沈缦云、李平书与革命党人陈其美密议上海和苏州光复④,11月4日上海"光复"。上海光复后,革命派组织敢死队准备向苏州进发,随后,张謇支持程德全组建江浙联军光复南京。正如张謇所说:"江浙之独立,乃被动而非主动,目的只在不遭战争。"⑤他在武昌起义后一个月曾对人表明心迹:"若多一日踌躇,则多一日糜烂。外人起而干涉,瓜分之祸,即在目前。"⑥江苏独立对革命形势影响重大,它不但有效支援了上海和武汉的革命军,稳定了因汉口失守引起的动荡局面,而且带动了山西、江西、贵州、广西、安徽、广东、福建等地接连宣告独立。

　　立宪派和革命派的合流形成了推翻清王朝的巨大声势,加速了清王朝的灭亡。

三、西方列强与辛亥革命

　　辛亥革命爆发后,西方列强本想帮助清政府剿平内乱,以维护"洋人朝

---

① 粟勘时,等.湖南反正追记[M].长沙:湖南人民出版社,1981:4.
② 粟勘时,等.湖南反正追记[M].长沙:湖南人民出版社,1981:6.
③ 张国淦.辛亥革命史料[M].上海:龙门联合书局,1958:101.
④ 上海社会科学院历史研究所.辛亥革命在上海史料选辑[M].上海:上海人民出版社,1981:72.
⑤ 刘厚生.张謇传记[M].上海:龙门联合书局,1958:1.
⑥ 张謇.致张绍曾函[M]//李明勋,尤世玮.张謇全集(第2册).上海:上海辞书出版社,2012:285.

廷"和在华既得利益。汉口列强领事团还正式开会讨论武力干涉的问题。由于革命势力占明显优势,而军政府公开照会领事团宣布"各国利益一律承认",加之当时列强均在加紧筹备第一次世界大战而无暇东顾,而长江流域又恰是英国的"势力范围",出于保护长江流域经济利益的考虑,英国强烈反对武力干涉。这些因素使列强不敢也不必出兵干涉,所以采取中立政策以观望革命发展。

列强并非诚心赞成中国实现民主共和,因为真正的民主制度对列强在中国的侵略和掠夺是不利的。因此,议和之初列强公开表示支持中国采取君主立宪制度。随着革命形势席卷全国,西方列强担心清政府被推翻后不能重新建立一个为列强左右的政府,因此将希望转移到亲近西方列强的袁世凯身上,尤其是美国和英国明确表示支持"袁世凯的东山再起"。[①] 加上袁世凯在清朝新军中有很大势力,有钳制革命军的实力,因此,辛亥革命爆发后,列强便积极怂恿清政府请袁世凯出山组织责任内阁,作为朝廷的顾问兼皇权执行者。11月13日,袁世凯进京组阁,列强为帮助袁世凯掌权,打着"中立"的幌子以武力威胁为后盾来钳制革命势力的发展,迫使革命党人考虑南北议和。

袁世凯组建内阁后,革命形势依旧如火如荼。列强意识到,若不立即采取措施,"清王朝将整个被推翻"。在列强的支持下,袁世凯也力争采纳君主立宪政体,与此同时,中华民国在南京宣告成立。为了窃取胜利果实,袁世凯和列强只能委曲求全答应赞同共和政体,但前提是袁世凯出任民国大总统。列强此举是想通过帮助袁世凯坐上新政府总统宝座,实现不动干戈而控制新政府的目的。1912年孙中山就任临时大总统后,袁世凯立即以和谈决裂、重新开战来威胁革命军,帝国主义报纸也大力攻击革命军。此后,西方列强和袁世凯联合施压清廷权贵支持共和政体,逼迫清帝退位。内外夹击,清帝被迫于1912年2月12日下诏退位;13日,孙中山宣布辞去中华民国临时大总统;15日,袁世凯当选为中华民国临时大总统。

列强为维护自身在华利益采取措施逼迫清廷退位,推举袁世凯为中华民国临时大总统,扼杀了辛亥革命,极大地影响了辛亥革命后近代中国的政治走向。

---

① 袁世凯一直借英美的势力钳制日俄在东三省的势力,因此日俄并不赞成起用袁世凯。但大势所趋,只能妥协。

第二节 英敛之与辛亥首义

1911年10月10日,武昌起义爆发,革命党人开启了埋葬清王朝的征程。武昌起义爆发前,轰轰烈烈的川湘鄂保路运动虽在清政府强力镇压下逐渐停息,但四川保路运动最终由立宪派主导下的"文明抗路"走向革命党动员组织下的"群众暴动"。英敛之目睹清王朝于四川保路运动中的腐败无能与倒行逆施,对把持朝政的皇族内阁极其不满,对被阁臣蒙蔽、软弱无能的摄政王失望至极,从而在一定程度上对四川保路运动持同情态度,认为其属于"官逼民反"。《大公报》于9月14日发表《川乱慨言》指责政府造成"川乱",呼吁"政府诸公议念列祖列宗缔造之非易"速速以仁政赢取民心。随后,英敛之在《大公报》连发《对付川乱之正当办法》《论人心思变之原因》《论民乱之祸甚于匪乱》等论说劝谏朝廷和平处理"川乱",切勿杀戮以伤民心。然而清政府并未采纳英敛之的建议,使英敛之痛心疾首,对摄政王统治失望至极。武昌起义爆发后,英敛之认为这是清政府听信谗言、倒行逆施、自食恶果,置国家于水深火热。但目睹清王朝大厦将倾,英敛之浓郁的宗族主义情结使其对清廷依旧有着深深的眷恋,在最后关头英敛之依旧抱着一丝希望为清王朝作最后的努力,竭力为清廷维稳献计,并在南北议和中大力宣传君主立宪政体,试图保存君主虚位。然而,当意识到民心趋向共和,清廷和革命党拉锯内战只会虚耗国力、糜烂国事、焦灼国人时,英敛之依旧将保存国家放在了第一位,明智地顺应时代潮流,承认共和政体。尘埃落定时,英敛之选择退隐北京香山,不问政事,从某种程度上是以自己认可的方式向清廷尽"忠",使其身上带有了"遗老"的色彩。爱国和保清在英敛之的观念里原本是一体的,爱国就要保清,保清就是爱国,但事与愿违,但爱国情结和宗族情结发生冲突时,英敛之最终选择了宗族情感让位于国家利益,这透露出其浓郁的爱国情怀。

一、为清廷维稳献计

四川保路运动尚未平息,武昌起义便已爆发。英敛之意识到清王朝最大的危急时刻已然到来,于是将《大公报》的报道与言论重点放置在为清王朝维稳献计、调和清廷与革命军等方面。随着立宪派纷纷倒戈、倒向革命,英敛之虽知清王朝大势已去，却依然选择为其作最后之呐喊，从中可以感受到英敛之浓郁的宗族情结。

（一）批评官吏自乱民心

　　武昌起义爆发后，京师人心摇动。上自清廷，下至百官，一片慌乱。官员送眷南下，官民去银行兑现成为风潮。此时英敛之将《大公报》关注重点放在批评清廷官员自乱民心及帮助清廷熄灭"谣言"、维护人心方面。1911年10月17日，《大公报》"闲评一"栏发表短评批评政府"自鄂乱发生以来连日派遣将帅运送大兵，慌慌张张之态已足以摇惑人心"。对涛贝勒自请统率禁卫军赴鄂剿匪之事献策："若再令禁卫军出发，民情必更惶迫，故与其增兵一隅，不若留卫京师。"①10月18日，"闲评一"又发表短评抨击京官购买金镑和送眷南下的举动"最足以摇惑人心，起市虎杯蛇之心"，劝诫政府"设法禁阻，严定罪罚，为杜渐防微之至计……"②。10月25日"闲评一"栏再次强调"日来旅京官商送眷南下者益形拥挤……仓皇鼠窜"，呼吁政府"查京官有无故送亲眷者以摇惑人心论，严惩一二，则商民不敢盲从，人心必能大定"，并告诫政府若不如此处置将"致酿成大乱不止"。③10月26、29日，《大公报》连发《受鄂乱之影响者》《为本埠人心慌乱正告大吏与居民》两篇论说批评政府"乱事虽仅一隅"而京师罢秋操、停邮电，"东调西征，如逢大敌，朝令暮改"，"乱党之势力未能骚扰全国而政府先自骚扰也"，劝诫官员勿自乱阵脚，劝导津民、安定民心。④

　　为了安抚民众，英敛之安排《大公报》刊发多篇白话文呼吁民众勿信谣言、安定民心。10月20日，其在《大公报》"白话"栏发表白话文《天下本无事，庸人自扰之》，提醒官府"打定主意，安定民心"，呼吁民众勿信谣言。⑤10月21日，白话文《再讲不可自行扰乱》申明该文是"劝人不可妄信谣言，自相扰乱的意思"，安抚民众"自古以来，凡是乱党，没有不利用谣言的"，"编造出种种叫人担惊害怕""似是而非的事来"，呼吁民众不可受乱党谣言蛊惑，惊慌失措。⑥通过批评自扰官员，安抚受惑商民的言论，英敛之《大公报》为清廷维稳的良苦用心可见一斑。

---

① 闲评一[N].大公报,1911-10-17.
② 闲评一[N].大公报,1911-10-18.
③ 闲评一[N].大公报,1911-10-25.
④ 受鄂乱之影响者[N].大公报,1911-10-26.
⑤ 天下本无事,庸人自扰之[N].大公报,1911-10-20.
⑥ 再讲不可自行扰乱[N].大公报,1911-10-21.

（二）为挽回民心鼓吹真立宪

武昌起义之初，英敛之并未过多批评革命军，而是将武昌爆发起义的责任主要归咎于清政府假立宪的倒行逆施。清廷下罪己诏、组织完全内阁、开党禁、允许资政院协赞宪法等一系列"假动作"后，英敛之对清廷的态度出现改观，并为清廷"真立宪"而庆贺；对革命党在清廷拿出最多诚意后仍致力于推翻政府毫不放松且于议和中对"君主民主问题"始终不肯相让、不肯保留皇帝虚位等情形出现后，英敛之对革命党人的批评渐多。

袁世凯出山后，清廷接受袁世凯的建议对革命党"主抚不主剿"。1911年10月19日颁布谕旨：

> 惟念迫不得已之被协兵民类皆情有可原，不能不网开一面，其有为匪所逼身被裹挟者如早自拔来归，无论兵民均准予自新，不咎既往……如搜获逆党名册，立即销毁，毋得稍事株连，致滋扰累……①

10月底，清廷又接连发布上谕开除党禁、组建皇族内政、准许人民协赞宪法。英敛之对清廷立宪悔过、改革自新等举措欢欣鼓舞，《大公报》的言论一再宣扬清廷真立宪诚意，呼吁革命军放弃共和政体。11月1日，清廷下旨解散皇族内阁。英敛之于《大公报》除在11月3日"谕旨"栏刊发清廷谕旨外，当日"言论"栏刊载"无妄"所撰《祸乱其渐有消弭之望乎》一文称赞朝廷"不待党人之革我而先自革之"令人敬佩；"国民既立于所欲立之地位则满汉之恶感渐次冰释，革命党失其借口之资，势力自衰"。② 11月4日，《大公报》再发言论《恭读连日上谕感言》，认为武昌起义爆发后，朝廷协赞宪法、下诏罪己、开除党禁、改易内阁、黜退皇族，"皆实行立宪之真据"，朝廷悔悟前非，"慨然以公天下之心与民更始"，"既可杜革命党之口实"而民心亦可复活，劝勉清廷实心维持以便转危为安。③ 11月5日《大公报》"要件"栏全文刊载《中国之大宪章　世界最大立宪国之发现　中国四千年创见之特典》，"闲评一"栏载文全力赞颂清廷将《宪法重大信条十九条》宣告太庙颁行天下的行为，认为"他国掷无量数之头颅流无量数之热血仅乃得者，我国竟于数日之间一一如愿以偿"，宣扬清廷

---

① 谕旨[N].大公报,1911-10-20.
② 祸乱其渐有消弭之望乎[N].大公报,1911-11-03.
③ 恭读连日上谕感言[N].大公报,1911-11-04.

与民更始的决心。

在肯定清政府立宪诚意的同时,英敛之《大公报》借此劝诫革命军停止内战、赞成立宪。12月10、11日,《大公报》发表言论《对于革命军之忠告》,认为清廷已经实意立宪、与民更始,而"政治主义则所争者在共和之实际,不在民主之虚名,在一国之政权,不在个人之功业",忠告革命军"息战祸而利民生"。①12月14日,言论《驳反对议和者之谬》指出官军、革命军开战以来死伤无数,商民遭累,"斥议和为非策者,必其无人心者也"②。除刊载《大公报》主笔肯定清廷立宪诚意文章外,英敛之还在《大公报》上刊载"援清派"人士的文章,为清廷挽回人心。12月9日,《大公报》"要件"栏刊载《许鼎霖再致苏州程都督上海伍李二君书》呼吁停止战事,召开国会,实行君主立宪拯救中国。同日,译稿《日人之中国宪法评》剖析清廷颁布的宪法,肯定中国立宪之彻底、诚恳。12月12日,"要件"栏刊载《美国利佳败博士忠告中国国民以议和为上策之意见书(选录)》、选稿栏刊载《汇录东西各报对于中国之评议》,指出若中国久乱不平恐致列强干涉。从上述言论可以看出,英敛之以皇室真诚立宪、议和以保内安外等为由劝革军赞同君主立宪,其"忠君"之心世人可察。

二、对武昌起义的态度变化

武昌起义爆发后,英敛之虽依循朝廷对革命党人的定位,但因为失望于皇族专权,一定程度上认为武昌起义是清政府滥行弊政而自食其果,所以并未对革命党人大加挞伐。但在清廷下罪己诏、开除党禁、同意资政院协赞宪法等一系列"诚心立宪"举措后,英敛之认为清政府已与民更始,国民久盼的立宪政治已经实现,然而革命党仍坚持推翻清政府便是不忠不仁、置国家权益不顾的行为,因此便开始对革命党人及反清革命大加批驳。从中可以窥视英敛之维护清廷统治的"良苦用心"。

(一) 由"革匪"到"革命党":英敛之对革命党人称谓的变化

自革命风潮起,英敛之一直站在维护宗族朝廷的立场看待革命党人,将其视作"乱党",支持清政府的剿乱行为。这从"拒俄运动"中英敛之对走向革命的学生态度可见一斑。武昌起义爆发后,英敛之仍旧依循以往对革命党的看

---

① 对于革命军之忠告[N].大公报,1911-12-10.
② 驳反对议和者之谬[N].大公报,1911-12-14.

法,将其视作犯上作乱的"革匪""乱党"。但在清政府迫于形势下罪己诏、开除党禁,对革命党人不再以"匪党"相称后,英敛之对革命党人的态度和称呼也随清廷的风向发生转变,《大公报》的报道和言论随后以"革命党""革军"称呼革命党。从中可以看出英敛之维护清廷的政治基点。

《大公报》最早报道武昌起义是在 1911 年 10 月 12 日。《大公报》"电旨"栏刊载:"瑞徵电奏探知革党潜匿武昌,定于十九日夜起事……先后拿获匪目匪党三十二名……该革匪……"此时《大公报》依循瑞徵用词将革命党称呼为"匪党""革匪"。10 月 13 日,《大公报》"谕旨"栏中刊载上谕:"瑞徵电奏十八夜革匪创乱,拿获革匪正在提讯核办,革匪余党勾结工程营辎重营突于十九夜八钟响应……览奏殊深骇异,此次兵匪勾通……著军谘府陆军部迅派陆军两镇迅速开拔,赴鄂剿办……,毋令匪势蔓延,钦此。"①因为谕旨将武昌起义定义为"兵匪勾串",《大公报》的报道中沿用官电中"匪党""革匪""乱党""叛军"等称呼革命党,消息标题则多用"革党入川""密探匪党踪迹""乱党""党匪致警署伪函""通电严防匪徒勾串"等。15 日,《大公报》所载《读二十二十一日上谕赘言》一文称"革党势力日益膨胀,屡思乘隙起事","匪伊朝夕而于事前之布置、事后之继续亦必筹之已熟",②革命党人在《大公报》上的"乱党"的定位十分清晰;同日"要闻"栏以"武昌乱事近闻一束"为题刊发两则"革匪"在武昌作乱情形:"本月初寓汉外交团探有革匪起事即警告瑞革督""汉阳兵队又与匪党联合,铁工各厂已被占据"。10 月 15 日,"要闻"栏报道:"四川嘉定为匪党所据已志前报,兹闻端大臣电致政府急请派兵往剿……"10 月 17 日,"北京"栏中再次出现"党匪致警署伪函之骇闻"的消息标题。

武昌起义胜利及湖北军政府成立后,湖南、陕西、江西、山西、云南、上海等地纷纷宣布独立。其余省也在酝酿独立计划。独立风潮使得清廷进退维谷。被迫无奈下,朝廷颁布谕旨,钦定宪法、开除党禁。皇帝下罪己诏,"誓与我国军民维新更始,实行宪政",同日下诏撤销皇族内阁,实行完全内阁制。开除党禁之后,朝廷在言论上不再称革命党为"乱党"。12 月 22 日,《大公报》"闲评一"栏发表短评说:"自此次革命以来,所颁一切诏谕,不过于武昌失陷之初,露一匪字,汉阳克复制后露以逆字,其余一则该党,再则曰该党,未闻加以痛詈而革党则骂之咒之……"③之后的《大公报》,也不再出现称革命党为"乱

---

① 谕旨[N].大公报,1911-10-13.
② 读二十二十一日上谕赘言[N].大公报,1911-10-15.
③ 闲评一[N].大公报,1911-12-22.

党""叛党""匪党"的情况,而是以"革党""革军""民军"相称,《大公报》随朝廷立场而舞的态度十分清晰。

(二)由责备清廷到批评革命:英敛之对武昌起义的态度变化

武昌起义后,英敛之虽认可清廷对革命党人的"乱党"定位并在《大公报》上详细报道清廷"剿匪"的消息,但其并未急着批评革命党。清政府下旨剿"匪"的第二天,《大公报》发表《读二十二十一日上谕赘言》,痛斥瑞徵"仓皇兔脱,拱手让城",罪大恶极。告诫政府"革党所持以号召党徒者非曰颠覆不良之政府",政府若实行立宪则可"夺去革党之标识而弥天大祸或可挽回"。文章认为革命党起事是"官逼民反"。另外,革命党"不残害百姓,不损伤外国人",也使英敛之对其刮目相看,认为"似此举动殊非寻常乱党所可同日而语"。①

清政府为收拾残局起用开缺在家的袁世凯。迫于形势与袁世凯的要求,1911年10月底,清廷下诏开除党禁、组织责任内阁、《宪法重大信条十九条》宣誓太庙……诚心"与民更始"。《大公报》对清廷举动十分欣喜,发表《恭读连日上谕感言》等论说为清廷"真立宪"而庆贺,认为"经此一番大改革既可杜革命党之口实而人民亦憬然于朝廷实行宪政不终为群小所蒙",国家即可转危为安。②在清廷拿出最多"诚意"和举动后,英敛之认为革命党仍旧坚持推翻清王朝统治属于不顾大局、陷国家于危亡,于是开始对之大加鞭挞。

英敛之《大公报》批评革命军挑起战争致死伤无数。12月6日,《大公报》发表言论《此次革命时期中国民之损失》一文,指责革命军、官军南京一战害民命、伤民财且导致"百业废歇,土匪横行"③。同日"闲评一"栏再次批评南京一战官革两方及无辜商民死伤无数,斥责"革军糜千万人之膏血换一空城亦觉于心太忍……"④;12月15日《大公报》"闲评一"栏又批评革命党"专以口舌上之虚荣鼓动青年子弟,利用其未定之血气,驱而纳诸硝烟炮炉之中"⑤。

---

① 读二十二十一日上谕赘言[N].大公报,1911-10-15.
② 恭读连日上谕感言[N].大公报,1911-11-04.
③ 此次革命时期中国民之损失[N].大公报,1911-12-06.
④ 闲评一[N].大公报,1911-12-06.
⑤ 闲评一[N].大公报,1911-12-15.

三、关注君主民主立宪政体之解决

虽然同是为了爱国救国,但清末的仁人志士在实现救国的政治道路上却有着不同的选择——君主立宪和民主共和。因性情缘故和宗教信仰等原因,英敛之反对暴力革命的流血牺牲,希冀通过平和的政体改革来实现国家富强,因此,他一生推崇君主立宪政体。为达到规劝革命党放弃共和政体,实现国人同心同德立宪救国之目标,英敛之几乎调动《大公报》上的所有栏目来论证和宣扬共和政体不合时宜,立宪政体方可救国。

1911 年 11 月,武汉的湖北军政府与清廷开始展开议和,议和的核心问题即君主民主政体问题,双方僵持不下,议和一再展期。其间冲突不断,百姓死伤,民生凋敝,且军费亏耗。列强各国虽声称中立,但也一再强调若波及各国商务,势必武力干预。在此背景下,为使得君主立宪政体获得舆论支持,英敛之在 1911 年 11 月 26 日发起题为"君主民主立宪问题之解决"的专项征文活动,11 月 30 日截止。随后推选出征文得奖者并专辟"征文发表"栏全文刊发。自 12 月 5 日起直至 12 月 31 日,共刊发征文 15 篇左右。其中除 12 月 30 日张省庐三等获奖征文赞成民主宪政体以顺民心外,其余皆认为君主立宪政体更合时宜。获得一等奖和二等奖的征文文章也皆为主张君主立宪政体者。12 月 5、6 日首先刊载了署名"第三者"的一等获奖征文,7、8 日刊载"汤捷南"的二等获奖征文,以此类推。

从彼时《大公报》的言论风向也可看出社长英敛之对"君主民主问题之解决"的态度和看法。征文广告发布前后,《大公报》便发表多篇言论鼓吹共和政体不合时宜。11 月 21 日,"代论"栏选载"瀛孙"的《共和与独立研究(选录商报)》强调"共和为世界各国政体之极点……然东亚西欧其间种族习惯、地理民情、风俗程度"均不同,不可贸然沿用;且"人民程度不齐",共和不过是少数人借以行专制的手段。11 月 29、30 日连发《论中国现在及将来之大势》《论中国之安危不系于军事之胜败》两篇论说,指出:"盖不经立宪一阶级则由专制而入于共和",且官、革相争不过是消耗内力,"减薄其对外之资本","难保无人干涉"。① "反而言之,十九信条已誓告太庙",不可能反汗,呼吁革命军"以保全领土、尊重人道、防遏外患为第一主义"。②

---

① 论中国现在及将来之大势[N].大公报,1911 - 11 - 29.
② 论中国之安危不系于军事之胜败[N].大公报,1911 - 11 - 30.

在发表一等获奖征文的当天(1911年12月5日),《大公报》发表代论《许鼎霖致苏州大都督程上海外交长伍民政长李书》,专门辩驳"南省潮流趋向共和",集中代表了当时反对共和者的观点,认为:"以四千年专制之中国一跃而进于共和,国民程度能否一致已不能无疑,且列强瓜分之说已喧腾于十数年之前,一旦宣告共和",国土恐难保全;"将来争举总统,必有甚于法国初次革命杀戮之惨者",纵血流成河,却已无金可挥;土匪蜂起,烧杀劫掠,恐列强借口外债和人道主义而行戡乱之政策,瓜分之惨即在眼前。"民主君主,在实权不在虚名,苟民主政体,总统权重"亦容易招致纷争,"倘君主政体,君上权轻则君上仅拥虚名而实权尽在国会,如英之宪法实斟酌尽善,于中国现状尤为最宜"。"窃谓信条十九条虽存君主立宪之虚名,已握民主共和之实权,总理由国会公举,已与民主选举总统无异。"[①]

随后,英敛之在《大公报》上的"言论""白话""要件""来件"等多个栏目来刊发赞成君主立宪、规劝革命军放弃共和的文章。以12月份为例,刊载重点论说如下:

表5-1　1911年12月份《大公报》刊载的重点论说

日期(1911年)	栏目	篇名	主要内容
12月5日	征文发表	君主民主立宪问题之解决(一等　第三者)	赞成君主立宪、规劝革命军放弃共和
12月5、6日	代论	许鼎霖致苏州大都督程上海外交长伍民政长李书	民主君主,在实权不在虚名,君主立宪于中国现状尤为最宜
12月7、8日	征文发表	君主民主立宪问题之解决(二等　汤捷南)	赞成君主立宪、规劝革命军放弃共和
12月9日	白话	情理与形势(耐久)	赞成君主立宪、规劝革命军放弃共和
12月12日	代论	致武汉军将黄兴书(天津日报租界村冈素一郎投稿)	赞成君主立宪、规劝革命军放弃共和
12月12、13日		蒙古子爵博尔济吉特培钰再告同胞书	赞成君主立宪、规劝革命军放弃共和

---

① 许鼎霖致苏州大都督程上海外交长伍民政长李书[N].大公报,1911-12-05.

续　表

日期(1911年)	栏目	篇名	主要内容
12月14—17日	言论	论共和主义实召亡国之祸哀恳全国志士维持现状意见书(中国大悲观者)	赞成君主立宪、规劝革命军放弃共和
12月14日	要件	国民实利意见书；天津府支付李映庚告江南父老文(续)	民主君主,在实权不在虚名,赞成君主立宪、规劝革命军放弃共和
12月17、18日	演说	旅奉十三省同乡联合会许久香君演说词	从我国国情及外国公使对共和政体的反对态度入手,规劝同乡放弃共和观念,实行君主立宪
12月19日	来件	天津现参事会许肇光议事会议员苏士选上县议会陈请书	召集权限自治职员速速创设维持君主立宪会,"研究一切进行事宜"以求"宪政之进步而维君主之世系"
12月23日	代论	致鄂都督黎元洪书(侨津日商芥舟投稿)	劝诫黎元洪以大局为重,赞同君主立宪
12月23日	要件	叶蒂棠致汤寿潜书	强调热心谋国在实利不在虚名,祈劝武昌军政府先承认君主立宪以息兵端
12月24日	言论	理想中之议和团(无妄)	赞成君主立宪、规劝革命军放弃共和
12月24日	征文发表	君主民主问题之解决(备取　邓继禹)	今日我国立宪政体之解决非存君主名义难收良好之结果
12月27日	征文发表	君主民主立宪问题之解决(备取　冷静子)	赞成君主立宪、规劝革命军放弃共和
12月27日	录件	反对君主而终纳其国于外人者之殷鉴(录协和报)	赞成君主立宪、规劝革命军放弃共和
12月28日	要闻	民军所聘两博士之意见；照录某司令官上程德全书	赞成君主立宪、规劝革命军放弃共和

续表

日期(1911年)	栏目	篇名	主要内容
12月29日	杂俎	柬革命军(豆香老人)	赞成君主立宪、规劝革命军放弃共和
12月29日	言论	论此次和议关系中国存亡(梦幻)	劝诫革命军早日认定君主立宪政体,防止"外人迫定政体"

英敛之赞成君主立宪政体的主要理由有以下几方面:

首先,历史演进和国民程度问题。正如一等获奖征文"第三者"所指出的,"此次乱局除首倡诸巨子或具特见,其他则强半近于盲从"①,中国民众未经立宪,"于权利义务之界说,于合群爱国之热心均属茫然不解"②,根本不具备"民主立宪国民应该具有的民主立宪知识",也不具备民主国民应具备的"独立之性质"和"高尚道德"。③英敛之一直强调政体问题应逐步演进:"夫国家之进运必由开化而文明,由文明而立宪,由立宪而共和,故世界大同,万无可一蹴可至之理"④而"中国自有中国之历史宗教风俗习惯,……其性质无一与民主相近,无一不与君主相近"⑤既然民主立宪基础的国民程度不足,且政体必须经由立宪而进共和,因此中国当下必须选用君主立宪政体。

其次,君主民主在实权不在虚名。清政府已"实心"立宪,"中国此次所颁之宪法信条纯系脱胎英制,虽袭君主之名已具民主之实",若执意蠲去君主之虚位,则不过是狭隘的种族革命思想。另外,民主共和政体也并非完美无缺,"罗马之恺撒,法之拿破仑均曾假共和以行专制"⑥。因此,"就事实言民主非可猝几,就理论言,民主亦并未必果优于君主"⑦。

再次,民主政体有碍国土保全。如若实行共和政体,"独立各省都督必夺权攘利觊觎总统位",争举总统招致内乱;同时藩属或因内乱而纷纷独立,中国领土或四分五裂;战祸凋敝经济,土匪纷起,"为爱惜财力计,宜君主不宜民主

---

① 君主民主立宪问题之解决(一等 第三者)[N].大公报,1911-12-05、06.
② 君主民主问题之解决(备取 厂生)[N].大公报,1911-12-20.
③ 君主民主立宪问题之解决(备取 张子厚)[N].大公报,1911-12-22.
④ 爱国与害国说[N].大公报,1903-07-22、23.
⑤ 君主民主立宪问题之解决(备取 张子厚)[N].大公报,1911-12-22.
⑥ 君主民主立宪问题之解决(一等 第三者)[N].大公报,1911-12-05、06.
⑦ 君主民主立宪问题之解决(备取 张子厚)[N].大公报,1911-12-22.

也";另外,共和政体亚欧君主国必然反对,"为免外人干涉计,宜君主不宜民主"。列强环伺,和议不可久延以免导致外人瓜分。一言以蔽之,为保中国国土必须实行君主立宪政体。①

虽然清政府与革命军多次议和,但政体问题始终僵持不下。英敛之目睹革命军坚持共和政体毫不松懈,十分担心这种僵持会导致内战死伤无数,耗损财力,也忧虑和议久持不下最终导致列强干涉、瓜分。于是建议采取折中办法调和革命军与清政府的矛盾,提出联邦共和制度政体方案。《大公报》开始出现宣传联邦共和制度的论说,认为各国联邦政体又有不同"有以联邦而用帝国主义者"如德国;"有以联邦而用共和制度者"如美国。《大公报》主张效法德国,采用联邦帝国制。11月18日,《大公报》主笔唐梦幻发表《论今日政体上之解决》一文,明确提出联邦帝国制度方案:

认各省为联邦,凡设官行政即地方一切事宜听其自主,仍以帝统归之,朝廷改为中华联邦帝国,由各联邦公举代表晋京组织联邦国会,改造联邦政府,编订联邦宪法,皇帝除代表国际外,所有外交军事财政交通诸大端均由国会议决政府执行,既可达人民之志愿,仍不失皇室之尊严……②

11月23日,"代论"栏再次刊发来稿《调停政府与革命军之政见书》,同样主张采用联邦共和政体,"皇帝改为国王",权力由宪法规定,"实行三权分立主义,立法权属于国会,司法权属于裁判所,行政权属于大统领,而国王则为联邦共和国之特别阶级,谓之宪法上之特权……"③。随后连载《中华联邦共和政府之组织(续接本报初四日代论)》向国民普及联邦共和制度的相关知识。同时,英敛之还于征文中选取多篇主张联邦共和政体的征文给予三等奖或以备取方式刊载于《大公报》。代表性的有12月12、13日《君主民主立宪问题之解决》(三等 沽上钓游生)、12月19日《君主民主问题之解决(三等 卢剑秋)》、12月25日《君主民主问题之解决(备取 发公)》、12月28日《君主民主立宪问题之解决(备取 冷静子)》。然而,英敛之建议的根本目的在于"定民主国体而留君统不绝之制",联邦帝国制度只是英敛之等人不得已而为之的最坏打算——名义改行共和政体,实则保存皇帝尊荣。

---

① 君主民主立宪问题之解决(二等 汤捷南)[N].大公报,1911-12-07、08.
② 论今日政体上之解决[N].大公报,1911-11-18.
③ 调停政府与革命军之政见书[N].大公报,1911-11-18.

第三节　英敛之与民国创建

英敛之还在为"君主民主问题之最后解决"征文,为鼓动君主立宪政体大造舆论时,中华民国宣告成立并选举孙中山为临时大总统。英敛之为之震惊且气恼,对此大加讥讽和抨击,甚至大量报道满洲少壮亲贵主张背水一战的言论,但终因顾虑内乱久延导致列强瓜分而顺应时代潮流,承认中华民国。

一、指责革命军在议和期间选举临时大总统

"尽管清廷正在加速朝着预备立宪的目标迈进,但为时已晚,客观形势今非昔比,在各省纷纷独立的全国革命大风潮中,立宪已经无法挽救风雨飘摇的大清王朝。不但立宪派逐渐转入革命的洪流之中,业已攫取军政大权的袁世凯也在肆无忌惮地借革命之势而弃清廷以自重。"[①]1911年12月18日,清廷派唐绍仪、南方代表派伍廷芳为南北议和代表,在上海公共租界市政厅正式开议。和议的关键问题在于国体问题。双方议定召集公民会议,决定君主民主问题。然而就在和议尚在商议期间,光复各省代表便于12月29日公举孙中山为民国临时大总统。1912年1月1日,中华民国宣告成立,孙中山就任民国临时大总统。其实,"武昌和上海成为南部中国两个政治中心:武昌为首义之区,革命力量集聚较多;上海为东南重镇,资产阶级与立宪派颇为活跃。正是以此两地为中心,各派政治势力为筹建统一中央政府而展开了激烈的争斗"[②]。武昌是黄兴等革命党人的聚集地,上海则主要聚集了附从革命的立宪派和旧官僚。湖北军政府都督黎元洪电请南方革命势力来武昌组织临时政府,而苏督程德全、沪督陈其美等人则要求来沪组织临时政府。双方经过调停,商定刚刚攻克的南京为临时政府所在地,并选举黎元洪为大元帅、黄兴为副元帅。12月25日,孙中山从欧洲归国,受到黄兴与陈其美等同盟会员的热

---

　　① 张海鹏,李细珠.中国近代通史　第五卷:新政、立宪与辛亥革命(1901—1912)[M].南京:江苏人民出版社,2013:417.
　　② 张海鹏,李细珠.中国近代通史　第五卷:新政、立宪与辛亥革命(1901—1912)[M].南京:江苏人民出版社,2013:433.

烈欢迎。12月29日,各省代表选举孙中山为临时大总统。

英敛之本来对君主立宪政体还抱有较大期望,共和国家一经建立,人心大受震动,令英敛之十分被动。震惊之余,英敛之抓住孙中山当选临时大总统系革命党人自行安排选举和列强不愿承认的状况,在《大公报》上载文讽刺共和政体名不正言不顺。1912年1月4日,"闲评二"栏发表短评,讥讽"以十余代表之公举托为四万万人之公举,是谓举重若轻;以少数党人之希望作为四万万人之希望是谓物稀为贵……"①。1月10日,《大公报》发《论专制法之变相》一文,认为十七票选举大总统,"少数人之推戴可强多数人以公认";政治见解方面党同伐异,"以一党之势力括尽天下人之势力",无异于共和专制。② 英敛之在"要闻""言论""闲评"等专栏屡屡载文谴责在议和期间选举临时大总统的行为,这在一定程度上反映了英敛之对共和潮流势不可阻挡的恐慌和尽全力保清王朝统治的决心及无奈。

二、批评袁世凯继任大总统

1911年12月18日的南北议和会谈已秘密商定"确定共和政体""优待清皇室""先推覆清政府者为大总统"③等事项,开国会公举国体只是"使清廷易于下台,袁氏易于转移,军队易于收束"。④ 但因中华民国的宣告成立而一度搁浅。"南北议和虽因为南京临时政府的成立而一度出现波折,但南北双方事实上始终没有真正放弃议和,交易仍在秘密进行……双方交涉的主要内容集中在袁世凯迫使清帝退位的交换条件上,即孙中山在清帝退位后辞去临时大总统职务,并推举袁世凯为民国大总统。对此,南方各派政治势力基本上是赞同的,孙中山也并不反对。"⑤袁世凯本意是提倡实行君主立宪制,但是,孙中山选举成为临时大总统打乱了袁世凯的全盘计划。眼看唾手可得的政治权力落入他人之手,袁世凯十分焦虑。但选举临时大总统是黄兴、陈其美、胡汉民等亲近孙中山的革命党人策划安排,湖北军政府方面黎元洪、伍廷芳等人并不

---

① 闲评二[N].大公报,1912-01-04.
② 论专制法之变相[N].大公报,1912-01-10.
③ 中国近代史资料丛刊编委会.辛亥革命(第8册)[M].上海:上海人民出版社,1957:103,106.
④ 丁贤俊,喻作凤.伍廷芳集(上)[M].北京:中华书局,1993:390-394.
⑤ 张海鹏,李细珠.中国近代通史 第五卷:新政、立宪与辛亥革命(1901—1912)[M].南京:江苏人民出版社,2013:458.

心服,革命党人内部因权力之争开始矛盾重重;列强正在谋划如何以君主立宪政体保存"洋人的朝廷"以维护在华既得利益,因此对孙中山为临时大总统的中华民国既不承认也不拒绝。孙中山迫于形势在当选日致电袁世凯,指出"盖以东南诸省久缺统一之机关,行动非常困难,故以组织临时政府为生存之必要条件。文既审艰虞,义不容辞,只得暂时担任。公方以旋转乾坤自任,即知亿兆属望,而目前之地位尚不能不引嫌自避;故文虽暂时承乏,而虚位以待之心,终可大白于将来"①。为了换取国内和平,孙中山于1912年1月2日再次申明推袁为总统以和平方式达到革命目的的诚意:"倘由君之力,不牢战争,达国民之志愿,保民族之调和,清室亦得安乐,一举数善,推功让能,自是公论。②"袁世凯对此并不相信,1月5日,通过唐绍仪询问伍廷芳"孙君肯让袁君,有何把握,乞速详示"③。1月15日,孙中山进一步通过伍廷芳向袁世凯明确表示"如清帝实行退位,宣布共和",孙中山即刻"宣布解职,以功以能,首推袁氏"。④

孙中山同意让出临时大总统之位的前提是袁世凯劝清帝退位。袁世凯在得到革命党允诺后便开始着力逼迫清帝退位。为了给清帝退位找到合理理由而不贻人口实,袁世凯想出了政体公决于国会的方法。政体公决于国会既可给清廷一个"体面的台阶"下,也可让袁世凯躲掉背负"背主求容"的骂名,还在"形式上维持了君臣之道"。⑤ 为了使得国会公决能最终确定为共和政体,袁世凯和革命党开始在国会议员身上做手脚,限制选举并暗定代表资格。对这些乱象看在眼里、恼在心里的英敛之便在《大公报》上对国会的种种"不光彩"现象进行辛辣的讽刺和抨击。

1912年1月13日,《大公报》发表《国民会议何为乎》一文公开批评民军主张限制选举及暗定代表资格二事,"窃不禁叹临时国会之多此一举矣","合中国二十二省,各出代表三人,蒙藏各为一省,亦各出代表三人……都凡七十二票……一省之大,人民之众,岂一人以上三人以下之意见所能电?……以如是寥落寡人之国会,定如是重要之国体问题;于最少数之中取决多数,是何异

---

① 骆宝善,刘路生.袁世凯全集(第19卷)[M].开封:河南大学出版社,2013:240.
② 孙中山.孙中山全集(第2卷)[M].北京:中华书局,1982:5.
③ 伍廷芳.致孙文黄兴电[M]//丁贤俊,喻作凤.伍廷芳集(下册).北京:中华书局,1993:440.
④ 孙中山.孙中山全集(第2卷)[M].北京:中华书局,1982:23.
⑤ 桑兵.袁世凯《请速定大计折》与清帝退位[J].近代史研究,2017(6):11-12.

于以八十七票选举大总理……更何异于以十八票选举大总统而居然以十七票为多数当选乎",且"革党预嘱各省有选举权者,须择确抱共和思想之人为代表,以便得多数之胜利",显然是"阳托赞同之名,阴则上下其手"。① 1月15日,"闲评二"栏指出:"政府代表可以至上海,民军代表不可至北京……北省报馆可以说民主,南省报馆不可说君主……民军政府可以捕汉奸,北京政府不可捕革党……官军停战可以退百里,革军停战不可退一步……十七票之总统可以称民国,三百年之京师不可称首都,此吾所不解者七。"② 1月28日,"代论"栏再次发表论说《共和国体与共和国民(选)》强调共和政体因国民程度不足或酿成共和专制。

除召集国会外,袁世凯在得到孙中山等革命党人的允诺后,加紧逼迫清帝退位。他首先以"对于和议问题进退碍难"为由向清廷提出辞内阁总理大臣之职,被清廷驳回。③ 1月12日,袁世凯运动驻上海外国商会致电奕劻、载沣,要求清廷"立刻设法俯顺舆情",宣布退位。1月16日,袁世凯亲自出面,以内阁总理的身份率全体国务大臣联衔上奏清朝,宣称大局可危,请清帝同意革命党的要求下诏逊位。英敛之已认清袁世凯弃清廷以自重的真实面目,对其野心多方讽刺。1月16日,袁世凯联合国务大臣请皇帝逊位的当日,遭遇革命党人的炸弹袭击。随后袁世凯请病假。1月22日,《大公报》"北京"栏以《袁世凯请病假之原因》为标题,讽刺"其致病原因并非专为炸弹之险……惟因闻蒙古王公与各军队之反对允认共和一时急火暴发,政躬即至不豫……"④;同日"要闻"栏还刊载了《袁内阁未列御前会议之原因》:"系袁内阁已有拟决主张共和之政见,惟不愿居强迫皇帝退位之名,故未致列议"并讥讽袁世凯这招逼迫清廷的手段"以免嫌疑而杜将来之扰乱,可谓巧矣"。⑤ 1月22、23日《大公报》刊载《刘秀安重根上袁内阁书》,质疑袁世凯屡次迁就革命党"皆乱臣贼子借名号以遂其私耳",忠告袁世凯四世蒙恩,此次出山若"取消大清、赞成共和",必然遗臭千古。⑥ 1月23日,"闲评二"栏再次讥讽袁世凯"出将入相……忽而君主,忽而共和,忽而强硬,忽而畏缩"不过是为了以秘密手段达其政治野心。

---

① 国民会议何为乎[N].大公报,1912-01-13.
② 闲评二[N].大公报,1912-01-15.
③ 要闻[N].大公报,1912-01-07.
④ 袁世凯请病假之原因[N].大公报,1912-01-22.
⑤ 袁内阁未列御前会议之原因[N].大公报,1912-01-22.
⑥ 刘秀安重根上袁内阁书[N].大公报,1912-01-23.

1月24日,《大公报》发表《阅知豫谘议局与民国总统来往两电书后》一文,辛辣讽刺豫谘议局"要求袁世凯为大总统一事"开世界共和国之先例,不过是"受意于袁,甘为爪牙心腹";而孙中山"公然以总统一席私相推让,置国民多数于不顾"更是骇人听闻;①同日的"闲评二"栏,再次讽刺"清朝皇帝尚未允认退位,临时总统凡先筹议禅让;皇帝退位犹属前朝成例,总统禅让却是环球罕闻"的行为。

三、批评南北议和拉锯

南方独立各省在光复中一直声称北伐,争取革命的彻底胜利。上海起义当天,上海军政府便发布宣言称将"举北伐之师,讨将亡之虏"②。上海、江苏、安徽、浙江等地陆续光复后,陈其美等人在上海成立北伐联合会,号召社会各界将北伐进行到底。南京临时政府成立后,南方独立各省北伐呼声更加高涨。1912年1月4日,孙中山致电广东代理都督陈炯明说:"中央政府成立,士气百倍,和议无论如何,北伐断不可懈。广东军民勇敢素著,情愿北伐者甚多,宜速进发。"③1月7日,孙中山致电黎元洪制订具体的北伐计划。④ 集结于南京的北伐军攻占了徐州,后因革命党内部对北伐意见不统一、革命军自身兵力不足等原因,最终不得不停止北伐,继续议和。袁世凯方面也因议和期间革命党选举临时大总统之事而对革命军和议的诚意产生怀疑,多次试探,惟恐有变;同时加紧协调清廷和列强对于议和的态度,以保万无一失……种种因素导致议和自1911年11月下旬开始后,一再展期,拉锯延宕,始终不决。

鉴于战争消耗财力、外人拟干涉议和,"商民困苦,财政奇绌,再从事战争恐同归于尽,反使中国沦没"⑤等种种原因,英敛之一直主张南北议和。12月29日,《大公报》专门就双方开国会议决政体问题刊载《论此次和议关系中国存亡(梦幻)》一文,呼吁民军审外势,察内情,"相与和平解决,不令外人参议期

---

① 阅知豫谘议局与民国总统来往两电书后[N].大公报,1912-01-24.
② 上海社会科学院历史研究所.辛亥革命在上海史料选辑[M].上海:上海人民出版社,2011:139.
③ 孙中山.致陈炯明电[M]//尚明轩.孙中山全集(第二卷).北京:人民出版社,2015:7-8.
④ 孙中山.复黎元洪电[M]//尚明轩.孙中山全集(第二卷).北京:人民出版社,2015:14.
⑤ 要闻[N].大公报,1911-12-29.

间,保中国之主权,杜列强之口实"①。1月2日,袁世凯允许唐绍仪辞去北方议和全权代表,直接与南方议和代表伍廷芳秘密谈判②。秘密谈判因外界不能得知具体内容,北方舆论焦躁不安,保清人士纷纷怀疑和谴责南北双方一再延展议和期限是别有用心。英敛之本就因为南北议和各为私利、一再拖延而对议和失望,尤其是看清袁世凯毫无真心保清朝、一心为己窃取政治利益的面目后,开始抨击南北议和。

在袁世凯的要挟下,1911年12月28日,隆裕太后颁发懿旨"召集国会举君主民主问题付之公决"。当天《大公报》"谕旨"栏刊发隆裕太后的懿旨,"要折"栏载《内阁总理大臣袁世凯等奏革军力主共和代表请开国会拟恳召集宗支王公会议请旨以决大计折》;"闲评二"栏发表短评批评议和"相持不决乃卸其责于国民议会",但国会议员"政府拟以资政院议员充之,民军拟以南京代表团充之",本质上"仍系双方谈判",根本不是"公同解决"。③ 面对延宕无期的议和拉锯,英敛之认为这不过是革命军借机稳定根基、壮大自己的手段。1912年1月1日,"闲评一"栏讽刺南北议和不过是"口舌挽回",议和双方"是直以国家之事,视如儿戏矣"。在议和中一直迁延讲和的唐绍仪也被《大公报》讥讽为"劝降专使、送礼专使"。④

南北议和改为袁世凯和伍廷芳秘密商议后,英敛之更认为议和是为巩固革命政体争取时间。1月8日和11日,《大公报》连发唐梦幻主笔的《论政府迁延和议之非》《阅内阁与民军代表往来电报感言》两篇文章,强调"民国之总统已受任,政府已组成",如今议和"不过标共和之名,以实行革命而已"且屡次议和"惟有以政府让民军,万不肯以民军让政府","召集国会公决政体根本无用,最终之解决仍在武力",劝政府勿再"侥幸和议,迁延时日,坐使其根基愈固",无论和战,应速定大计。⑤ 1月中旬,《大公报》指出,中国内忧外患,"商家停贸,工人辍业,学堂罢课"、匪乱蜂起,而东三省警报频传,呼吁议和双方应速速解决,不可继续拖延,以免招外人干涉。⑥

---

① 论此次和议关系中国存亡[N].大公报,1911-12-29.
② 骆宝善,刘路生.袁世凯全集(第19卷)[M].开封:河南大学出版社,2013:238.
③ 闲评二[N].大公报,1911-11-28.
④ 闲评一[N].大公报,1912-01-01.
⑤ 论政府迁延和议之非[N].大公报,1912-01-08.
⑥ 中国之立宪与共和[N].大公报,1912-01-17.

四、顺应民心认同共和政体

1912年元旦,中华民国临时政府在南京成立,孙中山就任临时大总统,与清政府南北对峙。中华民国的成立使民心趋向共和。与此同时,列强对中国虎视眈眈,欲加干涉。国内财政奇绌,百姓流离失所,经济一蹶不振。袁世凯为攫取中华民国大总统之位,已与武汉军政府商妥劝皇帝退位,双方商定召开国会公举政体问题,清朝灭亡几成定局。顺利实现和谈、避免列强干涉以便保存国家成为此时英敛之关注的重点。这一方面体现了英敛之对时局的清醒认识,也体现了英敛之的爱国情怀。

英敛之明确反对种族革命,主张民族联合。武昌起义发生后,革命党打出"排满"口号,此时清廷中的排汉言论也逐渐升温。英敛之主持的《大公报》于1911年11月17、19日连发《论排满排汉之谬见》《中国存亡问题系于民族之离合》两篇文章,指出革命党和旗人均应该放弃种族之见,"为法律上之战争或为政体上之解决","谬持种族之见,自相仇杀"非但生灵涂炭且容易招致外人瓜分,故排满排汉的种族革命绝不可要。调停满汉"非有所爱于满人",而是种族革命关系"中国之存亡、黄种之兴灭"①。英敛之的爱国保种之心溢于言表。

1911年12月底,袁世凯为"名正言顺"地逼迫清帝退位,递交《内阁总理大臣袁世凯等奏革军力主共和代表请开国会拟恳召集宗支王公会议请旨以决大计折》,筹划召集国会公决政体问题。② 隆裕太后迫于无奈于1911年12月28日颁发"召集国会举君主民主问题付之公决"的懿旨。自袁世凯上折请求政体问题开国会公决后,清廷召集王公大臣商议对策,北方臣民反抗革命军的情绪逐渐膨胀。中华民国成立后,南北议和改由袁世凯和伍廷芳秘密谈判并引起外界种种猜疑,质疑袁世凯篡权的言论纷纷涌现。伍廷芳在《民意报》刊发致武昌各省都督各军队公电宣称"停战延期,实因清帝有退位之议……今已议有头绪,大约再过数日即可决定"③。一石激起千层浪,"朝廷有逊位之举,大臣有赞成共和之说"④的舆论开始蔓延。清廷少壮亲贵、蒙古王公、赵尔巽领导下的东北军纷纷致电袁世凯,表示决计不认共和,愿意与革命军背水一

---

① 论排满排汉之谬见[N].大公报,1911-11-17.
② 要折[N].大公报,1911-12-28.
③ 骆宝善,刘路生.袁世凯全集(第19卷)[M].开封:河南大学出版社,2013:383.
④ 骆宝善,刘路生.袁世凯全集(第19卷)[M].开封:河南大学出版社,2013:383.

战。陕甘新等省份也明确反对共和,清朝宗室、八旗军队更是斥责朝廷大臣"辞职、请旨、慰留","非脱身即卸肩,视国事如儿戏"①,"极力联合各界,一致进行,准备最后之武力必死之精神"与革命军进行决战②,甚至有人提出"南军抱定共和态度,北军抱定君主态度"不可调和,主张南北分立。③ 东三省各团体上书内阁和驻京代表,组织东省现有军队编成劲旅共任勤王。④ 1912年1月12日,北方各省立宪人士组织君主立宪会,集合北省人心"广设分会,征集进行意见,刊布决死书"⑤。《大公报》除及时、全面刊载各界反对共和的呼声和《宗室觉罗八旗政学军警各界同志会呈内阁总理文》等各界主战消息和专件外,还发表了《论政府迁延和议之非》,指出革命军"不过标共和之名以实行革命而已",劝政府勿再"侥幸和议,迁延时日"⑥。

英敛之此时在《大公报》上大量刊载北方朝野主战的消息和要件,这在一定程度上反映了他主张与革命军背水一战的思想。

袁世凯为了实现其总统梦而加紧逼迫清帝退位。意识到共和潮流已是大势所趋,英敛之为了避免内乱导致疆土分崩离析,逐渐放弃其坚守的君主立宪思想,也最终舍弃了与革命军决一死战的想法,决定选择顺应潮流以保存国家。1912年1月19日,《大公报》"录件"栏刊载《湖南协会会长熊希龄等致袁内阁电》,指出"满室已失人民之信用,实无复为君主之资格",劝皇帝退位,"免致生灵涂炭"。1月25日,《大公报》"闲评一"栏虽指责皇帝逊位会收瓦全玉碎之效果,但在"要闻"栏则以"皇太后始终注重国民"为题报道了皇太后为免商民涂炭、为保宗舍与皇室安全而赞成共和的消息;1月27日"来件"栏再次刊发了旨在普及国民共和思想、指导国民监督政府的《发起皖省共和研究会公启附简章》和《共和党之传单》;1月30日,《论北方之共和主张(选)》一文明确主张"召集国会开临时会议,公举大总统以谋统一",当日"要件"栏又刊发《第一军总统段祺瑞等电请转奏立定共和折稿》。

虽然《大公报》开始大量刊登组建共和政体的消息和要件,但英敛之并非赞成共和,只是意识到时局已然糜烂不堪,无可挽救,为保全国家不得已而让

---

① 闲评一[N].大公报,1912-01-13.
② 军界泣告北省即蒙藏各界说[N].大公报,1912-01-08.
③ 告南北政府[N].大公报,1912-01-13.
④ 东三省各团体致驻内阁电文[N].大公报,1912-01-12.
⑤ 君主立宪会决定事项[N].大公报,1912-01-12.
⑥ 论政府迁延和议之非[N].大公报,1912-01-08.

步。1912年1月21日,"闲评一"栏发表的短评较能体现出英敛之《大公报》对清廷大势已去的伤感与无奈:

> 日前御前会议,解决政体问题,近支亲贵承认共和,内阁总理承认共和,皇太后亦将承认共和,惟蒙古王公极力反对,以致未能决议。非但反对,并具书质问总理,痛骂亲贵,且某蒙王已发马队勤王矣……蒙古,有此斩钉截铁之手段,彼同休共戚之亲贵,托孤寄命之总理,能无愧死?虽然今大势已趋共和矣,蒙古王公虽具忠爱之热忱,其如一木难支何!①

在清帝宣布退位前夕,东三省还在反对实行共和政体。《大公报》于2月12日"闲评一"栏发表短评劝解:

> 东三省同胞仰体慈意勿破坏共和将成之局也,况虚君共和若能办到,与宪法十九信条所差无几,亦何必执一不化耶。②

英敛之认为清政府已病入膏肓,但同时认定国民政府也非良善,所以对中国未来政治充满了失望与无奈。1月31日,英敛之在《大公报》"闲评一"栏发出肺腑之言:

> 仆于十年前,盱衡时局,默察人心,……诚以朝野上下四维荡然,道德扫地,直无国于大地之资格矣。乃不幸言中,今秋革命事起,海内沸腾,不匝月间,摧枯拉朽,大势竟去……但静观革命中人物之举动,则尤嗒然气丧矣。缘彼乖张愤戾,残忍贪淫,邪僻卑污,丑态百出……一国之兴盛,一国之人格所支撑而成者也。今观于我国南北新旧各人物……贫贱而思富贵,富贵而贪权势,忿而争,尤而悲,穷则滥,乐则淫,凡百所为,一任血气,呜呼,以此人格而望其造福斯民强盛宗国,何异于缘木求鱼炊沙作饭,今特为之偈曰迩来南北势胥同,消尽脂膏即有终,不战不争纷自灭,别开机局困英雄。③

---

① 闲评一[N].大公报,1912-01-21.
② 闲评一[N].大公报,1912-02-12.
③ 闲评一[N].大公报,1912-01-31.

本章小结

英敛之目睹摄政王辅政下的亲贵专权,对此痛心疾首、失望至极。即使如此,英敛之也不愿承认清朝统治者不堪大任、不具备君主立宪政体仰赖的"英明君主"这一素质的现实,而是将清王朝的衰弱归结于奸贪误国。英敛之虽然认为摄政王"德有余而才不足,为人用而不善用人"[①],但仍指出,最可恨的还是亲贵专权、权奸当道,使得宪政中断、专制盛行。因此,武昌起义爆发后,英敛之将其定义为"官逼民反"并且着力批评瑞澂、端方等权臣误国,希望朝廷能幡然醒悟,实行立宪。让英敛之有一丝欣慰的是,清廷迫于形势解散皇族内阁、下罪己诏、开除党禁、颁布《宪法重大信条十九条》,"与民更始"。似乎他所追求的政治理想全部可能实现,使其对清廷重拾信心。南北议和期间,英敛之坚持主张君主立宪政体,《大公报》成为宣扬君主立宪的"全职"报刊。为了给君主立宪造势,英敛之在《大公报》上发起"君主民主问题之解决"征文活动。甚至在共和理念已深入人心之际,还鼓吹采取联邦帝国制以调和革命军和清政府的关系进而达到"行共和政体但保留君主虚位"的幻想。英敛之对"虚君共和"的联邦共和制的倡导反映出他为保存大清基业作出的最后努力。然而,虽然英敛之想为清王朝统治力挽狂澜,但却已是独木难支、无可挽回了。随着袁世凯不断逼迫清帝退位,清廷少壮亲贵主张与革命军背水一战。《大公报》大量刊载此类消息的举动,反映出英敛之仍然维护清廷的意愿。英敛之最后将君主民主政体之争让位于保存国家完整统一,其国家利益高于宗族情绪的爱国主义情怀应该得到公正的评价。

作为君主立宪派,英敛之同张謇等最终倒戈革命的立宪派不同。张謇推崇君主立宪政体是因为他认为君主立宪是当时中国最好的政治选择。当辛亥革命如惊涛骇浪般席卷而来,张謇等人意识到共和潮流已势不可挡之时便随即倒戈参加革命。英敛之对君主立宪政体的推崇在某种程度上与以康有为为代表的"保皇派"更为接近,这也是英敛之一生推崇康梁并力谏清廷开除党禁、宽赦党人的重要原因。只是康有为"忠君保皇"除认为君主立宪政体适合晚清

---

① 监国摄政王退位箴言[N].大公报,1911 - 12 - 08.

政治外，更多了一份报答光绪帝的知遇之恩和救命之恩以尽君臣之义的意味。相比而言，英敛之"忠君"虽然也对光绪帝称颂有加，但作为一名满族旗人，他主要是为了"保清"而"忠君"。因此当光绪驾崩之后，英敛之迅速调整报刊言论方向，其背后蕴藏的是其满族朝廷千秋万代的宗族思想。

英敛之对革命政权并不看好。虽然有英敛之对革命党人带有偏见的因素，但袁世凯窃取革命果实已成定局。英敛之剩下的只有叹息：

> 一国之兴盛，一国之人格所支撑而成者也。今观于我国南北新旧各人物……凡百所为，一任血气。呜呼，以此人格而望其造福斯民，强盛宗国，何异于缘木求鱼……①

英敛之最难能可贵之处在于，虽然他具有浓厚的保清情结，但却能够在目睹内忧外患等现实之后，放弃与革命党背水一战的观念，规劝满族人认可民国政权，默认隆裕太后降旨皇帝退位，将保存国家的爱国情怀放置在狭隘宗族情结之上，其浓郁的爱国情怀应该得到充分关注和认可。

---

① 闲评一[N].大公报,1912-01-31.

第六章 英敛之的新闻思想研究

在近代救亡图存的历史语境下,报人借助于近代报刊摇旗呐喊,试图以言论影响时局、改造社会。对于英敛之来说,报刊主要是救国救民的工具。其新闻思想虽受到西方资产阶级新闻理论的影响,但起决定性作用的仍是"以天下为己任""先天下之忧而忧,后天下之乐而乐"的士人风骨和爱国情怀。加之受到天主教"仁爱合群"观念的影响,其新闻思想中多了一份悲天悯人的"大公"情怀。他认为人心是一切社会问题的根源,"改造人心"成为英敛之新闻宣传的终极目标。英敛之的新闻思想是一以贯之的,其中虽有微小变化,但总体上来说是以救亡为根本目的、以改造人心为根本手段,以新闻本体论、新闻功能论、新闻自由论、新闻业务论等为具体依托而形成的新闻思想体系。

第一节 英敛之新闻思想的三个来源

从晚清最后一代"士人"走向近代知识分子,进而成为新闻人,英敛之的新闻思想受到传统儒家文化、西方资产阶级新闻理念和天主教信仰等多重因素的影响。其中"言论报国""报刊启蒙"的新闻思想和"敢言"特点主要继承了传统儒家文化"修齐治平"思想和清流议政的传统;"监督政府、向导国民""第四种族"的新闻功能思想和新闻自由、言论自由的新闻权利思想受到了西方资产阶级报刊理论的影响,以"改造人心"为终极目标的新闻理念是天主教信仰的印证。

一、传统士人"修齐治平"理想的现代化转换

英敛之弱冠后开始"泛滥百家",师从乔霁轩、彭永年,二人均是传统的儒学志士。传统儒家思想对其产生了较深的影响。英敛之在清末民初新闻舆论

界素以"敢言"著称,要求慈禧归政、辱骂刚毅国贼,敢于与袁世凯叫板,盛宣怀、张之洞、庆亲王奕劻亦均为批评锋芒所指。"敢言"风格折射的是士人"清流议政"的传统。英敛之以"开启民智""监督政府,向导国民"为己任的新闻理念,体现了"位卑未敢忘忧国"的民族国家意识和"修身齐家治国平天下"的家国情怀。传统文化中文人"以文报国"的价值观念及"清流议政"的文化传统伴随于其新闻活动的始终。

"士为四民之表""君子德风、小人德草"是英敛之著作中经常出现的话,体现了传统士文化对其影响之深。中国传统士大夫阶层所肩负的"以天下为己任""铁肩担道义"的历史使命感和正义感在英敛之身上表现得甚为鲜明。在救亡图存的近代语境下,"以天下为己任""达则兼济天下"的士人情怀依然流淌在英敛之的思想深处,并通过其办报、办学、从事慈善事业等活动体现出来。

所谓文人论政,就是知识分子以匡扶时世为己任,将"天下兴亡,匹夫有责"的忧患意识贯穿到言论当中,力图以言论来指引国家的走向,这是中国精英阶层的优良传统。[①] "天下兴亡,匹夫有责"是深入传统知识精英骨髓的文化观念。他们以这种传统道统为依托,借助现代工具来实现"上下沟通、传达民意、影响朝廷、革新社会"的政治变革。在他们个人权利意识观念的外衣之下,是一颗希冀中国富强、"忠君爱国"的民族灵魂。英敛之创办、主持《大公报》的十年,正是他借办报辅翼政治"拯民生于水火""扶大厦于将倾"的传统士人家国情怀的一种鲜明体现。"言论报国""新闻救国"则是近代救亡图存历史背景下文人论政传统的近代化体现。英敛之所撰《爱国心》《无爱国心之派别》《国之要素为爱与信》等论说中,每篇均浸润着传统士人忧国忧民的爱国情怀。文人论政的目标追求使他们更看重近代报刊的"工具理性"。为宣扬变法主张,报刊成为发表政论的平台,成为"上通下达""内通外达""监督政府,向导国民"的工具,是"社会回声""国民耳目"。这些正是中国知识分子文人论政的士大夫精神在报刊实践中的体现。

二、西方资产阶级新闻理念的影响

英敛之新闻理念除受到儒家思想和清流议政传统的影响外,更吸收了西方近代报刊理论中"国民耳目""社会回声""监督政府、向导国民"等理论营养。报人肩负着修齐治平的家国情怀和救亡图存的社会使命,因此通常将近代报

---

① 方汉奇.历数香港《大公报》家珍[N].香港大公报,2002-06-12.

刊看作改良政治、救国图存的手段和工具，自觉吸收并借鉴西方资产阶级的报刊理念为我所用。

英敛之对西方资产阶级报刊理念的汲取主要是通过晚清维新派报人的推介。《英敛之先生日记遗稿》中记载英敛之曾多次购买、借阅维新派报刊并曾在严复等创办的天津《国闻报》、维新派在华南的舆论喉舌澳门《知新报》上发表诗歌和论说。英敛之对康梁十分敬仰，日记中有多次购买、翻阅梁启超在日本创办的《清议报》的记载，他从这些报刊中接受了报刊"开民智""耳目喉舌""去塞求通""通中外、通上下""监督政府，向导国民""第四种族"等报刊功能论及"新闻自由""言论出版自由"等新闻权利思想。梁启超宣扬的"国者，积民而成，舍民之外，则无有国"①的国民思想、"开发民智"要养成"国民德性"，独立与合群、自由与专制、利己与爱他等资产阶级伦理道德观皆对英敛之产生了较大影响。

除梁启超外，对英敛之了解西方社会政治学说产生影响的另一个重要人物则是严复。英敛之对其十分敬仰，曾多次翻阅严复翻译的《天演论》等著作，并在创办《大公报》期间多次拜访严复，严复后入股《大公报》并通过《大公报》发表多篇论说文章及新书广告。通过严复翻译的《天演论》《社会通诠》等西方政治著作，英敛之意识到了天演竞争是世界公例，"开风气，牖民智，挹彼欧西学术启我同胞聪明"就成了英敛之为《大公报》制定的办报宗旨，从中也可印证西方社会政治学说及报刊理念对英敛之的影响。另外，近代传教士报刊、外人商业报刊宣扬的西方先进文化，则使英敛之意识到报刊对于国富民强的重要作用，因此他曾在《论新闻纸之势力》一文中强调中国强弱、民智智愚要以报馆的多寡、优劣来衡量。

虽然近代报人大量吸收了来自西方政治中的权利、民主观念，但其新闻思想更多来自"天下兴亡匹夫有责""忠君即报国"的"清流议政"式的道统。他们以这种传统道统为依托，借助于现代报刊工具来实现"上通下达、监督政府、革新社会"的政治变革，以报刊建言接济君权。英敛之深受儒家"修齐治平""忠君爱国"思想的影响，曾明言其办报是为了"主持清议，阐发公理"。然而英敛之这种"主持清议"式的报刊建言，从本质上讲是文人对现存政治秩序的一种建设性的关怀，虽具有批判性，但并不具有独立性和颠覆性。②

---

① 梁启超.少年中国说[M]//刘勇，李怡.中国现代文学编年史 1895—1949（第1卷）.北京：文化艺术出版社，2015：114.

② 李礼.转向大众：晚清报人的兴起与转变（1872—1912）[M].北京：北京师范大学出版社，2017：226.

三、天主教"仁爱合群"观念的糅合

英敛之新闻思想受其个人性格和宗教观念的影响颇深。他自幼出身贫寒,从小目睹下层百姓的生活艰辛和达官显贵的作威作福、奸贪误国,养成了嫉恶如仇、怜悯苍生的性格。这种性格使其"自幼好道",一心找寻挽回世道人心、救国救民的法子,他无意间接触到天主教并研读《主制群徵》等教义书籍,经过一年多考察于22岁受洗入天主教。嫉恶如仇又怜悯苍生的个体性格一方面使其新闻活动颇为大胆,言论辛辣犀利,而又使其新闻活动充满热度和温度。江皖发生水灾、京津遭遇水患,英敛之多次在《大公报》发起慈善募捐活动。宗教信仰非但影响了英敛之的新闻活动,而且影响了其新闻思想。他一直强调人心对于社会政治、文化等方面改革的重要作用。他认为中国贫弱的根本原因在于糊涂,而糊涂不仅在相面、信风水、缠足等表面,根本性的糊涂是自私自利,因而没有团体心,没有爱国心。英敛之把"改造人心"作为《大公报》的宗旨之一,培育爱德、培育公心是英敛之借助报刊开启民智、启蒙社会的终极目标。他认为,人心不变,没有公心,只求自私自利则中国一切改革、一切启蒙都终将没有任何意义。有公心才能合群,合群才能保国;有公心才能爱国,爱国才能实心变法,中国才能救亡图存。如何培育公心?英敛之认为必须借助以仁爱合群为宗旨的天主教。假如社会形成了仁爱合群的观念,清廷的新政改革就能收到实效,国家才能终致富强,这便是英敛之"宗教救国"思想的整个逻辑框架。也正是受"宗教救国"思想的影响,英敛之借助《大公报》作了大量传教言论,"宗教救国"成为英敛之报刊宣传的重点内容;而"改造人心"的"德育"也成为英敛之"报刊启蒙"的重要手段。《大公报》刊载白话文、出版《敝帚千金》都是英敛之"改造人心"新闻理念的具体体现。

第二节 英敛之的新闻思想

作为受儒家思想、西方资产阶级新闻理念和天主教信仰三重因素影响的近代报人,英敛之的新闻思想具有多种面向。"兼济天下"的士人风骨决定了"救亡图存"是其新闻活动的根本目标;天主教信仰又使"改造人心"成为英敛

之新闻活动的重要着力点和手段;西方资产阶级新闻理念则成为其新闻功能思想、新闻自由思想、新闻本体思想、新闻编辑思想的重要支撑,进而形成了英敛之完整的新闻思想体系。

一、英敛之的"新闻功能"思想

英敛之的新闻功能思想集中体现为"国民之耳目,社会之回声"的"耳目喉舌论"和"监督政府,向导国民"的新闻舆论功能观。关于新闻的功能,表面看是对梁启超新闻功能观的沿袭,但实际上英敛之有自己独特的理解和表达。

(一)"国民之耳目,社会之回声"

中国近代报刊诞生于内忧外患、风雨飘摇的晚清时期,被近代知识分子作为挽救时艰、救国救民的工具,因而近代知识分子十分重视报刊挽救国家危亡的功能。英敛之也不例外。他强调报刊与国家大有关系。① 在《论新闻纸之势力》一文中强调"新闻纸者,近世文明之一大原动力也……有陶冶国家所固有之政治风俗人情以转移之"的功效。② 他认为,西方强盛的一个重要原因就在于"男女大小富贵贫贱莫不识字,莫不阅报"③。1902年9月17日,英敛之发表《续说报》一文,指出"报馆与国家大有关系,怎么见得呢? 报馆应尽的职分是在宣扬朝廷的恩德,诉说黎民的痛苦,化导百姓的愚顽,条陈各事的利弊",着重强调了报刊"上通下达"、沟通朝廷和民众的功能。1908年英敛之撰写《大同日报发刊祝词》指出:"社会既入文明界域而联万民情感,沟其耳目喉舌而一之者,厥惟报纸。"④由此可见,英敛之认为报刊具有"通上下、内外之情""耳目喉舌"的信息传播功能。1909年英敛之在《天津日日新闻三千号祝辞》中进一步提出:"夫报纸者国民之耳目、社会之回声也。善者则政府监督、国民向导,为人群豪杰;恶者则逢恶助虐、颠倒混淆,为斯文败类。"⑤其中"国民之耳目,社会之回声""监督政府,向导国民"是英敛之最为重要的新闻功能

---

① 英敛之.续说报[N].大公报,1902-09-17.
② 英敛之.论新闻纸之势力[N].大公报,1908-08-24.
③ 英敛之.原报[N].大公报,1902-06-22.
④ 英敛之.大同日报发刊祝词[M]//周萍萍.英敛之集(上).桂林:广西师范大学出版社,2013:456.
⑤ 英敛之.天津日日新闻三千号祝辞[M]//周萍萍.英敛之集(上).桂林:广西师范大学出版社,2013:459.

思想。"国民之耳目,社会之回声"的报刊功能观既强调了报刊"上通下达""去塞求通"的信息传播功能,又强调了报刊作为"社会之回声"以反映舆论、代表舆论的功能,体现的还是报纸的"耳目喉舌"功能。无论是"去塞求通",还是"耳目喉舌",英敛之关于报刊功能的思想明显受到了19世纪末20世纪初中国近代报刊活动和报刊思想的集大成者——梁启超新闻思想的影响,这也是英敛之新闻思想的一个显著特点。

梁启超被时人称为"舆论界之骄子",戈公振评价梁启超说,"我国报馆的崛起,一切潮的发达,皆由先生启其端"①。这一时期的近代知识分子大多受到梁启超《时务报》《清议报》《新民丛报》等报刊启蒙宣传的影响,"读新书,谈西学,议论时政,积极鼓吹变法维新运动"②。戊戌政变后梁启超逃至日本,阅读了大量关于西方政治、经济、哲学、法学等资产阶级社会学说的著作,接受了西方民权、自由、平等、三权分立、天赋人权及庸俗进化论,并以此为基础形成了其新闻功能观、新闻自由观和舆论观,对同时期及后来的报人产生了重大影响。英敛之创办《大公报》前,梁启超已因为创办和主持《时务报》名声大振,"上至通都大邑,下至僻壤穷陬,无不知有新会梁氏者"③。英敛之对梁启超仰慕有加,在创办《大公报》前和筹办《大公报》期间一直喜欢阅览《时务报》《清议报》《新民丛报》等梁启超主办的报纸。《大公报》创刊后,英敛之在《说报》《续说报》《原报》《论新闻纸之势力》《论新闻纸与开民智大有关系》等多篇文章中宣传"耳目喉舌""监督政府,向导国民"等报刊功能思想,显然受到了梁启超的影响。梁启超在《论报馆有益于国事》一文中明确指出西方"国家之保护报馆,如鸟鬻子,士民之嗜报章,如蚁附膻,阅报愈多者,其人愈智;报馆愈多者,其国愈强"④。梁启超关于"报刊与国家大有关系"的思想被时人广泛接受。

报馆为何有益于国事呢?梁启超看到了报馆具有"去塞求通"的信息传播功能,也即"耳目喉舌论"。"去塞求通,厥道非一,而报馆其导端也。无耳目,无喉舌,是曰废疾。今夫万国并立,犹比邻也;齐州之内,犹同室内也。比邻之事而吾不知,甚乃同室所为,不相闻问,则有耳目而无耳目;上有所措置,不能喻之民,下有所苦患,不能告之君,则有喉舌而无喉舌。其有助耳目喉舌之用

---

① 戈公振.新闻学撮要[M].上海:商务印书馆,1929:插页语.
② 胡太春.中国近代新闻思想史(下卷)[M].上海:东方出版社,2015:365.
③ 李剑农.戊戌以后三十年中国政治史[M].北京:中华书局,1965:37.
④ 梁启超.论报馆有益于国事[M]//张品兴.梁启超全集.北京:北京出版社,1999:66.

而起天下之废疾者,则报馆之为也。"①上通下达以"宣德达情",内通外达以"知己知彼",王韬、郑观应、何启、胡礼垣、严复等人都有相似说法,梁启超的贡献在于将时人零散的概述凝练为"去塞求通",从而为时人瞩目,并广泛传播和沿用。梁启超此时提出的"耳目喉舌"中的"喉舌"只起"告知"的作用。1898年底,梁启超在《清议报叙例》中所说的"联合同志,共兴《清议报》,为国民之耳目,作维新之喉舌"则开始强调报刊作为舆论宣传工作的"喉舌观"。②

较之梁启超,英敛之更强调报刊开智的正反功能辩证观,如果报刊信口胡说,将混淆视听、种下祸根。他在《开民智非易事》中指出:

> 如今讲开民智的,总是说该当多翻译西洋的书,多开报馆,漫漫的人自然就明白了……翻译书也不是不好,到底要翻那正经有益的书终好,若是把那些邪僻的书,任意乱翻,不但不能开民的知识,更叫他多加一层糊涂了。③

(二) 向导国民,监督政府

英敛之虽然沿用梁启超关于报刊功能的一些观点,但并非完全照搬,而是进行了延伸和补充,尤其是悲天悯人的救世情怀使英敛之新闻思想富含独具特色的新意。在"监督政府,向导国民"的报刊功能思想上,英敛之形成了自己独特的见解。1902年,梁启超《敬告我同业诸君》一文中提出了报馆有"两大天职":"一曰,对于政府而为其监督者;二曰,对于国民而为其向导者是也。"④即向导国民、监督政府。向导国民即开启民智。1897年,梁启超在《〈蒙学报〉、〈演义报〉合叙》一文中阐述了报纸教愚民的功能;戊戌变法后,梁启超在"开民智""教愚民"基础上又提出了"向导国民"的思想,并提出报纸要以"孝子之事两亲"⑤的态度来向导国民。英敛之虽然也强调报纸开民智的功能,如认为:

---

① 梁启超.论报馆有益于国事[M]//张品兴.梁启超全集.北京:北京出版社,1999:66.
② 徐新平.维新派新闻思想研究[M].长沙:湖南人民出版社,2010:53.
③ 英敛之.开民智非易事[M]//周萍萍.英敛之集(上).桂林:广西师范大学出版社,2013:42.
④ 梁启超.敬告我同业诸君[M]//张品兴.梁启超全集.北京:北京出版社,1999:969.
⑤ 梁启超.敬告我同业诸君[M]//张品兴.梁启超全集.北京:北京出版社,1999:971.

> 泰西人视报纸为人生要务,民智之开,报纸之多,国之所强也。
>
> 我们中国可忧虑的,不在乎贫弱,不在乎软弱,可忧虑的单单是糊涂,因为什么糊涂呢?……民众不念书,智识不开。

又在《说报》一文中再次强调:

> 东西洋各国强盛的缘故,虽然是兵强财富,其实那个根子是在乎人人明白,上下通情。我们中国败坏的缘故,也没有什么罪大恶极,不过是人人糊涂,上下不通就完了。怎么能够人人明白,上下相通呢?最妙最快的法子就是多立报馆。报馆好比人的嗓子能通上下的情,能开人的知识。

这种观点应该说是梁启超"耳目喉舌论"的白话版本。

但在向导国民即开启民智的具体做法上,英敛之与梁启超又有所不同。在改造国民的"民智、民力、民德"方面,梁启超强调用西方社会科学去提高国民素质,改造国民道德;而英敛之则强调开民智着重于用宗教信仰去"改造人心",认为若想救国必须变法,若要变法必先变心。为此,英敛之曾专门撰写《非变法之为难实变心之为难》一文阐述其对此问题的看法。人心趋私,若不加以改造便只懂得自私自利。没有公心、没有爱德,那么中国所有的变法革新都只能是徒尚空谈,因循敷衍。如何能够改造人心,培育爱德呢?英敛之认为须有纯粹宗教,而纯粹宗教即"爱人如己""仁爱合群"的天主教。为此,英敛之撰写了《没有道理国不能强》《爱德与同群大有关系》《再讲爱德》等多篇文章强调"改造人心"对国家富强的重要性。梁启超强调以西方社会科学开启眼光向外的启蒙,英敛之则注重以西方宗教为依托开启眼光向外的启蒙。

较之梁启超,英敛之没有长年居住海外的经历和见识。因此其开启民智的思路和方式主要侧重于对生活中及其眼下所见的普通下层民众思想的化导。英敛之强调开启"眼光向外的启蒙"的同时更注重开启"眼光向下的启蒙"。为了达到开智效果,英敛之在《大公报》上特辟"附件"栏刊载白话文章,还将这些白话文集成《敝帚千金》和《敝帚千金续篇》出版发行,风靡一时。英敛之强调,报刊虽是开民智利器,但须见识正确无误,若"凡事不管真假虚实、有理无理",只会误导受众、种下祸根。英敛之这种辩证看待报刊开智功能的观点在当时是非常难能可贵的。关于解决之道,英敛之认为:"我们人人做事

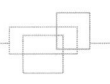

要存一个真爱德,有爱同群的心",不可但逞一时的血气和私心。① 英敛之将最终的解决办法归结于培育爱德,这是天主教"仁爱合群"思想对其影响的又一种体现。

梁启超关于报刊"监督政府"的思想也被英敛之认可和接受,但两人对于报刊与政府关系的侧重点又有不同。梁启超认为社会监督政府"有法律上之监督、宗教上之监督、名誉上之监督是也"。法律属于强制性监督,宗教属于道德监督,报馆则是依据言论出版自由行使名誉监督。梁启超在《清议报第一百册祝辞》中引用英国大臣波尔克的话,称记者为贵族、教会、平民三大种族之外的"第四种族",并认为报纸应成为"政本之本"和"教师之师"。② 这种思想使梁启超认为中国报馆"吾将为政府之顾问焉,吾将为政府拾遗补缺焉"的"扶翼政府"做法不完善,而认为"报馆者,非政府之臣属也,而与政府立于平等之地位者也。不宁唯是,政府受国民之委托,是国民之雇用也,而报馆则代表国民发公意以为公言者也"③,因此,梁启超"监督政府"思想更多强调与政府平起平坐,而非臣属附庸,甚至将政府看作报刊的学生和子弟,提出了"教导与扑责并行"的监督方法。

英敛之强调报刊"监督政府"的功能,在《续说报》中指出报刊可如同《春秋》一样褒贬善恶,借助报刊舆论行使监督政府和官员的社会功能。且认为"日报比春秋还强,春秋是说以往的事,日报是说现在的事……日报是平铺直叙,说得明明白白,最容易懂得"④。但英敛之更强调"报馆应尽的职分是在宣扬朝廷的恩德,诉说黎民的痛苦,化导百姓的愚顽,条陈各事的利弊",实际上强调的是"报刊扶翼政府"的功能。英敛之1904年1月16日发表的《为密议会诸公及我同业诸君告》论说更能体现其"扶翼政府与监督政府并行"的报刊功能思想。该文指出:"天下兴亡匹夫有责而惟报馆之责为尤重。盖所以扶翼政府者,力最大也。"因此对于涉及国家机密的政府举动,报馆应视其是否有益于国家而判定是"据实宣布"还是"姑付阙如"。有益于国家则扶翼之;无益于国家则监督之、揭露之,监督政府的根本目的在于更好地扶翼政府,二者相辅

---

① 英敛之.开民智非易事[M]//周萍萍.英敛之集(上).桂林:广西师范大学出版社,2013:42-43.
② 梁启超.清议报第一百册祝辞[M]//张品兴.梁启超全集.北京:北京出版社,1999:478.
③ 梁启超.敬告我同业诸君[M]//张品兴.梁启超全集.北京:北京出版社,1999:70.
④ 英敛之.续说报[N].大公报,1902-09-17.

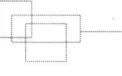

相成。

英敛之强调"扶翼政府"的报刊功能和其儒家思想、满族身份和天主教的救世情怀等因素有重要关系。英敛之师从乔霁轩和彭永年,熟读经史,深受儒家修齐治平思想的影响,怀有浓厚的"济世救民""兼济天下"的入世情怀,其报刊建言更多的是"以匡政府所不逮,备朝廷之采择"。① 加之英敛之与清廷特殊的宗族关系,英敛之具有更为浓厚的"忠君爱国""扶翼国家"的思想。英敛之一生怀抱着强烈的救世情怀,这种人道主义和救世主义使其坚持以转移人心、匡扶国家、补助时艰为己任。多重因素的影响使其一生坚守保皇事业,反对种族革命。梁启超"以维新变法失败为分界,其思想发展有一个从'辅助'政府到'监督'政府的转变"②。他接受过较为系统的西方资本主义民主思想和自由主义新闻思想的熏陶,一度产生过推翻清王朝统治的资产阶级革命思想。在接触到西方国家思想观念后,他认为国家是国民公举出来的公共服务机构,理应受报刊、司法、宗教等其他公共服务机构的监督,所以更强调报刊作为监督机构的独立性和自在性。英敛之虽然认为报刊可以独立地监督国家,但骨子里仍将报刊看作扶翼国家的一种工具。他从悲悯的宗教视角和平民立场出发,将报纸看作促进社会政治和民生乃至社会风俗民心、道德文化的现代文明"公器",其舆论监督思想带有更多的独立、客观、不依傍、不屈从于社会任何势力的民间立场和民众视角,和梁启超"监督政府"的观念有本质区别。

二、英敛之的"新闻自由"思想

中国近代的新闻自由思想发轫于内忧外患的社会环境中,为挽救危亡,近代知识分子开始借助于报刊建言献策。清政府为"稳固"其封建统治采取高压政策,先后出台了《报章应守规则》《大清印刷物专律》《大清报律》等律法来限制报刊言论自由。怀揣"报刊救国"理想的英敛之对清政府限制言论自由的行径十分反感,他以西方言论自由、出版自由等现代国民权利思想为工具极力向清政府争取新闻自由,形成了富有英敛之个性特色的新闻自由思想。

1902 年 9 月 13 日,英敛之在《说报》中指出,报馆是开民智的利器,是"济

---

① 康有为.改奏时务报为官报折[M]//汤志钧.康有为政论集.北京:中华书局,1981:322.

② 徐新平.维新派新闻思想研究[M].长沙:湖南人民出版社,2010:54.

世利人的根子"①,并将新闻自由与国家强盛联系起来,"凡是强盛的国没有不是成千过万的报馆,凡是禁止报馆、压制报馆的国,没有不一天比一天败坏的",呼吁清廷给予报刊言论自由。自创刊以来,《大公报》上刊发了《论中国定报律》(1903年)、《言论自由》(1905年)、《恭读十一月二十一日谕旨谨系以论》(1907年)、《戊申新年之祝词》(1908年)、《闻定报律之感言》(1908年)、《论报律急宜改革》(1909年)、《无报馆之国》(1909年)、《哀哉,今日之报界》(1909年)、《双目失明之北京》(1909年)、《钦定报律》(1911年)、《闻大中公报被勒停版感言》(1911年)等数十篇文章反对政府钳制舆论、呼吁新闻自由的论说。争取新闻自由是晚清报人们的共同诉求,但英敛之的新闻自由思想由于其特殊的人物经历和办报历程而表现出鲜明的人物特性。

首先,着重从"群体意识"的工具理性层面呼唤新闻自由。梁启超是中国第一个全面而系统地研究并论述了新闻自由思想的报人、思想家。梁启超虽曾受到传统儒家"修齐治平"观念的影响,但1898年逃亡日本后考察了众多日本报业并大量阅读了西方社会科学论著。西方思想家弥尔顿、卢梭、密尔等人争取言论自由和出版自由的论述与社会契约论、天赋人权、现代国家思想等西方政治学说相互结合,形成了梁启超接近于西方自由主义新闻理念的新闻自由思想。其特点是着重从新闻从业者"个体自由"的价值理性层面强调报刊作为独立于政府之外的"第四种族"的自由。他在《敬告我同业诸君》一文中指出,西方人强调"言论自由,出版自由,为一切自由之保障",报馆"即据言论出版两自由,以实行监督政府之天职者也"②。

英敛之是典型的"忠君爱国"式的文人报人。在中国的传统文化中,虽然孔孟、老庄也曾阐述朦胧的自由观,但更多的是一种带有集体性的"民群"意识。由传统士人转化而来的近代报人为达到"兼济天下"的集体理想而办报论政,为了能实现论政理想向清政府呼吁和争取新闻自由。受外来报刊的影响,早期报人王韬、康有为等均产生过朦胧的新闻自由思想,但本质上,西方新闻自由思想只是报人向政府争取言论自由权的理论武器。近代报刊也只是被开眼看世界的中国精英知识分子用来"资政"、勤王和自强。深受儒家"入世"思想影响的英敛之始终心怀"治国平天下"理想,他强调言论出版自由更多的是为了借助报刊建言实现君民共治、挽救国家危亡。新闻自由对他来讲并不是一种内化于骨子里的价值认同,更多的是一种救国救民的理性工具。因此他

---

① 英敛之.说报[N].大公报,1902-09-13.
② 梁启超.敬告我同业诸君[N].新民丛报,1902-10-02.

一直自称其报刊活动是一种"清议谏言""忠言逆耳",以期"有益国事"。[①] 他所强调的新闻自由是从实现救亡图存集体愿望出发去争取新闻自由,并融入天主教"爱群""合群"信仰。他强调的是新闻自由的工具理性,而非西方"天赋人权、生而平等"、强调个体权利的价值自由。梁启超侧重于从个人权利方面追求新闻自由而英敛之则更侧重于从"家国情怀"层面利用新闻自由;梁启超已经意识到新闻自由是一种独立于政府之外的个人权利,而英敛之仍将其看作救国救民的工具理性,这是两人新闻自由思想方面的重要区别之一。

其次,侧重于强调新闻自由是立宪国民应该享有的政治权利。梁启超十分看重新闻自由与中国宪政之间的关系,但他更多的是从西方新闻自由理论层面强调二者之间的关系。"捍卫个体自由与竭力召唤民主宪政"是梁启超"报刊自由主义理论的两大核心要素"。[②] 梁启超一方面强调新闻自由是实现宪政的重要保障。"言论自由,出版自由为一切自由之保障。"[③]报馆应该享有充分的新闻自由以便独立不受干预地监督政府,良政治如此可以生成。另一方面认为,宪政是新闻自由的重要保障。报刊"为了捍卫个人自由,自然必须救助于宪政"[④]。宪政国家以立法的方式规定国民享受新闻自由,新闻自由成为宪政国民应该享有的国民权利。实行宪政和新闻自由可以相互促进、相互辅助。

英敛之在主持《大公报》的过程中屡屡碰到清廷压制新闻自由、钳制报刊舆论的情况,因此他着重于从实践层面强调新闻自由乃立宪国民应有之权利,强调既然清政府已宣布仿行立宪就必须广开言论。晚清时期政治腐败,报纸但凡"主持正理者,未有不为官界眼钉肉刺,必去之而后快者也"[⑤]。在袁世凯下令禁邮大公报的第四天,英敛之于1905年8月20日发表《言论自由》一文,指出"文明国民皆享有言论、出版和集会自由","朝廷予国民以此三大自由乃得为文明国,否则为野蛮专制",朝廷欲改行宪政应"急予以自由之权以为实行

[①] 论京师封禁报馆[N].大公报,1907-09-17.

[②] 张育仁.自由的历险——中国自由主义新闻思想史[M].昆明:云南人民出版社,2002:132.

[③] 梁启超.新民丛报章程[N].新民丛报,1902-02-08.

[④] 张育仁.自由的历险——中国自由主义新闻思想史[M].昆明:云南人民出版社,2002:132.

[⑤] 英敛之.答来函[M]//周萍萍.英敛之集(上).桂林:广西师范大学出版社,2013:444.

宪政之导线",谴责袁世凯禁邮禁阅《大公报》。① 1906 年,英敛之再次撰写《论某大员设计倾陷报馆之苦心》以抨击袁世凯压制报刊舆论。1907 年,清政府连续出台压制报馆舆论的谕旨并制定报律。1908 年 2 月 8 日,英敛之撰写《戊申新年之祝词》一文,指出"报纸为舆论之代表兮固立宪时代所应享有之自由",南北报社之相继惨遭蹂躏,"致足可慨也"②。2 月 9 日,英敛之再发《闻定报律之感言》一文,强烈反对清政府在预备立宪时代行压制言论自由的倒行逆施之举。

再次,强调培育报人公德心以防止报人滥用新闻自由。英敛之并非一味地强调新闻自由,他强调自由也要有所限制,以国家权益为重,在外交事宜中要扶翼国家,要保守国家秘密,切莫无意间"成了外人之侦谍"③。认为报馆作为国民耳目喉舌,"善之者则监督向导,转移社会……恶之者则处士横议,颠倒是非,憎兹多口"④;强调报纸是"政府监督"还是"斯文败类"取决于报人品格。若报馆"彰善殚恶,激浊扬清,心如鉴衡,目同秋水,夫安得而不政府监督,乃者以卑鄙龌龊之身滥厕笔削清议之席,恩怨偏私,糊涂满纸,恫吓敲诈,拉杂成篇"⑤自然只配作斯文败类。针对一些不良报刊借"有闻必录"和新闻自由敲诈勒索、有伤风化的现象,英敛之连写了《北京视察识小录》(1907 年)、《报馆包年之奇闻》(1908 年)、《济济人才应运生》(1909 年)、《报馆铭二首仿陋室铭体》(1909 年)等文章抨击报馆包年、劝嫖诱赌、敲诈勒索等乱象。更为重要的是,英敛之明确反对报馆作政界传声筒,主张言论独立。接连刊发《论今日中国之三大怪相》《论近日报界之真相》《报界之运动员》《论大吏对待报纸之方法》《报病》《报纸之销行法》《论官吏机关报之难于持久》《报馆与流氓》等多篇论说抨击政府运动、收买报人,扶持官吏机关报的行为。作为虔诚天主教徒的英敛之十分注重"人心"养成,强调报人要培育"辨别是非""分清邪正"的"公德心"和"以大公之心发折衷之论;献可替否,扬正抑邪,非以挟私挟嫌为事"的无私爱德。⑥ 1906 年 7 月 7 日,英敛之发表《论保存国粹》一文,指出:

---

① 言论自由[N].大公报,1905 - 08 - 20.
② 英敛之.戊申新年之祝词[N].大公报,1908 - 02 - 08.
③ 为密议会诸公及我同业诸君告[N].大公报,1904 - 01 - 16.
④ 英敛之.答来函[M]//周萍萍.英敛之集(上).桂林:广西师范大学出版社,2013:441 - 443.
⑤ 英敛之.说报[M]//周萍萍.英敛之集(上).桂林:广西师范大学出版社,2013:308.
⑥ 英敛之.大公报出版弁言[N].大公报,1902 - 06 - 18.

至于报馆掌文,职国民之向导,启迪诱掖,影响于社会者甚速且大,居斯席者虽不必淹贯中西,然识见亦须加人一等,或烛事于几先,或消患于萌始,不能同流合污,取媚俗人,倘滥厕匪人,以其昏昏使人昭昭,则贻害于社会者曷极。①

梁启超则强调报刊应对社会和政府承担责任,在一定程度上约束报刊的自由行为。报人在行使言论出版自由权利时,必须以不侵犯他人之自由为界。为防止新闻从业者滥用新闻自由,他十分重视报人素养的培育。但他主要是从西方新闻专业主义理念的角度来培育新闻人专业素养,对报人的素质要求更为全面。1904年,针对报纸评论与新闻报道体裁混淆不清的情况,梁启超在《时报发刊例》中提出了清晰的分野准则:评论应该"公""要""周""适";②新闻报道应"博、速、确、直"。又在《〈国风报〉叙例》中阐述了办报的常识、真诚、直道、公心、节制的"五本"和忠告、向导、浸润、强聒、见大、主以、旁通、下逮的"八德",涉及新闻工作采、写、编、评的各个方面,形成较为系统的新闻从业人员职业道德思想体系,较之英敛之更为深入和系统。

三、英敛之的"新闻本体"思想

受外国在华报刊和国人自办报刊的影响,英敛之对新闻的特征等新闻本体内容也形成了自己的看法和观点,构成了英敛之新闻思想的一部分。

(一) 时效性和通俗性:报刊与书籍功能异同

英敛之将书籍、学校和报刊看作近代开民智的三样法宝。但三种开智物又各有千秋,报刊相对于学校和书籍来讲,它的独特性首先表现在新闻的时效性方面。1902年9月17日,英敛之在《大公报》"附件"栏刊载白话文《续说报》,认为"日报比春秋还强,春秋是说以往的事,日报是说现在的事;春秋讲笔法诛心,在乎一个字的褒贬,不容易懂得;日报是平铺直叙,说的明明白白,最容易懂得,所以要是日报盛行,人人看重他,不论什么样儿的乱臣贼子,他也不敢横行霸道,也都要有段忌讳……"③。他非但注意到了报刊引导舆论的社会

---

① 英敛之.论保存国粹[N].大公报,1906-07-08.
② 梁启超.时报发刊例[N].时报,1904-06-12.
③ 英敛之.续说报[N].大公报,1902-09-17.

功能,更意识到了报刊的时效性和通俗性特点。"日报是说现在的事",比只说"以往的事"的《春秋》在时效性上要强得多;且《春秋》是揭露历史的黑暗,而报刊却可让当下的恶人现了丑行,具有现实意义和警戒性。再则,日报不像春秋,多用隐喻或暗讽,而是注重平铺直叙,更容易使人懂得,这是英敛之对报刊通俗性的一种认识。白话文《说看报的好处》中再次肯定报刊与书籍相比时效性强、通俗易懂的特点,"俗常有一句古话说,秀才不出门便知天下事,这话靠不住,要说常常看报的人,能知天下事,那真是不错的"。书上的知识多是历史性的知识,虽可以开阔人的知识,但时效性和现实意识较报刊差一些;报纸上记载的均是现时的事,国际国内发生任何大事,"报上全说得清清楚楚"。另外报纸内容通俗易懂,"不但是秀才不出门便知天下事,凡是认得字的要是看报,就可以知道天下的事"①。将报刊与书籍功能进行对比,且如此透彻地意识到报刊的时效性、通俗性和实用性功能,在当时确实难能可贵。

(二) 商业性与速效性:报刊与学校功能异同

英敛之《报馆与学堂》一文包含了他对报馆商业性与公益性的认知。认为报刊可以开通风气,学堂则可以培育人才,"皆擅通德之称,负先觉之任,作人群楷模,为社会向导"。"夫报馆学堂虽皆居于辅翼社会高尚地位",但"报馆本商业性质,学堂号义务热心"②,报馆"以巨资为商业之事",因此以经营获利,但学堂"以捐募居义务之名",故不可孜孜言获利而玷污名誉。英敛之得出上述结论是对于社会乱象的批评性认知。当时一些人借兴办公益学堂之名"向官府求补助",大获其利。更有甚者,"既组织学堂又联络报馆,作名利双收计","以教育美名为号召,挟报馆势力为攻击,虎威善假,狼欲难填",使英敛之对负有开智化俗、辅翼社会的报馆和学堂十分失望,但也体现了英敛之对报馆公益属性和商业属性的认知。

1915年,英敛之在《某报发刊词》中阐述了报馆与学堂相互补助、相辅相成的观点。

> 风俗之隆污,民智之开塞,何自乎? 曰其远因则视教育之美恶,其速效则在报纸之良否而已,盖教育者范铸国民之型模而报纸者则督促国民之鞭策也……

---

① 周萍萍.英敛之集(上)[M].桂林:广西师范大学出版社,2013:46-47.
② 英敛之.报馆与学堂[N].大公报,1909-04-29.

他认为学堂教育是塑造国民的基础,但要日积月累,循序渐进;而报纸则可以敦促、鞭策国民,收效迅速。一软一硬,一慢一快,相互补益,协同发展。英敛之同时指出虽然较学堂相比,报纸在开智化俗方面收效显著,但同样需要"不即不离,随机启发,循序提挈"以达到"行远自迩,日就月将"。英敛之同时认为"正人先正己",报刊自身要好,同时要"能贯之以爱群保种真精神,百折不回真气骨,一团热火烁我同胞,范铸道德……补教育所不及"。

(三) 新闻的真实性与客观性:反对盲目跟风

晚清救亡时代背景下,报刊的工具价值被极端重视,而新闻真实性等新闻本体属性相对被忽略了。晚清以降,报刊的论政功能被重视,造成当时重言论轻新闻的报业现象。英敛之《大公报》和同时代报人一样,把"言论"栏放置在"谕旨"栏后、"要闻"栏前,体现出重言论的特点。虽然新闻在当时报刊中普遍没有言论的影响力大,但英敛之已经意识到新闻报道的重要性,并在《大公报》创刊时就托友人多方寻觅可靠的访员(即今天的新闻记者、通讯员),以提高新闻的真实性和即时性。

首先,英敛之强调报道消息、刊登来函要有真凭实据。除新闻报道外,《大公报》对"来函"栏的真实性要求严格。1907年4月29日,英敛之刊发《来函者鉴》,指出来函刊登的信息必须有确实证据,不可挟私攻讦,报馆断不刊登无真凭实据、执一面之词之来函。

> 今敬告来函诸公,此后官场凡有蠹国害民、违法灭理诸事,务请探得确证,加以妥保,本馆必照登报端,不取刊费。非以此为深拒固闭之计也,因前此来函或下具多数名姓,或动云全班学生,及至细加参考,往往姓名全系捏造,不过借报洩其私忿而已。如此则不惟有失光明人之所为,且诬良嫁祸,两罪兼而有之,本馆断不谄媚少数之官,忽罔多数之民也,亦断不颟以抨击为能,以攻揭为直也,惟有一秉大公而已,识者谅之。英敛之谨白。①

其次,英敛之认为有闻必录为报界惯例,允许犯无心、无害之过。清末新政推行后,新式报刊开始逐渐兴起,早期报人为争取言论自由,推崇"有闻必录"的做法并逐渐形成报界公例。但一些报刊挟"有闻必录"之惯例,发布有失

---

① 来函者鉴[N].大公报,1907-04-29.

公正的消息和言论。英敛之为此发表《何谓有闻必录》一文指出：

> 报馆纪事难保必确，然必纪事者毫无成心而后可，若明知其事之不确而特书之，以图自己之利益或疑其事之不确而仍书之，以损他人之名誉，前者失报品，后者犯报律，皆不得援有闻必录之例而自讳其过也。①

从这段论述可以发现，英敛之认为"有闻必录"可以，犯错也不必苛责，但这种过失必须是无心而为；若是有心为之则不可原谅。

若是无心为之发表了不实言论，该如何处理呢？1909年9月27日，《大公报》"闲评一"栏发表《有闻不录》指出："报馆有闻必录此常例也，然使所登载者有害他人之名誉与公共之治安，固不得援有闻必录之例而辞其责。若所登虽不尽实，然既无害于他人之名誉与公共之治安，不妨据报律之明文要求更正"，断不可"既不要求更正而即兴问罪之师"。若如此行事，则是"有心钳制报馆而使之有闻不录"。英敛之认为有闻必录作为报界常例，若不小心刊登了不尽真实的消息和言论，只要该消息或言论无害他人、无碍治安，则应当给予改过自新的机会，按报律更正，政府不可因此兴师问罪，钳制舆论。

英敛之在强调报刊登载内容应该客观真实的同时，又提出允许报刊援"有闻必录"之例，这与当时的报业环境密切相关。1909年正是摄政王辅政，亲贵政权当道之时。为了避免报刊抨击亲贵专政，朝廷大员往往以报馆所登消息与事实有出入为借口而钳制、处罚报馆。为与清政府以真实性为借口钳制报刊舆论相抗衡，英敛之认为应允许报馆犯无心、无害之过的"有闻必录"。

四、英敛之的"新闻编辑"思想

英敛之的新闻编辑思想和出版发行实践别具一格，丰富了近代中国编辑出版理论和实践经验，在中国近代新闻传播领域留下了浓墨重彩的一笔。英敛之创办和主持的《大公报》一度成为北方发行量最大的报纸，而其出版的《敝帚千金》《也是集》也是一版再版，行销一空便是例证之一。

---

① 何谓有闻必录[N].大公报,1909-08-03.

(一) 议程设置:善于制造话题,形成舆论热点

英敛之是一个善于捕捉社会热点,并擅长制造社会热点的报人。作为热心时事、主张变法自强的爱国知识分子,英敛之有独到的政治见解。如何将这种自己的政治见解传播给社会各界并使其乐于接受,便必须经过一定的精心布局和编排。英敛之在《大公报》组织报刊征文活动,并通过"纵向连续编排法""横向专版排列法"等版面编排方法突出热点议题,吸引各方投稿和关注。英敛之将时人最关切的社会热点问题开列出来,设置有奖征文。由《大公报》馆评选出获奖作品和获奖名次。随后,将获奖征文每天刊载于《大公报》头版"论说"栏;或者专门设置《大公报附张》将获奖文章集中刊载。征文活动产生了多方面传播效果。首先,借助于报刊的"议程设置功能",凭借《大公报》强大的媒介影响力,使作者开列的议题迅速吸引受众眼球,成为时人议论的热点问题。其次,通过集中刊载获奖征文可以形成强大的舆论效应,引起社会的广泛关注。再次,报刊征文活动成为报馆和受众互动的一种有效形式。获奖征文可增强获奖受众的荣誉感,从而增强受众对报纸的忠诚度。最后,报馆通过选评获奖征文及其获奖等级,可以清晰地传达出报馆对此问题的态度和看法,达到"不露声色"地宣传政见的目的。

在主持《大公报》的十年中,英敛之组织多次征文活动,针对时人关心的时事政治问题进行探讨。1902年7月20日,《大公报》创刊刚刚月余,英敛之便在《大公报附张》刊登《本馆特白》:

> 本报以牖民智化偏私为目的……兹拟设题征文,广罗切时论说,不拘体裁,不限时日,借以导同胞之思想,觇实学之进步……①

随后开列论题:开官智、开民智法、和新旧两党论……征文广告于《大公报》头版连登数日,营造热议氛围。征文结束后,《大公报》公布获奖名单,并在《大公报》言论栏每天刊载一篇获奖征文,一直延续至将获奖征文全部刊载完毕。这种纵向延伸的刊载方式,拉长了人们对这一议题的关注时间,产生了持续的关注效应,进而达到了良好的宣传效果。

除"纵向连续编排法"外,英敛之还创立了"横向专版排列法"。这种编排方法通常是将获奖征文以《大公报附张》的形式集中刊载,少则一两张,多则三

---

① 本馆特白[N].大公报,1902-07-20.

四张。这种集中轰炸的方式虽然持续时间短,但因其显著的集中效应能深入受众脑海。在《大公报》"出版千号庆典活动"时因为"出版千号庆典"中获奖征文数量偏多、庆典当天的《大公报附张》无法全部刊载,英敛之就同时采取纵向、横向两种编排法。如 1905 年 3 月 30 日《大公报》发起千号庆典征文,罗列论题"中国不亡是无天理,中国若亡是无地理""日俄战后中国所受之影响若何""中国宜划一兵制说""清宦途策""振兴中国何者为当务之急"广泛征文。①1905 年 4 月 13 日《大公报》出版千号庆典当天增出《大公报千号增刊》,采用"横向集中编排法"选取优秀获奖征文集中刊载,该日共刊登征文七篇,均为一等和二等获奖征文。剩余的获奖征文再以每日一篇的方式持续刊载于《大公报》论说栏,形成持续性效应,社会反响热烈。发起征文活动是英敛之的报刊活动特色,而纵向、横向、纵横向相结合的报刊编辑方法更为时人津津乐道。

(二)扼准时代脉搏:主观策划与按需出版相结合

《大公报》创刊不久便"声名鹊起",除了"有特色、有新论"的报刊内容外,还得益于英敛之独特的报刊编辑思想。他既具有明确的报刊策划意识,同时又能够将这种策划意识与时代热点事件相结合;既满足受众需求,又彰显自我观点。

1. 借助社会运动引领社会风潮,形成舆论效应

英敛之强烈的策划意识并非无源之水,热点议题往往来自现实生活中的热点事件或热点问题。主持《大公报》的十年间,英敛之对于"拒俄运动""抵制美货运动"、四川保路运动等社会热点事件广泛关注,积极响应。除在《大公报》上持续报道外,还发表了大量论说表明报刊的态度。

以 1905 年夏爆发的"抵制美货运动"为例,英敛之不仅及时报道了"抵制美货运动"在上海发起的原因、抵制情况、抵制手段等内容,更以《大公报》为平台,倡导和推动了"抵制美货运动"在京津等北方地区的开展和高涨。抵制美货运动在上海爆发后,《大公报》率先于北方报界践行抵制美货倡议。6 月 11 日,《大公报》报首发布公告《本报不登美商告白》,昭明"本馆拟定从本月初九起,所有关涉美人之告白一律不登"②。6 月 12 日,《大公报》报首除刊发《本报不登美商告白》之外又刊登《本馆声明》撤去报上刊登的美商广告,同时发布

---

① 《大公报》出版千号庆典征文[N].大公报,1905 - 03 - 30.
② 本报不登美商告白[N].大公报,1905 - 06 - 11.

《登告白者鉴》:"本报从本月初九日起所有关涉美人之告白一概不登……"①6月15日至8月中旬《大公报》又专辟"抵制美约要闻"栏,将抵制美约之事均列入此栏以形成集中效应,吸引受众关注和支持抵制运动。另外,英敛之全力带动天津商会加入"抵制美货运动"。针对天津商会不积极参与抵制的行为,1905年6月12日《大公报》"要件代论"栏刊发《本报记者敬告天津商务总会文》强硬质问,迫使天津商务总会6月13日致函《大公报》馆决议实行抵制。随后《大公报》报首又刊登《敬告天津各学堂同志诸君小启》《敬请江浙同乡诸君十六日商务总会集议启》两则告白,为天津商学界抵制美货集会作宣传,天津地区的抵制运动遂渐成风潮。英敛之对"抵制美货运动"的全程关注和积极响应产生了巨大的社会效应。读者纷纷来函,发表对抵制美货运动的看法。《大公报》又刊载了众多来函和来稿论说使社会影响力爆棚。天津当局为此下令"禁邮、禁阅"《大公报》,反而使引领、倡导大型群众性爱国运动的《大公报》在舆论界声名大噪。能够取得这种传播效果,英敛之借助社会运动引领社会风潮的策划意识助益匪浅。

2. 多栏同主题联动,形成集合效应

英敛之在关注社会热点事件或组织大型社会活动时,十分注意报纸栏目间的相互配合,为此创造了"多栏同主题互动"。往往在热点事件发生后,英敛之不但在"要闻"栏或"中外近事"栏中加以报道,同时还会在"言论"栏发表论说或于"附件"栏刊发白话文以表明《大公报》的看法。与此同时,"专件"栏或"要件"栏也会刊登政府部门对此事件的政策、回应或社会知名人士对于此事件的意见书或来稿。如朝廷颁布了谕旨,英敛之便在谕旨栏全文刊布朝廷谕旨。集报纸多栏之力关注同一事件,以形成强大的舆论集合效应。

1911年底,清政府和革命军南北议和期间,英敛之为宣传君主立宪政体就采用了"多栏同主题互动"法,报纸编排中采取要闻、言论、来稿等多栏同主题相互配合的方式,形成社会各界赞同君主立宪政体的舆论表象。12月19日,《大公报》除发表卢剑秋的三等获奖征文赞同君主立宪外,"要闻"栏报道南北议和中双方代表分别对君主、民主政体的态度;"来稿"栏刊载《十月九日致乡友书》亦主张"惟有联为合众,结为联邦,组织临时议会及政府而免无政府之危机"。又如12月23日"代论"栏《致鄂都督黎元洪书(侨津日商芥舟投稿)》一文指出"举世公论,皆谓宜君主政体",劝诫黎元洪以大局为重,赞同君主

---

① 登告白者鉴[N].大公报,1905-06-12.

立宪。"要件"栏刊发《叶苩棠致汤寿潜书》指出"夫热心谋国在实利不在虚名",祈劝武昌军政府"先承认君主立宪以息兵端"。同一事件或同一观点通过多个报刊栏目统一呈现,必然给受众一种清晰且强烈的主题意识,传播效果大增。这种手法在《大公报》倡导"抵制美货运动"中更为常用。自1905年6月份起,《大公报》上的"论说""代论""专件""要件""抵制美约要闻""附件"等栏均围绕着抵制美货进行。如1905年7月1日,"论说"栏发表《北京学界同志敬告全国学生文(论抵制美禁华工续约办法)》、"要件"栏刊载《南斐洲来函述中国总临时到任及华工华商情形》,紧随其后是"抵制美约要闻"栏。多栏互动,共同关注"抵制美货运动",形成密集效应,传播效果十分显著。

(三)两条腿走路:图书出版与报刊发行相辅相成

英敛之不但是出色的报人,同时也是优秀的出版者。他十分娴熟于报刊发行和书籍出版相互借力、补助发展的优势,注重将图书出版与受众需求相结合,供需相投,进而达到理想的效果。

1. 图书出版与报刊发行相互借势

英敛之在主持《大公报》期间,为开启下层民众的智识,专辟"附件"栏刊载浅显易懂的白话文章。"日报附白话,是大公报的特色,从前是没有的。"[①]这一创举寓道理于朴实真挚的白话中,富有启迪性和趣味性,很快便成为《大公报》上一个深受读者欢迎的栏目。白话文随报刊行虽能够借助《大公报》受众群和影响力获得较好关注度,但因报纸栏目众多、内容繁杂,仍不免会被报纸其他内容干扰。随着《大公报》声名渐起,英敛之将发表在《大公报》上的白话文章集中起来,拟开设"开智""辟邪""合群""戒缠足""寓言"五类主题,每类集成一册白话文集,分别出版发行。

1904年,英敛之将《大公报》上"开智"的白话文集合成册,命名为《敝帚千金》出版发行。在正式出版前,英敛之十分注重借助《大公报》进行宣传。1904年4月16日,英敛之在《大公报》"附件"栏发表《敝帚千金序》一文,强调《敝帚千金》是《大公报》上的白话文章集合出版,读者更易翻阅且主题统一,浅显易懂,能"普益人群"。1904年4月27日,《大公报》报首刊载"敝帚千金第一本出书"告白:"此书共分五类,一开智、二辟邪、三合群、四劝诫缠足、五寓言",旨

[①] 周萍萍.英敛之集(上)[M].桂林:广西师范大学出版社,2013:134.

在"破除国民愚昧谬妄之见识,唤起国民合群爱国之精神"。在此宣传引导下,《敝帚千金》第一册"开智篇""不上十数天,几千部全卖完了"。①《敝帚千金》销行"大热"反过来带动了《大公报》的知名度,为《大公报》的发行产生了积极影响。这种报刊与书籍优势互补,相互助益的思想成为英敛之新闻思想中的显著特色之一。

英敛之善于从照顾受众接受习惯的角度安排书刊的编排。《敝帚千金》一炮打响后,英敛之趁热打铁,于1904年再次出版《敝帚千金第二集》,考虑到"看书的人,单看一类,易于厌烦"②,英敛之改变了将白话分门别类、每册一个主题的发行想法,而是将挑选好的各类白话文集中编辑于一册中出版发行。这种以受众为中心的差异化书刊编辑手法令人耳目一新,有效规避了受众的审美疲劳。英敛之将书报结合互补助力的做法既独具风格,又产生了良好的社会影响,即使在当下也有重要的借鉴价值。

2. 出版宗旨明确、受众定位清晰

英敛之的白话文集能够"不胫而走",除巧妙借力《大公报》作宣传外,还在于出版宗旨明确、受众定位清晰。庚子事变前,"尽管戊戌变法失败的阴影笼罩着中国,一般知识者的目光仍然集中于朝廷的动向……下层社会的启蒙运动还只停留在少数几个人议论的阶段"③。要开启"眼光向下"的启蒙运动,化导国人首先要考虑开智方法和开智手段。国人识字仅十有一二且多数只是粗通文墨,文言文难以被普通民众所领悟。白话文因其"用意正大美善,句法浅近明白,妇女小孩子略认得几个字的也可以看看,是开民智最相宜的"④。英敛之把《大公报》上的白话文集成一册,用以开启下层社会的民智。他对于出版白话文集清晰的受众定位,契合了中国国民文化程度不高的现实情境、满足了普通民众的开智需求,有效助推了《敝帚千金》的发行。

1906年9月1日,清政府宣布仿行立宪。一时间,"论政""立宪"成为时人的热议话题。英敛之抓住这一时机将发表在《大公报》上的政论文章集结成文言政论文集《也是集》出版发售,旨在向热衷时事的知识分子传递其宪政思想,极大

---

① 周萍萍.英敛之集(上)[M].桂林:广西师范大学出版社,2013:133.
② 周萍萍.英敛之集(上)[M].桂林:广西师范大学出版社,2013:133.
③ 杨早.清末民初北京舆论环境与新文化的登场[M].北京:北京大学出版社,2008:20.
④ 英敛之.敝帚千金序[M]//周萍萍.英敛之集(上).桂林:广西师范大学出版社,2013:8.

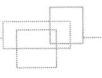

满足了热心时事且文化水平较高的知识分子的论政需求,发行量喜人。1910年,国人发起大规模"国会请愿运动",立宪风潮风起云涌,英敛之借此出版《也是集续编》,出版宗旨明确、受众定位清晰,使《也是集续编》再次风靡一时。《大公报》已成为北方言论界的旗帜,英敛之也已成为"北方清议之望"。借助《大公报》和英敛之的声望,《也是集》出版后很快受到热衷时事的知识分子的青睐而销售一空。

第三节 英敛之新闻思想的主要特征

"忠君爱国"的儒士风范、与生俱来的满族血统、"博爱合群"的天主教信仰是英敛之显著的个性特征,而这些鲜明的个人特征非但决定和影响了英敛之的新闻活动,也使其新闻思想别具一格、富有特色。

一、以"爱国救亡、延续朝廷"为核心的新闻实践宗旨

"余识英君敛之于辛丑,当是时,畿辅以义和拳之乱召八国之师,……英君愤然号呼将伯集数万之资设《大公报》馆于津沽之间,以遒人振铎、箴膏起废为己任。嗟乎,义士用心良苦,开馆以来,出报凡数千番,日日为论说指摘痰症,发覆将然,方其劳形怵心,往往通夕不寐。盖种族国土之重,受赋上宰不可自绝,热诚发衷则声泪俱竭……"①严复为英敛之撰写的这篇《也是集》序文可谓是对英敛之办报初衷淋漓尽致的展现。挽救国家危亡是英敛之的直接办报目的,庚子事变造成的国将不国是其办报活动的直接刺激,政治救亡是其根本的办报目标。主持《大公报》的十年间,英敛之在《大公报》发表众多述志诗作体现出其浓郁的救国情怀。1902年6月19日,英敛之在《大公报》"杂俎"栏发表《和逢福阶观察见赠原韵》一诗:

陆沉祸变见神州,侘际独怀漆室忧。
茫茫中原潮怒涌,悠悠竖子注轻投。

---

① 也是集·严几道先生序[M]//周萍萍.英敛之集(上).桂林:广西师范大学出版社,2013:408-409.

斯文莫在夸千古,此错真堪铸九州。

杰起豪英祝天降,重将威赫震全球。①

之后半月内,又在《久病吟》《奉和》《有赠》等诗作中痛斥清政府"折肱断臂茫无省,一败涂地方知警",并表明其心志:"虽危安有不药理,一息尚存勉之矣""兴亡亦有匹夫责,吾党生期不偶然"②。从中可以看出忧国忧民的爱国情怀是英敛之办报的最初出发点。

"救国救民"的爱国情怀使得英敛之不断寻求挽救政治的方法,他倾慕康梁发起的维新变法运动,认为君主立宪是挽救中国政治危亡的良药。于是借助《大公报》发起多次征文活动呼吁、劝导清廷立宪,并在清廷颁布仿行立宪后竭力为其建言献策,以期造成良好政治挽救国家危亡。受儒家"忠君"思想熏陶和自小生长于北京八旗营中等宗族因素的影响,"爱国"对英敛之而言就是效忠清廷,与爱新觉罗·淑仲的联姻又加重了其固有的宗族情结。这使英敛之在主持《大公报》的十年间竭力宣扬光绪帝的英明。即使在武昌起义爆发后,英敛之也从未有过不尊清廷的举动,而是称颂隆裕太后的体谅民情、屡次颁发内币救济灾民、充当军饷的仁慈。正因如此,英敛之在主持《大公报》的十年间密切关注清廷政治,对清廷对日俄战争、派遣五大臣出洋考察政治、官制改革、仿行立宪、摄政王辅政等清廷政治大事一路扶持与劝诫,竭尽全力。即使在立宪派纷纷倒戈加入革命党阵营,他依然固守"愚忠"直至清廷灭亡。在英敛之主持《大公报》期间的报刊活动中,清廷推行新政、仿行立宪的政治得失和英敛之匡扶、讽谏的言论取向跃然纸上。这是《大公报》的政治底色,也是英敛之"忠君爱国"的体现。

二、以"服务社会、引导民众为先"的新闻独立精神

英敛之清楚地认识到"民依"是国是的基础。"水能载舟亦能覆舟",因此十分重视民众在国家政治变革中的重要作用。"我们中国可忧虑的,不在乎贫弱,不在乎软弱,可忧虑的单单是糊涂,因为什么糊涂呢?……民众不念书,智识不开。"正是因为意识到民智昏聩对中国政治革新的阻碍,所以英敛之十分注重"开启眼光向下的启蒙",多次发起"开民智"征文讨论;在《大公报》上专辟

---

① 英敛之.和逢福阶观察见赠原韵[N].大公报,1902-06-19.
② 英敛之.奉和[N].大公报,1902-06-29.

"附件"和"白话"栏,撰写通俗易懂的白话文来批评民众迷信、缠足等陋习恶俗;出版《敝帚千金》扩大开智的影响力和社会效果。除注重开启民智、引导民众之外,在主持《大公报》十年间,英敛之于《大公报》上发起多次赈灾义举。如1907年的江北赈灾,英敛之与方药雨共同组织书画慈善会,以卖书画募集捐款,同时加入公益慈善会、同仁善会为赈灾贡献心力。1907年1月中旬至9月中旬,英敛之在《大公报》连续刊发《小小慈善会书画助赈启》《江北赈捐书画慈善会广告》《公益慈善会李公祠开演新戏、电影助赈启》《书画慈善会择地定期开会告白(拟题)》《慈善会演戏助赈告白》《同仁善会电影、戏法开演广告》等赈捐广告为江皖水灾募捐。1908年、1909年,英敛之又先后发起和参与劝赈北乡水灾、湘鄂水灾的公益活动。1910年春,英敛之和友人赵笙甫考察上海龙华孤儿院,肯定孤儿院"规模之整饬,陈设之适当,工艺之进步",且"教与育兼施",消除孤儿"不耕而食,不织而衣"的怠惰,自食其力,培育独立人格,并请友人撰写《上海龙华孤儿院报告书后》,自己作附志,提倡社会关注孤儿慈善事业。[1]《也是集·翠微居士序》中指出:

> 英君敛之善于爱国者也,雄才伟略,世所钦仰,惜不得志,退而创大公报于津门,报馆者天赋职也,朝政得失,民生困苦与夫世俗人心皆可得而纠正之鼓舞之,数年来如禁美货,倡国民捐,希求立宪,江北灾赈,得大公报提倡辅翼之力尤多,向非先生操守坚静始终如一则天津之社会安有如今日文明结果与?[2]

可见,英敛之借助报刊关怀社会、服务民众、指摘奸贪、揭露社会怪状陋习的"大公"之举已获得时人肯定。

英敛之主持《大公报》期间从未入仕为官,也未曾加入任何党派。严复称赞他:"能使荆棘化堂宇,下视官爵如泥沙。"满洲正红旗下层旗人的出身和生活经历也使其更加关注普通百姓的生活疾苦,并以民间立场去反映百姓呼声。为了考察民间疾苦,更好地反应百姓呼声,英敛之曾多次深入京津等地考察,撰写《北京观察识小记》刊发于《大公报》,揭示百姓生活的困顿、官员的贪腐及新政弊端,流露出"安得广厦千万间,大庇天下寒士俱欢颜"的普济情怀。英敛

---

[1] 上海龙华孤儿院报告书后[N].大公报,1910-05-03.
[2] 也是集·翠微居士序[M]//周萍萍.英敛之集(上).桂林:广西师范大学出版社,2013:408-409.

之认为清廷统治之所以日薄西山,奸贪误国是最大的原因之一。因此《大公报》揭露官员腐败、新政改革因循敷衍的报道和论说俯拾皆是。同时,英敛之是中国古代传统"清流议政"道统的继承者。他认为强项敢言是中华传统文人的脊梁,[①]一直秉承"清流议政"的传统,议政而不参政,以独立的民众立场、民间视角监督政府,"以大公无私之言,发折中之论"。

虽然晚清时期报人已注意到开启上下层国民智识的双重重要性,但梁启超等人强调开启上层官智,彭翼仲等人注重开启下层民智,英敛之则是晚清时期为数不多的既重开民智又重开官智,从上、下两方面来提高国民素质的报人。

三、以"仁爱合群、改造人心"为办报宗旨的新闻追求

《也是集》有《韩补青先生跋》一篇,其中说英敛之"负气敢任,有古侠士之风……所主持者皆其所愿行,其所排斥者皆其所痛绝"[②]。《郭养田先生跋》中亦提到"英君少好任侠,有武士风"且"以救世为怀"。是非分明、嫉恶如仇却又心怀苍生、博爱仁慈是英敛之性格中最显著的两个方面。泾渭分明的性格特征使英敛之的新闻活动具有两个特征:敢言和劝善。因嫉恶如仇敢于指摘"政界之怪状""人士之变更""社会之腐败";[③]又因心怀苍生、博爱仁慈,使得英敛之致力于劝善戒恶、开智化俗。但不管是指摘弊政、批驳贪官,还是劝善戒恶、开智化俗,都体现出英敛之对"改造人心"、培育民德的关注。注重"人心"的作用和英敛之的天主教信仰密切相关。英敛之一生笃信天主教,对天主教"爱人如己""大公无私"的教义身体力行。清政府新政的各种弊政也强化了英敛之"改造人心"是治本之法的观念。清政府的新政"大者法度朝章、用人行政无不有名无实,粉饰因循;小者通商惠工,兴作制造亦无不因陋就简、偷工减料,以为敷衍塞责计"[④]。在朝野呼吁声中,清廷在丙午(1906 年)"七月十三日预备立宪之诏旨、九月二十日厘定官制之新章",但虽然仿行立宪却"朝政则敷衍如故","百官则泄沓如故","讼狱则黑暗如故","人情则虚伪如故",宪政改革徒"变虚名并未变实事,袭皮相而竟遗精神,百罅千孔,敷衍因循"。英敛之据此

---

① 胡太春.中国近代新闻思想史(下卷)[M].上海:东方出版社,2015:486.
② 周萍萍.英敛之集(上)[M].桂林:广西师范大学出版社,2013:406-407.
③ 周萍萍.英敛之集(上)[M].桂林:广西师范大学出版社,2013:414-415.
④ 周萍萍.英敛之集(上)[M].桂林:广西师范大学出版社,2013:473.

认为中国"变法"的根本在于"变心","惟其心法不讲,根本既失也",政治变革必然毫无成效。① 中国若想变法自强必当先从"变心"开始;改变自私自利的"私心",培育合群爱国的"公心","要看天下的人都是同胞","凡事总以公理为凭"②,同甘共苦,相互救助,国家自然强盛;培育公心必须借助纯正公教,这就是英敛之宗教救国思想的逻辑思路。正是在这一思路指引下,英敛之在《大公报》上发表了众多宣扬"宗教救国"的论说和文章。白话文《没有道理国不能强》《败坏的缘故》《无宗旨的教化》《讲爱德与同群大有关系》《再讲爱德》、文言论说《爱国心》《无爱国心之派别》《国之要素为爱与信》等等均是强调道德、宗教对于挽回人心、拯救国家危亡的重要作用。为了能够达到以宗教唤起人心的目的,英敛之对中国民众烧香拜佛、相面信风水等迷信风气多加批判,指出这些迷信陋俗皆是毁人心志的私欲。而英敛之在《大公报》发起"调和民教"征文活动则是试图借助报刊舆论解除百姓对天主教的误解。

1910年11月《大公报》馆出版《也是集续编》,英敛之在自序中叙述了自己办报以来的心境变化及坚持初衷的动力因素。1910年后,英敛之对亲贵专政已极其失望,"感时抚事虽仍有所作而时局愈丛脞,心志愈灰颓,学殖愈荒落,盖悁悁视息苟活人间而心死久矣,比者以二三知己屡相规劝,谓既受救主爱人之诫,不当厌弃世事,一任槁木死灰,苟一息尚存应竭其能力以图国利民福,效国民一份子之天职",天主教宗教信仰的影响使英敛之重拾起笔端"拈毫弄翰,向社会絮聒其不入耳之言"。③

天主教是英敛之笃信一生的宗教信仰。虽然他对法国在华天主教传教士愚弄、欺压中国民众的行径感到愤慨,并联合马相伯撰写《上罗马教皇书》呼吁在中国建立天主教大学并主张培育华人传教士自主传教,但自始至终没有对天主教信仰产生动摇和怀疑。英敛之信奉天主教并非为一己之私,而是希望在晚清风俗浇漓、人心日下的时代寻求挽救的救国济世之道。"宗教救国"思想贯穿于其整个新闻活动中,且伴随了英敛之一生。

---

① 周萍萍.英敛之集(上)[M].桂林:广西师范大学出版社,2013:352-353.
② 周萍萍.英敛之集(上)[M].桂林:广西师范大学出版社,2013:44-46.
③ 英敛之.也是集续编自序[M]//周萍萍.英敛之集(上).桂林:广西师范大学出版社,2013:423.

本章小结

　　作为近代转型期的中国报人,英敛之身上承继了儒家"修齐治平""兼济天下"的家国情怀和爱国情愫。同时受西方近代社会学说和西方自由主义新闻理念的影响,接受了报刊"监督政府,向导国民"的社会功用和新闻自由等西方报刊理念,这使其新闻思想中呈现出"中西杂糅"的特点。英敛之的新闻思想不可避免地因其天主教信仰而表现出与其他报人不同的色彩。受宗教观念的影响,英敛之一直认为"人心"是对万事万物起决定性作用的力量。只有社会人心向善,国民能够一心为公、摒除私念,才能杜绝中国社会政治改革中的一切弊端、收获实效,国家也才能日渐富强。因此英敛之十分重视运用报刊宣传"爱人如己""博爱合群"的天主教信仰,试图从"根子"上改变人心,使英敛之新闻思想中一直主张"改造人心"为新闻活动的根本着力点。英敛之浓郁的宗族主义情结对其新闻活动也产生了重要影响,他一生都以"政治救亡、延续朝廷"作为新闻实践的目标。而下层旗人的身份、爱人如己的宗教信仰又使其一生站在民间报人的立场监督建言,坚持新闻的独立性。儒家思想、西方社会学说、天主教信仰、宗族主义情结等因素的交织影响使英敛之的新闻思想呈现出复杂纷呈的多种面向。

　　英敛之的新闻实践和新闻思想活动受梁启超的影响很大,由于英敛之没有海外经历,对西方三权分立学说、近代国民思想和西方资产阶级自由主义新闻理念的吸收和理解多是以"师夷长技以制夷"的"工具"角度入手,与梁启超的新闻观念并不完全相同。这使英敛之对梁启超的新闻思想既有吸收和延续,又呈现出自身的鲜明特色:梁启超侧重于以西方科技知识来"开启民智",而英敛之在"向导国民"方面更注重以宗教信仰"改造人心";梁启超强调"监督政府"是将报馆放置在与政府平起平坐的地位,而英敛之的"监督政府"更多是为了"扶翼政府";梁启超主张从"个体自由"的价值理性层面强调新闻自由,英敛之则着重从"群体意识"的工具理性层面呼唤新闻自由;梁启超主张从西方新闻专业主义理念的角度来培育新闻人专业素养,对报人的素质要求更为全面,英敛之受宗教信仰的影响更注重于培育报人的"公德公心"。儒家思想、满族情结、宗教信仰等多重因素使英敛之的新闻思想呈现出与同时代报人相似又相异的特点。

结语:认识新闻人英敛之

对民国时期新闻史人物的评价应立足于历史唯物主义和辩证唯物主义的基本观点和方法,摆脱历史唯心主义和历史虚无主义的影响;立足于民国时期新闻史发展的实际历程和规律,摆脱僵化的非新闻史因素的局限;客观、真实、全面地认识和评价"历史的"民国新闻史人物,摆脱机械和片面的思维方式,从"国家""民族""道德""行业"和"阶段"来评价民国时期新闻史人物。[①] 对于活跃在清末民初具体的历史环境和新闻环境中的著名新闻人英敛之,笔者认为可以从以下几个方面予以认识和评价。

作为与清廷皇室联姻的满族旗人,英敛之对清王朝有着不可割舍的宗族情感,但列强侵扰的时代之殇让其深刻地意识到清政府的腐败堕落,满族情结和儒家"修、齐、治、平"思想又激发了英敛之浓郁的爱国情怀和"保清"意念,因此极欲以君主立宪推动清廷自救改革,实现国家独立富强。下层旗人的生活经历、贪官污吏横行腐败,让英敛之认为"变法先变心",变心须开智,他一生致力于开启"眼光向上"(开官智)和"眼光向下"(开民智)的双向启蒙以助力君主立宪在当时中国的全面实行。

拳拳爱国心、切切保清情,彰显了英敛之在面临"国"与"族"的双向矛盾时给出的调适方案。在宣扬君主立宪的过程中,英敛之认为,中国之所以贫弱,根源在于"众人皆怀私心",没有公德,由此寻求借助天主教祛除私心、聚心育民。但英敛之的政治理想不可能实现,清政府的腐败堕落已无力挽回,其借助报刊推动君主立宪实行的报刊理想也注定是黄粱一梦,以天主教来"化私为公"更是一厢情愿,这为其一生披上了一层悲剧色彩。但英敛之在看清清廷灭亡不可逆转的历史形势之后,赞成共和以保全国家,彰显了其通透明智和爱国情怀。报刊救国和报刊"保清"是其办报理想,英敛之在追求这一报刊理想的过程中大力倡导推广白话文和阅报社,对于开启下层民智起到了重要作用;其新闻自由观、新闻功能观、新闻文体观客观上推动了西方新闻专业主义思想在中国的流行,为当时新闻业的发展作出了积极贡献。

---

① 倪延年.论民国时期新闻史人物的群体特征及评价问题[J].现代传播,2018(7):33.

第一节　多面向的爱国进步新闻人

一、在列强面前主张自强兴国的爱国新闻人

英敛之一生最鲜明的特征即爱国。英敛之成长和生活的年代是清政府内忧外患、战乱频仍的年代。英敛之经历了甲午中日战争和八国联军侵华战争，对列强侵略有着切肤之痛。尤其是庚子事变，英敛之的姑母在战乱中死去，家里房屋被焚、自己和家人颠沛流离、生计无依，直接强化了英敛之办报救国的思想。英敛之友人郭养田在《也是集·郭养田先生跋》中所说："自庚子以来联军内入，乘舆播迁，猿鹤虫沙同归朽坏，英君于是发大愿心施转轮手，集数万资创《大公报》馆于津门，以遂人之职，起废箴膏"[1]，所办报刊"大旨略具于国之要素及爱国心诸篇类，能成一家言"[2]。英敛之主持《大公报》期间曾多次发起、参与、报道和支持"拒俄运动""抵制美货运动""四川保路运动"等爱国运动，揭露列强的侵略野心或苛待国人的情形，号召国人力争到底。"拒俄运动"中，英敛之主持下的《大公报》成为北方"拒俄"界的一面旗帜，英敛之也成为北方地区最早报道、支持、倡导"拒俄运动"的近代报人之一。1905年"抵制美货运动"在上海兴起后，英敛之随即在《大公报》头版连续多天刊发不登美货广告的启事，是最早在北方报界践行"抵制美货"的报人并专辟"抵制美约要闻"栏报道"抵制美货运动"情况，同时发表大量论说呼吁津民发起爱国心，积极参与抵制。虽因此得罪袁世凯当局，《大公报》遭到禁邮、禁阅，英敛之毫不动摇，体现了其反对列强践踏国人的爱国情怀。《大公报》的"抵制美货"宣传，使合群爱国思想深入人心，"人人知有自主之权""人人知尽国民义务"，现代国民意识觉醒。在某种程度上可以说，英敛之是近代报刊史上最早通过近代报刊开启民智、灌输国民爱国理念、培育现代国民意识的爱国报人之一。

英敛之在主持《大公报》期间，集中撰写《爱国心》《无爱国心之派别》《国之

---

[1] 周萍萍.英敛之集(上)[M].桂林:广西师范大学出版社,2013:414.
[2] 周萍萍.英敛之集(上)[M].桂林:广西师范大学出版社,2013:407.

要素为爱与信《论天津收复为义和拳之纪念》等文章号召国人增强爱国心,挽救中国于危亡。《爱国心》一文说:"国者何? 民众团体之所由成也。爱国心者何? 思所以固结团体保持爱护之也。保持爱护者何? 不使异族侵害我之自由致失其权利也,谁人当具爱国心? 凡属人类,无不当有之也。"[①]"位卑未敢忘忧国"是英敛之一生的真实写照,何炳然认为英敛之的一生以炽热的爱国主义为主线,贯穿始终[②]。正因为强烈的爱国心,所以坚持变法自强,与列强争雄于全球。他大声疾呼优胜劣汰、强存弱亡,中国人必须虚心向西方学习,"挹彼欧西学术,启我同胞聪明",这是在屡屡受辱的现实面前中国必须迈出的一步。"师夷"是为了"制夷","学欧西"是为了更好地爱国。他一生致力于推行君主立宪政体,多次发起开智化俗的社会改良运动,在清末新政和辛亥革命中摇旗呐喊,大声疾呼,无不饱含了英敛之拳拳爱国心。最终放弃坚持一生的君主立宪政体,认同民主,体现出其浓郁的爱国情怀。

二、在封建君主制度下推进君主立宪的进步新闻人

君主立宪是英敛之一生的政治理想,他认为君主立宪是挽救中国最合时宜、最有效的政治制度。英敛之清晰地意识到封建君主专制制度的危害,中国几千年的封建专制政体专施愚民之术,导致臣民养成阿谀逢迎之习气,"上酣下嬉,苟安偷惰,崇尚诈伪,进绝直言",[③]终致国是日非,人心日漓。君主专制政体不变,变法始终只能是"不事根本,徒矜皮毛"[④]。中国若真心振作,必须"一秉大公,尽除私意,革专制旧章,改立宪政体"[⑤]。

基于这种政治认知,英敛之极力主张变法自强。早在康梁发起维新变法期间,他便倾慕君主立宪政体,并发表《论兴利必先除弊》一文声援变法。变法失败后又发表《党祸余言》一文为维新党仗义执言。虽多年间颠沛流离,但变法之志不改,广泛结交何启、胡礼垣、严复、汪康年、马相伯等主张君主立宪的

---

① 英敛之.爱国心[M]//周萍萍.英敛之集(上).桂林:广西师范大学出版社,2013:315.

② 何炳然.《大公报》创办人英敛之教友(续)[J].中国天主教,1988(2):50.

③ 英敛之.原败[N].大公报,1904-01-10.

④ 英敛之.强之本果在兵乎[M]//周萍萍.英敛之集(上).桂林:广西师范大学出版社,2013:290.

⑤ 英敛之.今世之人材果足今世之用乎[M]//周萍萍.英敛之集(上).桂林:广西师范大学出版社,2013:288.

各界人士。1902年创办《大公报》后借日俄战争日本战胜俄国呼吁君主立宪、支持清廷派遣五大臣出洋考察政治并献言建策、发起《大公报》出版千号征文活动,为君主立宪摇旗呐喊。清廷宣布仿行立宪后备受鼓舞并大力推进和监督清廷各项预备立宪举措落到实处,对清廷预备立宪过程中的种种弊政进行批评揭露,以督促立宪政体切实实行。1908年2月9日,英敛之在《大公报》上刊发《本报两千号征文广告》,发起第二次促进立宪的征文活动,并开列"实行立宪之政体如何"等旨在促进清廷立宪和推行新政的议题,督促预备立宪"切实施行,不可徒托空言,致蹈玩愒之咎而取灭亡之道也"①,展现了英敛之对中国改行立宪的渴盼和极力鼓吹。

英敛之能够认识到西方政治、经济、文化的优势和中国封建专制制度的落后,并努力呼吁中国向西方学习,改行立宪政体以争取国富民强,体现了英敛之政治思想的进步性。假如清政府能够醒悟,切实改行立宪政体,中国近代历史的命运和结局或许就会不同。可惜清政府已病入膏肓,中国也不具备日本明治维新所需的社会条件,立宪改良根本不会被清政府接受和采纳,这正是英敛之这一人物的历史性悲剧,但不能否定英敛之在当时历史环境下全力推动君主立宪的进步性意义。

三、在迷惘无奈中借助天主教"聚心育民"的宗教新闻人

内忧外患、叠辱纷呈,清政府虽然一再下诏推行新政、仿行立宪,官员却依旧因循敷衍、空谈误国、相互倾轧、自私自利。英敛之认为造成这种现象的根本原因在于"私心"。朝廷谋私所以视天下为一家之物,官员谋私所以极尽阿谀逢迎之事,贪污腐败,卖官鬻爵,贡献、捐纳之风盛行,导致"今世之人材不足今世之用"。西方列强"纲举目张,百废俱兴不过贤者在位,能者在职。朝无倖位,野无遗贤而已",中国因为官员谋私所以贤才不得出,良政不能行。"造育人材固为立国之本而变化性质最为世间之难事。"②英敛之认为,中国若想强盛必须从根本上改变"私心",使人人心怀"合群""大公"之心。"爱德为合群第一要素,人无爱德必不能有益于群"。爱德即忠恕大公之心。如何培育爱德?在迷惘无奈之中,英敛之找寻到了天主教,天主教主张的"仁爱合群"似乎正是

---

① 英敛之.本报两千号征文广告[N].大公报,1908-02-09.
② 英敛之.今世之人材果足今世之用乎[M]//周萍萍.英敛之集(上).桂林:广西师范大学出版社,2013:286.

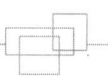

当时社会所缺,于是英敛之集中撰写《论道德为人格之要点》《以宗教救中国说》《漆室女》《没有志气不能成人》《没有道理国不能强》《不能变法的缘故》等十数篇文章来阐述宗教培育公心的道理,并一直将宗教作为"聚心育民"的工具,英敛之这种"宗教救国"的思想无疑是不科学的,带有唯心主义色彩,过分强调"人心"在社会政治变革中的作用,但这在一定程度上也反映了英敛之作为一个知识分子试图改变国家贫弱现状的无奈和迷惘。从这一角度来讲,英敛之又是一个带有悲剧色彩的,在无奈迷惘中试图借助天主教来"聚心育民",进而改变国势、挽救清廷的宗教新闻人。

四、在宗族情感上忠于清廷但未逆大势的明智新闻人

以往的研究很少探讨英敛之满族身份对其报刊活动的影响。血缘亲情、宗族感情皆是人之常情,会影响到报人的新闻活动和新闻思想。英敛之十几年如一日地坚持为清廷政治改良殚精竭虑,虽多次病痛到腿不能下地,依然带病坚持,直至清帝逊位。主持《大公报》的十年间,英敛之十分关注"满汉畛域"问题,并在清廷宣布废除"满汉畛域"后忧虑八旗生计问题,在《大公报》上发起征文"妥筹八旗生计策",为满族人的生存问题出谋划策。1910年后,英敛之"感时抚事,虽仍有所作而时局愈丛脞,心志愈灰颓,学殖愈荒落,盖恹恹视息苟活人间而心死久矣"。即使是在看清了清政府的病入膏肓、无药可救之后,英敛之依然不舍得放弃最后的效忠皇帝、挽救清廷的机会。在辛亥首义胜利、湖北军政府正式成立、立宪人士纷纷倒向革命阵营后,英敛之仍坚守在保皇第一线,为"君主民主问题最后之解决"而在《大公报》上发起征文活动,为保存皇室作最后努力,甚至还一度企图为保存皇帝虚位而宣扬联邦共和政体。英敛之为何如此在意保存皇帝虚位呢? 宗族情结可以在一定程度上解释这一行为。

然而,值得肯定的是,英敛之虽然为保存皇室不遗余力,但当南北议和僵持不下而导致商民疲累、军费靡耗、列强虎视觊觎时,英敛之毅然将保存皇室问题让位于保存国家。在国家大义面前,英敛之选择了舍弃民族小义、保存国家大义,默认皇帝退位和共和政府成立。他在清帝宣布退位后退隐北京香山,在北京香山静宜园设立静宜女学和辅仁社,致力于教育、公益事业。这一方面表明了英敛之与清廷皇室的特殊关系,另一方面也表现出英敛之的"遗老"特征。"遗老情结"也好,宗族观念也好,英敛之能在国家利益和社会进步潮流面前不逆形势、急流勇退,充分表现出其以国家利益为先的爱国情怀,英敛之也

正因如此成为一个独具个性的"氏族感情上忠于清廷却未逆历史形势的明智新闻人",爱国也成为英敛之一生最鲜明的人生底色。

第二节　先进新闻理念的倡行者

从新闻专业视角来看,英敛之在倡行"大公"报格、推广白话文等方面作出了重要贡献,影响了中国近代报业的报刊理念发展和报刊文体文风。

一、"大公"报刊理念的提出者和践行者

《大公报》是近代以来存在时间最长、发行范围较广、影响甚大的中文报纸,可谓中国近代史的见证者和参与者。① 作为我国百年民营大报,《大公报》见证了中国社会19世纪末至今的社会变迁,并以客观公正、独立自主的报刊理念著称于世。英敛之作为《大公报》的创始人,正是《大公报》公正无私报刊理念的提出者和践行者,凭借苦心孤诣的操持与殚精竭虑的经营铸就了百年《大公报》的报魂,引领了近代报界风气。"忘己之为大,无私之为公"的报刊理念构筑了可贵的精神传统与创刊理念。英敛之在其报刊生涯中,不遗余力地践行"大公无私"的报刊理念,为此抨击慈禧专政、揭露政治蹉跎,多次面临生命危险而不惧,为《大公报》赢得了"敢言"美名。

英敛之认为报纸具有强大的社会功能,撰写《说报》《续说报》《原报》《论新闻纸之势力》《论新闻纸与开民智大有关系》等文章阐述报馆的重要性。在《说报》一文中将报纸比作"济世利人的根子"②,讨论了报纸的天职、阐释了报刊的功用——上为君耳目、下作民喉舌,强调报纸要"以大公之心,发折中之论"。因此他呼吁遍设报馆,自京师以及各省,遍设报馆,有总馆有分局,与各学堂相表里,学中所课时务诸文,概准登报,定其优劣,借作劝惩。③ 正因为对报纸功能有所期冀,英敛之对于报界乱象深恶痛绝,他仿《陋室铭》的韵律格式作《报馆铭》,辛辣讽刺讥评报界。

---

① 侯杰.《大公报》与近代中国社会[M].天津:南开大学出版社,2006:4.
② 英敛之.说报[N].大公报,1902-09-13.
③ 英敛之.推广日报说[N].益闻报,1898-01-29.

除了敢于针砭时弊、抨击时事，英敛之对下层民众的迷信陋习也不遗余力地批评劝说，大力推广西方自然科学和社会学说；他树立女学界典范吕碧城，兴女学、开女智，大力宣传近代学堂教育，宣传推广阅报社……"挹彼欧西学术，启我同胞聪明"的"大公"理念则是其初衷。正如他在《国之要素曰爱与信》中指出的，中国一切弊政的根源即在于"自私自利"[1]，"变化人心"的根本在于祛除"私心"，培育"公心"。他用一生的报刊行动践行"开风气，牖民智"的报刊宗旨，"大公"报刊理念在其报刊生涯中得到充分彰显。

二、"眼光向下的启蒙"的提倡者和践行者

英敛之是清末民初最早意识到开启下层民智重要性的新闻人之一。他强调中国之所以贫弱受欺，是因为"民众不念书，智识不开"。中国君主立宪政体的推行非但要开官智，还要开民智，国民只有具备能实行君主立宪政体的智识，中国的君主立宪政体才能真正推行。正因如此，英敛之将《大公报》的办报宗旨设定为"开风气、牖民智，挹彼欧西学术，启我同胞聪明"。倡行白话文和推广阅报社是英敛之提倡"开启眼光向下的启蒙"的两种具体措施。

白话文是伴随着清末爱国知识分子"开民智以救亡图存"的倡议而逐渐发展起来的一种文体形式。晚清以来，先进知识分子秉持"救亡与启蒙"两大传统，认为中国积贫积弱的根源就在于没有现代公民意识、国家意识。他们认为："要想改变中国贫弱的状况，首先就要改造国民性，向国民灌输现代主权国家观念，萌生爱国合群之心。"[2]因为民族意识、国民精神"不但对外有抗衡的功用，而对内亦有融合的妙处。一个民族若不自知为一体，或互相漠视，或互相歧视，这个民族之内部必定难得均齐的进步，甚至失其和谐关系，甚至互相残杀"[3]。但晚清时期，普通民众识字者少，文化程度低，白话文"不须深交文周内，使人便观，务期朝野通行、雅俗共赏"[4]，浅显易懂，语言朴实简练，非但识字不多的普通民众能够看懂，朗读给不识字者听亦能听懂。英敛之十分重视白话文在开启下层民智中的作用，他多次在《大公报》发起"开民智"专题征文讨论并专辟"附件"和"白话"栏，刊载浅显易懂的白话文章来批评民众迷信、

---

[1] 周萍萍.英敛之集(上)[M].桂林：广西师范大学出版社，2013：321.
[2] 许知远.东方历史评论(第3辑)[M].桂林：广西师范大学出版社，2013：204.
[3] 章开沅，余子侠.余家菊与近代中国[M].武汉：华中师范大学出版社，2007：58.
[4] 英敛之.推广日报说[N].益闻报，1898-01-29.

缠足等陋习恶俗。英敛之在《说〈大公报〉》一文中,也阐释了推行白话文的原因:"本报为开民智起见,多半是对着平等人说法,但求浅俗清楚,不敢用冷字眼儿,不敢加上文话成语。"①据粗略统计,清末民初"大约有一百七十余种这类白话报刊"②,白话报(文)受欢迎程度可见一斑。在《大公报》"白话"附件之前,《京话报》《杭州白话报》《启蒙画报》等白话报已在社会上引起较大影响,英敛之借助《大公报》和出版的白话文集进一步将白话文推向高潮。

  英敛之提倡白话文的最直接和最显著做法即亲自带头使用白话文写作。英敛之是《大公报》"附件"栏白话文章的主要写作者之一,《大公报》"附件"栏创办前期,白话文章几乎全为英敛之和其朋友所作。为了吸引下层民众,英敛之常常以普通民众日常生活中的一件小事或社会上流传的一个故事阐发开去,以小见大,开民智于潜移默化之中,文风朴实简洁,浅显生动,深受欢迎。随着《大公报》白话文的关注度越来越高,英敛之将发表在《大公报》上的白话文章集中起来,归类为"开智""辟邪""合群""戒缠足""寓言"五类主题,每类集成一册白话文集,分别出版发行。1904 年,英敛之将《大公报》上"开智"的白话文集合成册,命名为《敝帚千金》出版发行,后又发行《敝帚千金续篇》,全力推进民智开化。英敛之(《大公报》)与彭翼仲(《启蒙画报》)、裘毓芳(《无锡白话报》)、杭辛斋(《浙江白话报》)、林白水(《中国白话报》)、包天笑(《苏州白话报》)、钱玄同(《湖州白话报》)、刘孟扬(《白话晨报》)等人一起,为清末白话文风潮贡献了重要力量。

  大力宣传、推广阅报社是英敛之提倡"眼光向下的启蒙"的又一具体措施。"街头贴报、阅报社和讲报社是清末北京中下层启蒙运动的重要组成部分。1905 年至 1906 年间,北京出现了创办阅报社的高潮,推动白话报和白话文走向街头、茶馆和寺庙,进入底层民众的日常生活。"③晚清时期,经济凋敝,民生艰难。下层民众生计尚难维持,更遑论买报阅览。有识之士意识到设立阅报社对于开启民智的重要性,便提倡设立阅报社,将各大报纸张贴在阅报社供民众阅览,同时阅报社也成为大家讲报、讨论的场所,识字人阅读、讲解给不识字的民众,使下层民众也能知晓国是,以培养其立宪国家国民资格。京津地区开风气之先,天津《大公报》英敛之、北京《京话日报》彭翼仲成为京津地区提倡阅

---

① 周萍萍.英敛之集(上)[M].桂林:广西师范大学出版社,2013:27-28.
② 丁守和.辛亥革命时期期刊介绍(五)[M].北京:人民出版社,1987:493.
③ 王鸿莉.清末京师阅报社考察——基于空间和族群的视角[J].近代史研究,2020(5):64.

报社的重要报人。与友人彭翼仲相呼应,英敛之于1905年5月份左右开始通过《大公报》大力宣传阅报社的功用和益处。为更好地促进阅报社发展,英敛之借助《大公报》大力报道了天津、北京、河北保定、山东潍县、山东泰安、湖南湘乡、江苏扬州、四川乐山县等地设立阅报社的情况,呼吁民众进入阅报社阅报交流。在英敛之的主持下,《大公报》成为京津地区宣传推广阅报社最得力的报纸之一。"阅报社、讲报所实为改良风俗、唤醒国民之利器。自西城阅报社、东城讲报所一一创立,京畿内外,群然继起,文明猛进,为北方近年未有之光彩,诚堪欣慰。"[①]英敛之推广阅报社的努力为开启下层民众的智识作出了重要贡献。

---

① 要紧告白[N].京话日报,1905-09-15.

附录·英敛之新闻活动日录[①]

1867 年

清同治六年(1867年)阴历十月二十八日出生于北京西城。

1873 年

结识恩师乔心困(名松节,字霁轩),跟随其读书学习。《也是集·记乔心困师》讲道:"予小子童年虽入学,而四书竟未卒业。迨遇先生后,始承耳提面命,知所趋向。今之一知半解,大部由先生启迪训诲而来。"

1882 年

开始撰写日记。

1884 年

作《贫病吟》,为现存诗作中最早的一首。

1885 年

读汤若望所著《主制群徵》。

1886 年

为思想转变期。弱冠前习武,"弱冠后,知耽文学",喜吟咏。

1888 年

受洗成为天主教徒。作《述志吟》。

[①] 由于英敛之的早期诗作多见于其留世的《安蹇斋丛残稿》,其中并未有详细的作诗日期,因此只能具体到其诗作的年份。另有少量晚年所作论说详细月份不可考,因此也只能具体到其创作的年份。

1891 年

1月28日，在《益闻录》1037号发表诗作《题道未先生集》，是英敛之悟道明志之作。

6月13日，在《益闻录》1073号发表诗作《和友人感怀诗》。

6月20日，在《益闻录》1075号发表《乞儿行》《贫病吟》《志感》《原性步友人韵》等述志抒情诗。

8月26日，在《益闻录》1094号发表诗作《自在园观荷一律》。

8月29日，在《益闻录》1095号发表诗作《即事》《雨后》《栽竹》。

9月16日，在《益闻录》1100号发表诗作《写怀四律》《写怀兼自厉》。

9月26日，在《益闻录》1103号发表诗作《写怀用友人韵》《读友诗再和前韵》《和友写怀》。

9月30日，在《益闻录》1104号发表诗作《昆明湖》。

10月3日，在《益闻录》1105号发表诗作《奉和赵君秀珊七律二章》《纪程四首》。

10月24日，在《益闻录》1111号发表诗作《西山访隐夜话书此即赠信笔一挥毫无韵律聊识此情耳》。

10月31日，在《益闻录》1113号发表诗作《古剑》《望湖楼》《残秋晚眺》《写怀》。

12月12日，在《益闻录》1125号发表诗作《和秀珊先生东郊闲眺韵》。

1892 年

1月20日，在《益闻录》1136号发表诗作《和赵君秀珊秋兴韵》《秋雨和秀珊先生韵》《步秀珊先生东郊韵》。

1月23日，在《益闻录》1137号发表诗作《自勖》《满江红西郊散心作》。

2月17日，在《益闻录》1141号发表诗作《辛卯冬夜读理窟辩诬章有感时事援笔为长如左》，为天主教辩诬。

3月23日，在《益闻录》1151号发表诗作《春日大风》《春郊闲步》。

3月30日，在《益闻录》1153号发表诗作《春日昆明湖上偶题》。

4月2日，在《益闻录》1154号发表诗作《村居四绝》《和赵君秀珊四时诗韵》《五塔寺》《昆明湖》《金山口》《黑龙潭》《西郊口占》《冬日病中偶书》。

4月27日，在《益闻录》1161号发表诗作《行路口占》《山中友人索书赋西江月一阕并七绝二首》。

7月16日，在《益闻录》1184号发表诗作《孩童以敝箑索书戏笔走应》《和秀珊先生即事韵》。

7月20日，在《益闻录》1185号发表诗作《渔父》。

7月23日，在《益闻录》1186号发表诗作《有疑》《有悟》《前意未尽再成一律》。

7月27日，在《益闻录》1187号发表诗作《学书》《示友》。

7月30日，在《益闻录》1188号发表诗作《壬辰正月二十日作》《牡丹》《小园》《种竹》

《偶成》《观书即题》。

8月13日,在《益闻录》1192号发表论说《覆鉴翁先生辨学第一书》和诗作《写怀四律有序》。

8月17日,在《益闻录》1193号发表论说《覆鉴翁先生辨学第二书》和诗作《自在园观荷》《雨后登楼》。

8月24日,在《益闻录》1195号发表诗作《即事》《偶成》《寄意》。

9月3日,在《益闻录》1198号发表诗作《偶兴》。

9月21日,在《益闻录》1203号发表诗作《登萧太后梳妆楼》。

11月2日,在《益闻录》1215号发表论说《辩诬》为天主教辩白。

11月12日,在《益闻录》1218号发表诗作《率和秀珊夫子述怀韵用卷帘法》。

11月16日,在《益闻录》1219号发表诗作《益闻馆主以越南同文报见示载敝作数首且蒙谬许清丽爽快风韵珊珊阅之不禁汗颜因书识愧》。

1893年

患半身不遂,心志低落。

1月11日,在《益闻录》1235号发表诗作《送张君寅章归保阳　调寄虞美人》。

2月4日,在《益闻录》1242号发表诗作《偶成　调寄解珮令》。

3月8日,在《益闻录》1248号发表论说《初使泰西记辨》。

4月1日,在《益闻录》1255号发表诗作《和题壁》。

7月12日,在《益闻录》1284号发表诗作《偶成》。

7月15日,在《益闻录》1285号发表诗作《即事》。

8月26日,在《益闻录》1297号发表诗作《苦雨》。

9月13日,在《益闻录》1302号发表诗作《赠马背船唇客荣君霖臣》。

9月16日,在《益闻录》1304号发表《病中二绝》。

11月1日,在《益闻录》1316号发表诗作《偶题》《晨起闻铃口占》《写怀》《岁暮感怀》。

11月18日,在《益闻录》1321号发表诗作《偶成》。

1894年

甲午中日战争爆发。作诗《久病吟》《感怀》,诉说自身病痛,感慨国家艰难。

2月14日,在《益闻录》1343号发表诗作《舞刀》《挽弓》《别友》。

2月21日,在《益闻录》1345号发表诗作《答日本雅士西霞舫》。

6月2日,在《益闻录》1374号发表诗作《赠毓君伯仁》。

6月9日,在《益闻录》1376号发表《贺遇知兄赐和原韵至再至三有春波遇秋云过月层出不穷不辞浅陋勉成一律聊以弄斧班门云》。

6月16日,在《益闻录》1378号发表《读秀珊夫子看火行拈二十八字奉和》《郊西散布戏成》。

9月15日,在《益闻录》1404号发表诗作《旷怡草堂　志君克庵别墅》《即事》。

1895年

与清廷皇室后裔爱新觉罗·淑仲结婚,在北京天主教西堂工作。

2月2日,在《益闻录》1441号发表诗作《和慕陵先生写怀韵》《过乱塔寺》《偶成》。

5月22日,在《益闻录》1472号发表诗作《忧怀》。

7月31日,在《益闻录》1492号发表诗作《读筑严旧友见示诗草谨步原韵并呈贺遇知见尘览》。

8月7日,在《益闻录》1494号发表诗作《写怀用博陵王耀东兄见示原韵即以呈正》,感叹家国衰微,心志难酬。

1896年

5月9日,在《益闻录》1570号发表诗作《颐和园备差恭纪》。

5月20日,在《益闻录》1573号发表诗作《偶书三绝》,叹报国无门、壮志难酬。

9月5日,在《益闻录》1604号发表诗作《槟榔屿刘君子秀赐和拙作再步原韵奉尘粲政》。

10月17日,在《益闻录》1616号发表诗作《颐和园灯戏纪盛》。

1897年

3月13日,在《益闻录》1655号发表诗作《忆秀文即以书示文为圆明园镶蓝旗下人》《寄河间张卓青》。

5月29日,在《益闻录》1677号发表诗作《漫兴》《数日萧间得于蓬室饱阅书史书二十八字》。其中《漫兴》对其碌碌无为的现状显示出不满和焦虑。

6月5日,在《益闻录》1679号发表诗作《夜赴颐和园途次偶成》《某邸以石路小驴车命作七律一首用春韵即戏占呈之》。

6月19日,在《益闻录》1683号发表论说《论昏蒙为风俗之害》。

7月14日,在《益闻录》1690号发表论说《丁酉五月下浣至永定门外马家铺见铁路已成观者络绎于途风气为之一变欣然识以俚言》。

7月17日,在《益闻录》1691号发表诗作《五月朔日海淀涂次偶成》。

8月25日,在《益闻录》1702号发表论说《论京中宜安插乞丐》。

9月8日,在《益闻录》1706号发表《赠荣霖臣孝廉》《秋日初度有感》《有笑余诗为点鬼簿者口占一绝》。

10月13日,在《益闻录》1716号发表论说《安插乞丐续说》。

作《苍说》一文,收于《安塞斋丛残稿·安塞斋文抄》,文前有小印:"丁酉五月朔日,承差颐和园,灯下无事,某邸命作此说,因援笔戏成之。"此时在皇家园林颐和园当差。

1898 年

1月29日,在《益闻录》发表《推广日报说》,意识到报馆"增识见明事理"的功效。

2月2日,在《益闻录》1745号发表诗作《答槟榔屿刘子秀再步原韵》。

6月29日,在《益闻录》1787号发表诗作《偶成》。

7月21日,在《国闻报》上发表《论兴利必先除弊》一文支持康梁变法。戊戌政变后恐受牵连远避滇越,途经浙江、广州、香港等地。

8月8日,在《格致新报》第16册发布《英敛之答问(拟题)》,询问西方科技知识。

8月13日,在《益闻录》1800号发表诗作《过沙河口占》《昌平旅月》。

作《寰宇》《安南偶成》等诗,《安蹇斋丛残稿·安蹇斋诗抄》。

1899 年

经刘司铎介绍于天津洋馆数处教洋人学习中文,拮据度日。

8月26日,澳门《知新报》第97册刊录英敛之首发于《国闻报》的《党祸余言》,痛念变法失败、顽固误国。

1900 年

年初,为生计考虑,在天津法国领事馆高级翻译李敬宇的妻子的介绍下携眷到云南蒙自从事文案工作。

庚子事变发生后,返回京津。返回北京的途中,英敛之在香港作短暂停留,专门拜访维新名士何沃生、胡翼南,对二人钦佩之至,"愿执弟子礼"。

11月11日,儿子英千里出生于上海。于上海教洋人学习中文度日,经济拮据。

1901 年

年初,联合朱志尧为何启、胡礼垣宣传变法自强的《新政真诠》出版而奔走,并劝说陆达夫、褚省三等友人入股出版《新政真诠》。

阴历三月,至天津,初八日,柴天宠表现愿意开设报馆,邀英敛之主持。此后开始筹备《大公报》创刊事宜。召集股本、两次赴上海延聘主笔、购买印刷设备材料。结识严复。因筹办《大公报》事宜与法国天主教、法国领事往来密切。

撰写《新政真诠叙》《乞儿行》《辛丑北上舟中和友韵》。

1902 年

6月17日,《大公报》在天津创刊,当日在《大公报》发表《大公报序》。

6月18日,在《大公报》发表《大公报出版弁言》阐明《大公报》的报刊宗旨。

6月29日,撰写白话文《讲爱德为同群大有关系》。

6月30日,在《大公报》发表《再讲爱德》宣扬天主教。

7月1日,在《大公报》发表《妄信风水无益有害》。

7月2日,在《大公报》发表《中国信邪的缘故》。

7月3日,在《大公报》发表《再讲邪说不可信》。

7月4日,在《大公报》发表《讲相面无益为学要紧》。

7月6日,在《大公报》发表《漆室女》。

7月7日,在《大公报》发表《没有志气不能成人》。

7月20日,在《大公报》发表《论赔款为义和拳之记念》。同日,在《大公报附张》刊登《本馆特白》,发起征文活动。

7月22日,在《大公报》发表《廉颇蔺相如》。

7月23日,在《大公报》发表《本馆特白》。

7月30日,在《大公报》发表《万寿祝辞》。

8月3日,在《大公报》发表《才难》。

8月7日,在《大公报》发表《成全义和团的四派人》。

8月14日,在《大公报》发表诗作《奉和》。

8月29日,在《大公报》发表《开民智非易事》。

8月底,在《大公报》上发起"和民教策"的征文讨论,试图调和民教矛盾。

9月3日,在《大公报》发表《无爱德》。

9月5日,在《大公报》发表《劝士》。

9月6日,在《大公报》为"清醒居士"的论说《和民教策》作附注。

9月7日,在《大公报》发表《践行》。

9月13日,在《大公报》发表《说报》。

9月22日,在《大公报》发表《浮文何益》。

9月27日,在《大公报》发表《说门神》。

10月8日,在《大公报》发表《皮毛》。

10月10日,在《大公报》发表《利用即是真学问》。

10月11日,在《大公报》发表《无宗旨的教化》。

10月24日,在《大公报》发表《叹津俗 狡诈好讼》。

10月26日,在《大公报》发表《害群之首恶》。

10月30日,在《大公报》发表《戒赌》。

11月15日,在《大公报》发表《败坏的缘故》。

11月18日,在《大公报》发表《论中国官场之派数》等论说。

上述文章主要致力于祛除迷信、开启民智和宣传天主教。

1903年

因法国在华势力干预《大公报》报务、《大公报》入不敷出等问题而焦虑、烦懑,并因此拟与法国天主教堂和法国领事馆订立"出名"合同。

1月23日,在《大公报》发表《年终赠言》。

2月12日,在《大公报》发表《论道德为人格之要点》。

3月1日,在《大公报》发表《说合群》。

4月5日,在《大公报》发表《天津游学会演说》。

4月22日,在《大公报》发表《苦口良药》。

4月底,"拒俄运动"爆发,英敛之主持《大公报》大力支持拒俄。俄提督约谈英敛之;法国领事不满《大公报》提倡"拒俄",多次让法国领事馆高级翻译李敬宇警告英敛之,英敛之不以为然,依旧我行我素。因"拒俄运动",与日本领事联络逐渐增多。

5月27日,在《大公报》发表《爱国心》。

5月29日,在《大公报》发表《无爱国心之派别》。

8月2日,在《大公报》发表《北支那每日新闻出版祝辞》。

8月18日,在《大公报》发表《本日庆贺万寿之感情》。

9月17日,在《大公报》发表《说新闻纸之职分》。

12月16日,在《大公报》发表《苏报案之感情》。

1904年

1月6日,在《大公报》发表《说报》。

1月10日,在《大公报》发表《原败》。

1月24日,在《大公报》发表《呜呼,派者言》。

1月30日,在《大公报》发表《强之本果在兵乎》。

2月10日,在《大公报》发表《年终赠言》。

2月21日,在《大公报》发表《甲辰新年之感情》。

2月23日,在《大公报》发表《文明野蛮全在有无教育》。

3月1日,在《大公报》发表《苦口婆心》。

3月2日,在《大公报》发表《论今日中国之三大怪相》。

3月,白话文集《敝帚千金》出版。

3月30日,在《大公报》发表《不能变法的缘故》。

4月,《大公报》馆出版英敛之白话文集《敝帚千金续篇》。英敛之结识吕碧城,借助《大公报》大力提倡兴女学、开女智,树立吕碧城为女权人物代表。

4月16日,在《大公报》发表《敝帚千金序》。

5月1日,在《大公报》发表《王照案之概言》,借"王照案"呼吁开除党禁,宽赦党人。

5月4日,在《大公报》发表《说情面》。

5月5日,在《大公报》发表《官场九如颂》。

6月24日,在《大公报》发表《恭读五月八日上谕谨注》。

6月30日,在《大公报》发表《恭读五月二十四日上谕谨注》。

7月25日,在《大公报》发表《今世之人材果足今世之用乎》。

7月28日,在《大公报》发表《今上皇帝万寿祝辞》。

9月7日,在《大公报》发表《冷血动物》。

1905 年

1月30日,在《大公报》发表《年终赠言》。

3月30日,在《大公报》发起《大公报》出版千号征文活动,催促清廷立宪。

4月13日,在《大公报》发表《大公报出版千号祝辞》《跋吕氏三姐妹集》。

6月,由日本考察回津,适逢"抵制美货运动"爆发,《大公报》开设"抵制美约要闻"栏,号召和践行"抵制美货运动"。

7月中旬,清廷派遣五大臣出国考察政治,英敛之《大公报》发表言论《论立宪》《祝速行(祝出洋考察政治大臣之速行也)》和《中国当鉴俄内乱亟宜立宪论》等论说大力支持。

8月10日,在《大公报》发表《论出洋考察政治要在得人》。

8月17日,在《大公报》发表《说官》。

8月18日,在《大公报》发表《苟延残喘之大公报》。

10月2日,在《大公报》发表《趋时篇》。

11月19日,在《大公报》发布《国民义务广告》《〈敝帚千金〉(续出)第七册》①等。

作《罪言存略书后》,为天主教辩诬,收《安蹇斋丛残稿·安蹇斋文钞》。

1906 年

1月18日,在《大公报》发表《岁暮感言》。

3月6日,在《大公报》《公利织布工艺厂创办序》。

7月6日至8日,在《大公报》发表《论保存国粹》。

7月13日,在《大公报》发表《论某大员设计陷害报馆之苦心》。

7月27日,《大公报》发起征文《剪辫易服议》,促成立宪国民形式,振尚武之精神,培育立宪之先声;反对保存国粹,敦促清廷实心立宪。

7月29日,在《大公报》发表《报馆俱乐部第二次开会小启》。

8月5日,在《大公报》发表《西京游记》。

8月6、7日,在《大公报》发表《日光游记》。

8月6日,在《大公报》发表《感时》等。

8月,《大公报》馆迁至日租界。

9月1日,清廷宣布预备立宪、官制改革,英敛之备受鼓舞,《大公报》全力报道、支持清廷立宪举措。

1907 年

与《天津日日新闻》社社长方药雨共同发起"书画慈善会赈捐活动",借助《大公报》连

---

① 周萍萍.英敛之集(下)[M].桂林:广西师范大学出版社,2013:731.

续刊载助捐公启,对于北方慈善赈灾事业贡献良多。

1月12日,在《大公报》发表《青年会为格林巴乐满两君开欢迎大会演说》。

1月13日,在《大公报》发表《砭雅》。

1月14日,在《大公报》发表《订才》。

2月,江北水灾,参与"李公祠公益善会",与夫人淑仲多次到会场演说,劝人募捐。

2月2日,在《大公报》发表《小小慈善会书画助捐启》。

2月5日,在《大公报》发表《江北赈捐书画慈善会广告》。

2月8日,在《大公报》发表《公益慈善会李公祠开演电影新戏助赈启》。

2月18日,在《大公报》发表《新年颂》。

2月23日,在《大公报》发表《公益善会李公祠开演电影新戏助赈启》。

2月23日,在《大公报》发表《大公报社长英敛之值新年之际问候诸位关心大公报的亲友(拟题)》。

3月7日,在《大公报》发表《书画慈善会择地定期开会告白(拟题)》。

3月9日,在《大公报》发表《书画助赈慈善会赞成员名单》。

4月29日,在《大公报》发表《来函者鉴》。

5月9、10日,在《大公报》发表《天津青年会戈登堂春季大会演说》。

5月17日,在《大公报》发表《说情面》。

6月19日,因对"丁未学潮"十分愤慨,在《大公报》发表言论《恭读五月初七日上谕谨注》《论参劾枢臣暗通报馆事》,反对党同伐异。

7月2日,在《大公报》发表《非变法难实变心难》。

7月,皖抚被革命党人徐锡麟刺死,清政府大力搜捕株连,处死秋瑾,风声鹤唳。7月30、31日,英敛之撰写《党祸株连实为促国之命脉》一文,呼吁朝廷用人行政一秉大公,实行立宪,消弭革命。

8月2日,在《大公报》发表《安塞附识:承吴、郭两君赐下也是集序各一篇(拟题)》。

8月19日,在《大公报》发表《丹桂戏园开演新戏筹办直隶水灾赈捐》。

8月22日,在《大公报》发表《邀约子谦先生之告白(拟题)》。

8月29日,在《大公报》发表《戏法助赈》。

9月1日,在《大公报》发表《邀约毅叟之告白(拟题)》。

9月2日,在《大公报》发表《慈善会演戏助赈告白》《同仁善会戏法电影开演广告》《下天仙戏园演戏助赈广告》。

9月3日,在《大公报》发表《感谢云伯先生赐书法之告白》。

9月12日,在《大公报》发表《慈善会演戏助赈广告》。

9月21日,在《大公报》发表《中国币制得失论序》。

11月26日,在《大公报》发表《北京观察识小记》。

11月27日,在《大公报》发表《续北京观察识小记》。

12月2日,在《大公报》发表《造时势之英雄》。

12月9日,在《大公报》发表《答来函》。

12月13日,在《大公报》发表《亡国奴戏》。

另发表《光荣乎？羞辱乎？》《无所不用其谬》《名教功臣》《有强权无公理》《中国当立激发天良会》《中国之信义》《闻北京中国妇人会劝捐事有感而书》《论画报》《中国火柴即仿效西法之代表》等论说,收入《也是集》。

1908 年

1月1日,在《大公报》发表诗作《丁未冬至后偕陆达夫恭陪葆淑舫夫人游汤山偶作》。

1月8日,在《大公报》发表《题袁世彤撰,安骞附识:道员袁世彤致袁宫保函》。

1月17日,在《大公报》发表《天津观察识小记》。

1月28日,在《大公报》发表《本报二千号征文广告》。

1月29日,在《大公报》发表《岁暮感言》。

2月7日,在《大公报》发表《新年答谢诸亲友投函赐问(拟题)》《击坏新年颂》。

2月8日,在《大公报》发表《戊申新年之祝词》。

2月9日,发起"本报两千号征文"活动,继续呼吁清政府实行立宪。

5月2日,在《大公报》发表《连日读举荐人才疏有感》。

5月12日,在《大公报》发表《论保存国粹》。

6月4日,在《大公报》发表《金锡侯君年谱叙》。

7月7日,在《大公报》发表《火车售票者》。

8月6日,在《大公报》发表《南省水灾提议仍办书画慈善会(拟题)》。

8月24日,在《大公报》发表《新闻纸之势力》。

10月3日,在《大公报》发表《北乡一带水灾甚重酌议创办救急善会(拟题)》。

11月8、9日,光绪、慈禧先后驾崩后,摄政王辅政,《大公报》发表《今日国民之感情何如》《君主与国家之关系》《论举国无真感情之害》《立宪国摄政于监国之意义》等多篇论说拥立新君,支持摄政王辅政。

11月28日,在《大公报》发表《关外旅行小记》。

撰写《可怪》《驳可怪》《周急乎继富乎》《说报》《人格》《报馆包年之奇闻》《答问》《大人来了》《求雨得雨》等论说,收入《也是集续编》。

1909 年

1909年1月,清廷发布谕旨以足疾令袁世凯回籍养病。袁世凯被开缺回籍,袁氏党羽十分不满,大兴摄政王"扬满抑汉""推翻新政"的舆论,严重威胁摄政王辅政的稳定性。英敛之组织《大公报》发表《论袁宫保开缺事》(1月7、8日)、《袁宫保开缺后之三大问题》(1月10、11日)等论说维护摄政王举措。

1908年11月,慈禧太后去世后,摄政王辅政之初,下令举荐人才。开除党禁之议重新出现。英敛之组织《大公报》于1909年1月31日发表《论宽赦党人之利害》、3月7日发表

《论党人无不可赦之理由》等多篇论说。于1909年5月发起的征文广告中,"开党禁议"即征文议题之一,主张宽赦康梁立宪党,破格用才。

2月1日,在《大公报》发布《救灾恤邻》。

2月22日,在《大公报》发表《驳某报论逼民入教事》。

3月8日,在《大公报》发表《济济人才应运生》。

3月19日,在《大公报》发表《可怜哉社会一般之心理》。

4月23日,在《大公报》发表《致鼠辈书》。

4月25日,在《大公报》发表《代鼠辈答书》。

4月29日,在《大公报》发表《报馆与学堂》。

6月22日,在《大公报》发表《天津东马路宣讲所内国民捐局最后之广告》。

7月3日,在《大公报》发表《匿名来函者鉴》对暗中诋毁自身的"宵小之辈"进行反击。

7月8日,在《大公报》发表《答匿名揭帖诸君子》,因《大公报》报道李德顺一案受到质疑而辩诬。

7月18日,在《大公报》发表《不平人鉴》,肯定不平人对《大公报》爱护之意,斥责直绅代表与通州学界禁阅《大公报》的照会。

7月27日,在《大公报》发表《天津日日新闻三千号祝辞》,同日在《大公报》报首刊载征文告白《剪辫易服议》,发起剪辫易服运动为立宪肇基。

11月2日,在《大公报》发表《劝赈湘灾鄂灾启》。

12月2日,在《大公报》发表《孝悌探险录》。

12月7日,在《大公报》发表《演戏助赈告白》。

另撰写有《舆论与是非》《呜呼中国之诉讼》《亡国之言》《报馆铭二首仿陋室铭体》《直隶局所学堂职员一览表书后》等论说,收入《也是集续编》。

1910年

立宪派发起声势浩大的三次国会请愿运动,英敛之大力支持,1月中下旬连续刊发《朝廷立宪真伪之评决》(1月16日)、《论军人宜与闻国会请愿之事》(1月18日)、《倡办义捐以促开国会论》(1月20至24日)等多篇论说支持立宪派发起的三次国会请愿运动,呼吁缩短立宪期限。

5月3日,《大公报》发表赵笙甫撰、英敛之附识的《上海龙华孤儿院报告书后》。

6月16、17日,在《大公报》发表《记中国大实业家发明新引经事》《记中国大实业家发明新引经事(续)》。

10月21日,在《大公报》发表《青年会演说改良风俗》《北洋商学公会开幕英敛之君演说词》。

11月,出版《也是集续编》,撰写《也是集续编自序》。

1911年

患病两月之久未下楼。为朱志尧作《求新机器厂成绩图题跋》《上海求新制造机器轮船厂序》。

6月29日,在《大公报》发表《社会之心理如此》。

11月26日,发起"君主民主立宪问题之解决"的征文,为保存君主立宪政体作最后的努力。

1912 年

2月13日,清帝宣布退位后,退隐北京香山静宜园,兴办女学。

3月2日,在《广益录》第2号发表《答友辩学柬》。

3月9日,在《广益录》第3号发表《续答友辩学柬》。

6月6日,在《大公报》3533号发布与友人一同签名认证的《儒医济世》广告。

9月20日,与马相伯联名撰写《上教皇请兴学书》①。

作《跋静宜园全图》,收于《安蹇斋丛残稿·安蹇斋题跋》。作《广益录发刊词》《广益录传单》《题金忠节公文集》等文,收于《安蹇斋丛残稿·安蹇斋文钞》。

1913 年

秋,于北京香山静宜园成立辅仁社,函请国内各主教请遣派有志青年前来攻读。撰写《赠辅仁社同学纪念书》,阐明创办辅仁社的初衷即"以国学沦丧为忧",进而创办辅仁社以"保存国粹""事主救灵,己立立人"。②

1914 年

1月22日,在《大公报》发布《英敛之启事》公布其父去世及遗愿。

4月21日,在《大公报》发布《购求天学初函》广告。

4月22、23日,在《大公报》发表《公教救国演说会之演说》宣扬天主教。

作《与某公书》,收于《安蹇斋丛残稿·安蹇斋文钞》。

1915 年

4月,马相伯先生作《重刊主制群徵序》。

6月13日,在《大公报》发布《阅报诸君注意》广告,为重刊天主教书籍《主制群徵》作宣传。

6月26日,在《大公报》发表《社会改良演说词》宣扬天主教。

8月,重刊《主制群徵》并作序。

作《某报发刊词》《拟设京师养老养病残废孤寡四院启》《与某公论金正希奉教事》,收于《安蹇斋丛残稿·安蹇斋文钞》。

---

① 周萍萍.英敛之集(下)[M].桂林:广西师范大学出版社,2013:758.
② 周萍萍.英敛之集(下)[M].桂林:广西师范大学出版社,2013:762.

1916 年

出版《万松野人言善录》,马相伯作序。作《寄某女士书》,收于《安蹇斋丛残稿·安蹇斋文钞》,探讨宗教信仰和人生问题。

1917 年

精神大不如前,手指拘挛,不能作字。

1月,《圣教杂志》1917 年第 1 期发表马相伯属、草英敛之校订的《书请定儒教为国教等书后》。

作《答友人》《跋徐进之残稿》《覆某女士书》;出版《安蹇斋丛残稿》,收录《安蹇斋文钞》《安蹇斋题跋》《安蹇斋诗钞》,辅仁社学生张秀林为先生编《安蹇斋丛残稿》并作序。为陈援庵先生《元代也里可温考》作跋。

秋,直隶洪水大灾,应督办洪水赈灾事务的熊希龄之邀,出任慈幼局局长。

1918 年

3月17日,在《益世主日报》发表《北京英敛之上熊督办辞职书》,辞去慈幼局职务。

1919 年

《万松野人言善录》再版,陈援庵先生作跋,马相伯先生再为之作序。

重刊《灵言蠡勺》,马相伯先生作序。重刊《辩学遗牍》并作序。

1920 年

影印《安蹇斋随笔》。

春,慈幼局改名慈幼院,移香山,辞职。

1925 年

7月12日,在《益世主日报》1925 年第 27 期发表《英敛之先生覆冯检阅使玉祥书》。

8月,拟北京公教大学附属辅仁社章程,撰写《致马慕努先生北京公教大学附属辅仁社简章》。

11月,题《教宗禁约》。

1926 年

1月10日,去世。

参考文献

一、晚清民国报刊

1.《东方杂志》
2.《大公报》
3.《大同报》
4.《格致新报》
5.《国闻报》
6.《京话日报》
7.《清议报》
8.《时报》
9.《天津日日新闻》
10.《新民丛报》
11.《新闻报》
12.《益闻录》
13.《中外日报》

二、中文著述

1. 北京大学历史系中国近现代史教研室.义和团运动史料丛编[M].北京:中华书局,1964.

2. 白文刚.应变与困境:清末新政时期的意识形态控制[M].北京:中国传媒大学出版社,2008.

3. 蔡乐苏等.戊戌变法史述论稿[M].北京:清华大学出版社,2001.

4. 陈来.古代宗教与伦理:儒家思想的根源[M].北京:北京大学出版社,2017.

5. 陈龙.传媒文化研究[M].北京:中国人民大学出版社,2009.

6. 陈旭麓.近代史思辨录[M].广州:广东人民出版社,1984.

7. 陈旭麓.近代中国社会的新陈代谢[M].北京:中国人民大学出版社,2012.

8. 陈煜.清末新政中的修订法律馆——中国法律近代化的一段往事[M].北京:中国政法大学出版社,2009.

9. 陈赟.儒家思想与中国之道[M].杭州:浙江大学出版社,2016.

10. 邓文初.民族主义之旗——革命与中国现代政治的兴起[M].北京:中国政法大学出版社,2013.

11. 丁淦林.中国新闻事业史新编[M].成都:四川大学出版社,1998.

12. 丁守和.辛亥革命时期期刊介绍(一)[M].北京:人民出版社,1982.

13. 丁守和.辛亥革命时期期刊介绍(二)[M].北京:人民出版社,1982.

14. 丁守和.辛亥革命时期期刊介绍(三)[M].北京:人民出版社,1983.

15. 方汉奇.报史与报人[M].北京:新华出版社,1991.

16. 方汉奇等.《大公报》百年史[M].北京:中国人民大学出版社,2004.

17. 方汉奇.中国近代报刊史[M].太原:山西人民出版社,1981.

18. 方汉奇.中国新闻事业编年史[M].福州:福建人民出版社,1999.

19. 方汉奇.中国新闻事业通史[M].北京:中国人民大学出版社,1996.

20. 方豪.马相伯(良)先生文集·续编·新编[M].台北:文海出版社,1972.

21. 方豪.马相伯先生文集[M].上海:上海书店出版社,1989.

22. 傅国涌.笔底波澜——百年中国言论史的一种读法[M].桂林:广西师范大学出版社,2006.

23. 戈公振.中国报学史[M].上海:上海古籍出版社,2003.

24. 郭双林.中国近代思想家文库·章士钊卷[M].北京:中国人民大学出版社,2015.

25. 故宫博物院明清档案部.清末筹备立宪档案史料[M].北京:中华书局,1979.

26. 何启,胡礼垣.新政真诠[M].桂林:广西师范大学出版社,2015.

27. 黄克武.中国近代思想家文库·严复卷[M].北京:中国人民大学出版社,2014.

28. 侯宜杰.二十世纪初中国政治改革风潮——清末立宪运动史[M].北京:中国人民大学出版社,2011.

29. 高放等.清末立宪史[M].北京:华文出版社,2012.

30. 郭绍敏.清末立宪与国家建设的困境[M].开封:河南大学出版社,2010.

31. 鹤阑珊.天朝的狂欢——义和团运动的兴衰史[M].桂林:广西师范大学出版社,2010.

32. 侯杰.大公报历史人物[M].香港:大公报出版有限公司,2002.

33. 侯杰.《大公报》与近代中国社会[M].天津:南开大学出版社,2006.

34. 侯宜杰.逝去的风流——清末立宪精英传稿[M].北京:北京师范大学出版社,2013.

35. 胡正强.中国现代报刊活动家思想评传[M].北京:新华出版社,2003.

36. 黄俊杰.儒家思想与中国历史思维[M].上海:华东师范大学出版社,2016.

37. 胡涤非.民族主义与近代中国政治变迁[M].北京:知识产权出版社,2009.

38. 姜萌.族群意识与历史书写——中国现代历史叙述模式的形成及其在清末的实践[M].北京:商务印书馆,2015.

39. 姜义华.中国近代思想家文库·章太炎卷[M].北京:中国人民大学出版社,2015.

40. 赖惠敏.清皇族的阶层结构与经济生活[M].沈阳:辽宁民族出版社,2011.

41. 来新夏.天津近代史[M].天津:南开大学出版社,1987.

42. 李刚.大清帝国最后十年:清末新政始末[M].北京:当代中国出版社,2008.

43. 李金铨.报人报国:中国新闻史的另一种读法[M].香港:香港中文大学出版社,2013.

44. 李金铨.文人论政:知识分子与报刊[M].桂林:广西师范大学出版社,2008.

45. 黎仁凯等.义和团运动·华北社会·直隶总督[M].保定:河北大学出版社,1997.

46. 李仁渊.晚清的新式传播媒体与知识分子——以报刊出版为中心的讨论[M].台北:稻香出版社,2005.

47. 李天纲.中国近代思想家文库·马相伯卷[M].北京:中国人民大学出版社,2014.

48. 李卫华.报刊传媒与清末立宪思潮[M].天津:中国社会科学出版社,2013.

49. 李喜所,元青.梁启超新传[M].北京:商务印书馆,2015.

50. 李孝悌.清末的下层社会启蒙运动[M].石家庄:河北教育出版社,2001.

51. 李小艳.梁启超经世佛学思想研究[M].北京:文物出版社,2015.

52. 李燕光,关捷.满族通史[M].沈阳:辽宁民族出版社,2003.

53. 李泽厚.中国思想史论[M].合肥:安徽文艺出版社,1999.

54. 梁启超.戊戌政变记[M].北京:中华书局,1954.

55. 梁启超.饮冰室文集全编[M].上海:上海人民出版社,1989.

56. 林语堂.中国新闻舆论史[M].广州:暨南大学出版社,2011.

57. 刘家林.中国新闻史[M].武汉:武汉大学出版社,2012.

58. 刘海岩.空间与社会——近代天津城市的演变[M].天津:天津社会科学院出版社,2003.

59. 刘青松.天朝的天窗——晚清最后十年报刊风暴[M].上海:上海三联书店,2012.

60. 刘小萌.旗人史话[M].北京:社会科学文献出版社,2011.

61. 刘兴豪.报刊舆论与近代中国政治——从维新变法说起[M].北京:中央编译出版社,2011.

62. 刘志琴.近代中国社会文化变迁录(第2卷)[M].杭州:浙江人民出版社,1998.

63. 凌兴珍.清末新政与教育转型:以清季四川师范教育为中心的研究[M].北京:人民出版社,2008.

64. 卢宁.早期《申报》与晚清政府——近代转型视野中报纸与官吏关系的考察[M].上海:上海科学技术文献出版社,2012.

65. 路遥.义和团运动文献资料汇编[M].济南:山东大学出版社,2012.

66. 陆玉芹.穿越历史的忠奸之辨——庚子事变中"五大臣"被杀研究[M].北京:中国社会科学出版社,2010.

67. 罗澍伟.天津史话[M].北京:社会科学文献出版社,2011.

68. 罗苏文.女性与近代中国社会[M].上海:上海人民出版社,1996.

69. 罗志田.乱世潜流:民族主义与民国政治[M].上海:上海古籍出版社,2001.

70. 马相伯,朱维铮.马相伯集[M].上海:复旦大学出版社,1996.

71. 马艺.天津新闻传播史纲要[M].北京:新华出版社,2005.
72. 马艺等.天津新闻史[M].天津:天津人民出版社,2015.
73. 马勇.戊戌政变的台前幕后[M].南京:江苏人民出版社,2012.
74. 《民国丛书》编辑委员会.民国丛书(第一编)[M].上海:上海书店,1989.
75. 闵杰.近代中国社会文化变迁录(第 2 卷)[M].杭州:浙江人民出版社,1998.
76. 倪延年.中国新闻法制史[M].南京:南京师范大学出版社,2013.
77. 倪延年.中国新闻法制通史第五卷·史料卷[M].南京:南京师范大学出版社,2015.
78. 全国政协文史资料研究委员会编.文史资料选辑(第 9 辑)[M].北京:中华书局,1960.
79. 任桐.徘徊于民本与民主之间——《大公报》政治改良言论述评(1927—1937)[M].北京:生活·读书·新知三联书店,2004.
80. 彤新春.时代变迁与媒体转型(大公报 1902—1966 年)[M].北京:社会科学文献出版社,2013.
81. 桑兵.庚子勤王与晚清政局[M].北京:北京大学出版社,2015.
82. 上海图书馆.中国近代期刊篇目汇录[M].上海:上海人民出版社,1979.
83. 圣教杂志社.天主教传入中国概观[M].台北:文海出版社,1971.
84. 沈云龙.近代中国史料丛刊续编(第三辑)[M].台北:文海出版社,1974.
85. 苏继祖等.清廷戊戌朝变记:外三种[M].桂林:广西师范大学出版社,2008.
86. 孙会.《大公报》广告与近代社会[M].北京:中国传媒大学出版社,2011.
87. 孙应祥.严复年谱[M].福州:福建人民出版社,2003.
88. 唐海江.清末政论报刊与民众动员——一种政治文化的视角[M].北京:清华大学出版社,2007.
89. 汤志钧.中国近代思想家文库·梁启超卷[M].北京:中国人民大学出版社,2014.
90. 王樊一婧.义和团战争的国际舆论研究——1900—1901[M].上海:复旦大学出版社,2015.
91. 汪康年.汪康年师友书札[M].上海:上海古籍出版社,1986.
92. 王林.西学与变法——《万国公报》研究[M].济南:齐鲁书社,2004.
93. 汪林茂.中国近代思想家文库·汪康年卷[M].北京:中国人民大学出版社,2014.
94. 汪前军.《大公报》(1902—1916)与中国广告近代化[M].北京:中国社会科学出版社,2014.
95. 王蘧常.严几道年谱[M].上海:商务印书馆,1936.
96. 汪诒年.汪穰卿先生传记[M].北京:中华书局,2007.
97. 王天根.清末民初报刊与革命舆论的媒介建构[M].合肥:合肥工业大学出版社,2010.
98. 王天根.晚清报刊与维新舆论建构[M].合肥:合肥工业大学出版社,2008.
99. 王晓波.民族主义与民主运动——一个统派知识分子的探索[M].台北:海峡学术

出版社,2004.

100. 汪征鲁,方宝川,马勇.严复全集[M].福州:福建教育出版社,2014.
101. 吴剑杰.中国近代思想家文库·张之洞卷[M].北京:中国人民大学出版社,2014.
102. 吴廷俊.考问新闻史[M].上海:复旦大学出版社,2013.
103. 吴廷俊.新记《大公报》史稿[M].武汉:武汉出版社,1994.
104. 吴蔚蓝.严复传[M].北京:北京时代华文书局,2016.
105. 吴雁南等.中国近代社会思潮(1840—1949) 第三卷[M].长沙:湖南教育出版社,1998.
106. 吴永口述.庚子西狩丛谈[M].北京:中华书局,2009.
107. 夏晓虹.晚清社会与文化[M].武汉:湖北教育出版社,2001.
108. 夏晓虹.中国近代思想家文库·金天翮 吕碧城 秋瑾 何震卷[M].北京:中国人民大学出版社,2015.
109. 徐爽.旧王朝与新制度——清末立宪改革(1901—1911)纪事[M].北京:法律出版社,2010.
110. 许莹.办报干政的另一种探索——汪康年报刊思想与实践研究[M].北京:中国书籍出版社,2012.
111. 许纪霖.中国知识分子十论[M].上海:复旦大学出版社,2003.
112. 杨光辉,熊尚厚.中国近代报刊发展概况[M].北京:新华出版社,1986.
113. 杨早.清末民初北京舆论环境与新文化的登场[M].北京:北京大学出版社,2008.
114. 袁新洁.近现代报刊"文人论政"传统研究[M].南昌:江西人民出版社,2009.
115. 余英时.论士衡史[M].上海:上海文艺出版社,1999.
116. 余英时.士与中国文化[M].上海:上海人民出版社,2003.
117. 张海鹏,李细珠.中国近代通史 第五卷:新政、立宪与辛亥革命(1901—1912)[M].南京:江苏人民出版社,2013.
118. 张灏.幽暗意识与民主传统[M].北京:新星出版社,2006.
119. 张佳生.八旗十论[M].沈阳:辽宁民族出版社,2008.
120. 张礼恒.何启、胡礼垣评传[M].南京:南京大学出版社,2005.
121. 张苹、张磊.中国近代思想家文库·孙中山卷[M].北京:中国人民大学出版社,2015.
122. 张荣华.中国近代思想家文库·康有为卷[M].北京:中国人民大学出版社,2015.
123. 张若谷.马相伯(良)先生年谱[M].台北:文海出版社,1971.
124. 张小莉.清末"新政"时期文化政策[M].北京:人民出版社,2010.
125. 张育仁.自由的历险——中国自由主义新闻思想史[M].昆明:云南人民出版社,2002.
126. 赵建敏.二思集:基督信仰与中国现代文化的相遇[M].北京:宗教文化出版社,2010.
127. 赵君豪.中国近代之报业[M].台湾:文海出版社,1983.

128. 赵睿,郭永生.庚子国变[M].上海:上海书店出版社,2002.
129. 赵云田.清末新政研究——20世纪初的中国边疆[M].哈尔滨:黑龙江教育出版社,2004.
130. 郑信哲,周竞红.民族主义思潮与国族建构:清末民初中国多民族互动及其影响[M].北京:社会科学文献出版社,2014.
131. 中国社会科学院近代史研究所《近代史资料》编译室.庚子记事[M].北京:知识产权出版社,2013.
132. 中国义和团运动史研究会.义和团运动与近代中国社会[M].成都:四川省社会科学院出版社,1987.
133. 周利成,王勇则.外国人在旧天津[M].天津:天津人民出版社,2007.
134. 周萍萍.英敛之集(上)[M].桂林:广西师范大学出版社,2013.
135. 周萍萍.英敛之集(下)[M].桂林:广西师范大学出版社,2013.
136. 周洋.梁启超传[M].北京:北京时代华文书局,2016.
137. 周雨.大公报史(1902—1949)[M].南京:江苏古籍出版社,1993.
138. 周雨.大公报人忆旧[M].北京:中国文史出版社,1991.
139. 朱维铮.马相伯传略[M].上海:复旦大学出版社,2005.
140. 中国社会科学院近代史研究所中华民国史研究室.中华民国史资料丛稿[M].北京:中华书局,1980.

三、译著

1. (德)瓦德西.瓦德西拳乱笔记[M].王光祈,译.北京:中华书局,1930.
2. (德)狄德满.华北的暴力和恐慌——义和团运动前夕基督教传播和社会冲突[M].崔华杰,译.南京:江苏人民出版社,2011.
3. (法)裴化行.天主教十六世纪在华传教志[M].萧浚华,译.北京:商务印书馆,1936.
4. (美)白瑞华.中国报纸(1800—1912)[M].广州:暨南大学出版社,2011.
5. (美)本尼迪克特·安德森.想象的共同体——民族主义的起源与散布[M].吴叡人,译.上海:上海人民出版社,2011.
6. (美)杜维明.仁与修身——儒家思想论集[M].胡军,于民雄,译.北京:生活·读书·新知三联书店,2013.
7. (美)弗雷德里克·A.沙夫,(英)彼德·哈林顿.1900年西方人的叙述——义和团运动亲历者的书信、日记和照片[M].顾明,译.天津:天津人民出版社,2010.
8. (美)托马斯·卡希尔.中世纪的奥秘:天主教欧洲的崇拜与女权、科学及艺术的兴起[M].朱东华,译.北京:北京大学出版社,2011.
9. (美)张灏.梁启超与中国思想的过渡:1890—1907[M].崔志海,葛夫平,译.北京:中央编译出版社,2016.
10. (美)周锡瑞.改良与革命——辛亥革命在两湖[M].杨慎之,译.北京:中华书局,1982.

11.（美）周永明.20世纪中国禁毒史——民族主义、历史和国家建构[M].石琳,译.北京:商务印书馆,2016.

四、论文

（一）学位论文

1. 陈长松.陈独秀前期报刊实践与传播思想研究（1897—1921）[D].广州:暨南大学,2012.
2. 陈雷.清末《大公报》有奖征文的思想史研究[D].苏州:苏州大学,2008.
3. 陈雨璇.英敛之时期《大公报》与晚清女子形象的建构[D].合肥:安徽大学,2007.
4. 伏贞.清末报刊"文人论政"现象研究——以《大公报》(1902—1912)为中心的考察[D].昆明:云南师范大学,2016.
5. 贾飞.新旧之间:英敛之的社会活动与思想研究[D].保定:河北大学,2018.
6. 李吉莲.《大公报》与清末妇女解放[D].开封:河南大学,2005.
7. 李日.章士钊新闻理论与实践研究[D].长沙:湖南师范大学,2003.
8. 李思逸.从宫廷新闻看英敛之时期《大公报》新闻观念的变迁[D].长春:吉林大学,2015.
9. 林盼.清末新式媒体与关系网络——《中外日报》(1898—1908)研究[D].上海:复旦大学,2013.
10. 徐洋.英敛之时期的《大公报》征文活动[D].武汉:华中师范大学,2014.
11. 王艳华.清末《大公报》关于社会风俗变迁的舆论宣传[D].石家庄:河北师范大学,2007.
12. 王继先.新闻人马星野研究[D].南京:南京师范大学,2015.
13. 魏剑美.陈独秀报刊活动及报刊思想研究[D].长沙:湖南师范大学,2015.
14. 杨东海.英敛之新闻思想研究(1902—1912)[D].郑州:郑州大学,2009.
15. 张书俊.中国近代民俗变迁探析(1902—1911)——以《大公报》为中心的考察[D].合肥:安徽大学,2010.

（二）期刊论文

16. 操瑞青.建构报刊合法性:"有闻必录"兴起的另一种认识——从《申报》"杨乃武案"报道谈起[J].新闻与传播研究,2015(3).
17. 曹自强.清末立宪运动中的《大公报》[J].新闻研究资料,1990(1).
18. 陈文英.预备立宪公会与1910年国会请愿运动[J].河南师范大学学报,2006(3).
19. 李红涛,黄顺铭."耻化"叙事与文化创伤的建构:《人民日报》南京大屠杀纪念文章(1949—2012)的内容分析[J].新闻与传播研究,2014(1).
20. 杜新艳.《大公报》英敛之时代与法国天主教[J].国际汉学,2009(1).
21. 冯志阳.严复与早期《大公报》(1902—1912)[J].史林,2014(2).
22. 傅国涌."文人论政":一个已中断的传统[J].社会科学论坛,2003(5).
23. 高俊聪.《大公报》与清末民初天津慈善文化[J].史学月刊,2018(5).

24. 关纪新."手挽颓风大改良"——关于清末满族英杰汪笑侬、英敛之[J].甘肃社会科学,2012(1).
25. 郭若平.《大公报》编辑理念与"文人论政"[J].中共福建省委党校学报,2003(8).
26. 郭道平.英敛之、吕碧城与天津公立女学堂的创设[J].汉语言文学研究,2014(1).
27. 何炳然.《大公报》的创办人英敛之[J].新闻与传播研究,1987(1).
28. 侯杰,肖冰.英敛之与近代开民智[J].天津师范大学学报(社会科学版),2001(6).
29. 黄楚筠.晚清报刊与近代中国"女智"启蒙——以1902—1916年英敛之时期的《大公报》为例[J].中国报业,2014(8).
30. 李奇志.论清末民初女性生存空间的新开拓——以女作家吕碧城为例[J].海南师范学院学报(社会科学版),2006(5).
31. 刘宝珍,张帅.《大公报》对吕碧城"晚清启蒙女性形象"的建构与传播——基于对报人英敛之与吕碧城的社会关系研究[J].湖北师范学院学报(哲学社会科学版),2015(6).
32. 刘泱育.论现象学视野下何炳松出版观及启示[J].中国出版,2014(2).
33. 刘增合.媒介形态与晚清公共领域研究的拓展[J].近代史研究,2000(2).
34. 罗志田.见之于行事:中国近代史研究的可能走向[J].历史研究,2002(1).
35. 罗志田.近代中国社会权势的转移:知识分子的边缘化与边缘知识分子的兴起[J].开放时代,1999(4).
36. 倪延年.论民国时期新闻史人物的群体特征及评价问题[J].现代传播,2018(7).
37. 倪延年.论民国时期的新闻史研究成果叙述体系[J].暨南学报(哲学社会科学版),2015(1).
38. 秦方.制造吕碧城:晚清女性公共形象的生成与传播[J].南开学报(哲学社会科学版),2018(2).
39. 秦燕春.英敛之:《大公报》及吕氏姐妹[J].书屋,2013(10).
40. 何卓恩,孙会修.清末满人知识分子的民族认同思想——以《大同报》为中心[J].安徽史学,2012(6).
41. 唐海江.出入之间:民国初年舆论界对于"政治"的态度与思维转向[J].国际新闻界,2014(7).
42. 唐海江."造健全之舆论":清末民初士人对于"舆论"的表述与群体认知——兼论近代中国舆论的难局及其历史走向[J].新闻与传播研究,2016(12).
43. 唐纳德·帕拉贡.英敛之先生小传[J].郭荣赵,译.传记文学,1965(5).
44. 王继先.在理想与现实之间:马星野与《自由中国》关系的初考察[J].现代传播,2017(8).
45. 王润泽.官方与民间:晚清报刊舆论的首次抗争[J].社会科学战线,2017(3).
46. 王润泽,谭泽明.梁启超《庸言报》融入民初政治的路径研究[J].南京师大学报(社会科学版),2018(1).
47. 王润泽,谭泽明.《戊戌政变记》与政变图像建构:从个体想象到集体记忆[J].新闻与传播研究,2018(8).

48. 王天根.情感与理智:严复视角下康梁维新形象及其逆转[J].广东社会科学,2018(4).

49. 王天根.清末新政官绅纷争与北洋女子公学兴衰[J].史学月刊,2018(7).

50. 王先明,张海荣.英敛之、《大公报》与清末立宪[J].山西大学学报(哲学社会科学版),2006(1).

51. 王印焕.从天津《大公报》的时评看民初政局[J].民国档案,2003(3).

52. 吴廷俊,范龙.《大公报》"敢言"传统的思想基础与文化底蕴[J].新闻与传播研究,2002(3).

53. 徐新平.论维新派新闻自由观[J].新闻与传播研究,2010(5).

54. 徐新平,邓丽琴.以大公之心,发折中之论——《大公报》创始人英敛之新闻思想[J].湖南大学学报(社会科学版),2012(5).

55. 徐新韵.英敛之与吕氏三姊妹的交往考析[J].淮南师范学院学报,2014(1).

56. 许有成.关于陈垣与马相伯交往的一些史实——兼谈陈垣与英敛之订交[J].北京师范大学学报,1988(2).

57. 杨琥.同乡、同门、同事、同道:社会交往与思想交融——《新青年》主要撰稿人的构成与聚合途径[J].近代史研究,2009(1).

58. 杨晶,王大明.《大公报》在现代中国科学传播方面的作用初探——1902—1937年《大公报》统计及文本分析[J].现代传播,2014(4).

59. 於渊渊.英敛之时期《大公报》批判言论再审视[J].学术交流,2018(7).

60. 张朋.政治认同与集体记忆的建构:1932年陈独秀被捕的舆论反应[J].新闻界,2016(17).

61. 周萍萍.不同国度、相同情怀——英敛之与雷鸣远的交往述略[J].世界宗教研究,2016(2).

62. 周萍萍.从新发现的资料解读英敛之的早期思想[J].世界宗教研究,2012(1).

63. 周萍萍.英敛之与香山静宜园[J].中国宗教,2015(1).

后 记

时光最是匆匆,转眼间,我从南京师范大学博士毕业已五年有余。蓦然回首,仿佛还是昨天。由一名新闻学博士生成长为一名高校新闻学教师,五年来我对于学术、工作和生活有了更深的体悟,也更加感谢三年读博生涯的积淀。记得2016年9月,导师跟我商讨论文选题,当时导师建议我做新闻人英敛之研究,并陈述了理由:英敛之是中国近代新闻史上为数不多的满族旗人且与清廷皇室联姻;英敛之是天主教徒,并借助《大公报》宣传过天主教。那么满族旗人、天主教徒和报人三重身份是如何在英敛之一个人身上重叠的?相互之间有何关联和影响?对其新闻活动、新闻思想有何影响?对当时报界产生了怎样的影响?基于这样的假设,我在导师的指导下开始查阅资料、分析思考。

新闻人是在特定时代背景和特殊家庭环境中成长起来的,其人生经历、成长环境和时代背景对其思想会产生很大影响。基于此,本书从英敛之的成长经历开始梳理,分析患病、婚姻、天主教、维新变法运动等因素在其人生中的作用,进而梳理了他走向办报之路的原因和动力。分析英敛之为办报与法国天主教、法国在华政治势力之间的合作与抗争过程;分析他因支持拒俄运动疏法亲日的过程;梳理了他为清廷推进君主立宪活动所作的种种努力,并分析了辛亥革命前后英敛之的政治倾向变化和其最后退隐的原因。在梳理文献和写作过程中,一些困扰在心中,许久没办法解决的疑团随着文献的梳理、分析与解读一个个解开,对英敛之为何办报、办报后为何大力宣传君主立宪、为何在清朝灭亡后选择退隐等问题有了更深入的理解和认识,对新闻人英敛之也有了更全面、客观的评价。

在本书的写作过程中,我得到了诸多师长和亲友的关心和帮助,铭感于心。衷心地感谢我的恩师倪延年教授。倪老师不仅是我学术道路上的导师,更是我人生道路上的引路人。倪老师治学严谨,认真负责,从选题到资料收集、章节的确定及观点的形成都给予了我精心的指导;往往复复论文修改了五稿,每次导师都逐字逐句地审阅修改。本书能够顺利完成,导师倾注了大量心血,我心里十分敬重和感激。导师的言传身教、谆谆教导经常令我茅塞顿开、豁然开朗,他跟我们说的"做学问要沉下去,切忌浮躁"等话语也会一直激励和影响我以后的学术研究之路。书稿修改过程中,倪老师多次就书稿耐心、细致地提出宝贵的修改意见,我感佩于心。

衷心感谢南京师范大学新闻与传播学院方晓红教授、顾理平教授、张晓锋教授、于德山教授、骆正林教授等专家学者对本书的选题、写作提出的诸多宝贵意见和建议,并给予热情的指导,答疑解惑。老师们的无私付出和谆谆教导使我在春风化雨中学到很多,也使得本书日臻完善。同时,还要真诚地感谢各位老师在日常生活和工作等方面给予的指导和关心。

衷心感谢同门刘泱育师兄、王继先师兄,多次向两位师兄请教,两位师兄总是非常真诚、热心地给予我无私帮助。衷心地感谢操瑞青老师、张朋老师,两位师兄幽默风趣,常就一些新闻史料给予我新的研究思路和研究启发,并曾为我不成熟的初稿耐心修改推敲,多次赠送新闻史领域的经典读物和最新书籍、分享学术会议信息、探讨学界最新研究动向,帮我开阔学术视野,他们的帮助令我铭记于心。感谢曹爱民博士、钱珺博士、关梅博士、林若野博士、史剑辉博士、董浩博士、周浒博士……感谢大家在本书的写作和修改中给予我的莫大鼓励和帮助。

衷心感谢研究生同学张晓慧、王芹芹、魏焕、王敏、彭何,我们自2010年结缘,共同进入南京师范大学新闻与传播学院这个大家庭,多年来相知相依相伴,留下了难忘的青春记忆。他们在日常生活和工作中常常给予我良多建议,受益匪浅。感谢滁州学院耿瑞楠老师、魏黎老师,感谢中国人民大学新闻学博士王鲁亚、感谢朋友侯世金、张小贝、张富盛,感谢他们在我学业和生活各方面给予的关心、陪伴和帮助。

衷心感谢我的家人。感谢我的父母、公婆、先生、哥哥、姐姐、妹妹和嫂子,感谢他们一直以来对我无微不至的关心、体贴和呵护,他们给予我在学术道路上勇敢前行的力量和勇气。

衷心感谢南京师范大学出版社的编辑老师为本书的出版事宜付出的诸多努力,在此表示由衷的谢意。本书在写作过程中以方豪先生编著的《英敛之先生日记遗稿》、周萍萍老师编著的《英敛之集》和南京师范大学图书馆特藏文献阅览室的《大公报》为基础史料,对方豪先生、周萍萍老师和南京师范大学图书馆特藏文献资料室的老师的辛苦付出表示感谢!杜新艳老师《〈大公报〉英敛之时代与法国天主教》、何炳然先生《〈大公报〉的创办人英敛之》等文章对我理解英敛之的宗教救国思想和报刊救国理念具有启发意义,在此表示衷心感谢。

最后,衷心感谢英敛之先生。英敛之先生一生以"启蒙"与"救亡"为己任,